プロのための
えび・かに・いか・たこ料理

えび・かに・いか・たこ図鑑と
プロの基本技術

和・洋・中の
料理バリエーション233

柴田書店編

まえがき

私たちが大好きなえび・かに・いか・たこ。
通年どこででも食べられるものもあれば、
桜エビ、松葉ガニ、ホタルイカ、イイダコなど、
季節や産地を感じながら楽しめるものもある。
料理店においては、特に前菜や酒肴には欠かせない素材であり、
上手に使いこなせれば、メニューの幅もぐっと広がる。
そのためには、素材そのものに対する知識はもちろん、
他ジャンルの料理や使い方を含め、
料理を広く知ることが役に立つ。

本書で日本料理、フランス料理、イタリア料理、
スペイン料理、中国料理のシェフたちにお作りいただいたのは、
伝統料理やそのアレンジあり、楽しいオリジナル料理ありと、
バラエティに富んだ233品。
調理に役立つえび・かに・いか・たこ図鑑とともに、
下処理の仕方や甲殻類の殻の利用法など、覚えておきたい基本技術や
専門店のアイデアも多数ご紹介している。
えび・かに・いか・たこ料理を更に充実させるために、
本書をご活用いただければと思う。

目次

調理のための
えび・かに・いか・たこ図鑑／プロの基本技術とアイデア

えび・かに・いか・たこについて
生物としてのエビ・カニ。食材としてのエビ・カニ…10／
生物としてのイカ・タコ。食材としてのイカ・タコ…11

【えび】
車エビ…12／バナメイエビ…12
  車エビの殻をむく…13／車エビの下処理（火を入れる料理の場合）…13
クマエビ〈アカアシエビ〉…14／天使のエビ…14
ミノエビ…15／ツノナガチヒロエビ…15
クロザコエビ〈ガスエビ、モサエビ〉…16／桜エビ…16
  クロザコエビの殻をむき、卵をはずす…17
ホッコクアカエビ〈甘エビ〉…18／ボタンエビ…18
ヒゴロモエビ〈ブドウエビ〉…19／モロトゲアカエビ〈シマエビ〉…19／テラオボタンエビ…19
伊勢エビ…20／オオコシオリエビ〈クモエビ〉…20
アカザエビ…21／オマールエビ〈ロブスター〉…21
オオバウチワエビ…22／ゾウリエビ…22／セミエビ…22
  セミエビのさばき方…23

【かに】
ズワイガニ…24
  ズワイガニのさばき方…24／身のゆで方…25／ゆでたカニの身をとり出す…25／カニミソを蒸す…25／ズワイガニの呼び名…26
紅ズワイガニ…27／黄金ガニ…27
  若松葉ガニをさばく…28／若松葉ガニのカニミソの使い方…28／セイコガニの下処理・ゆで方…29／身をとり出す…29／外子（卵）の処理…29
タカアシガニ…30／タラバガニ…30
花咲ガニ…31／イバラガニモドキ…31
毛ガニ…32／サワガニ…32
  毛ガニのさばき方・ゆで方…33／身をとり出す…33／カニミソを蒸す…33
ガザミ〈ワタリガニ〉…34／ノコギリガザミ…34／タイワンガザミ…34
  ガザミのさばき方…35／ゆでたカニの身をとり出す…35／カニミソを蒸す…35
モクズガニ…36／チュウゴクモクズガニ〈上海ガニ〉…36

【えび・かにに似たもの】
シャコ…37
  シャコのゆで方…37／身をとり出す…37

専門店のアイデア（殻の活用）
エビだし…38
エビミソオイル…39
  エビミソオイルを使って：鱧の海老マヨ焼き…39／海老味噌オリーブ…39
尾の活用…40
  車海老の尻尾酒…40
エビ・カニパウダー…40

【いか】
スルメイカ…41
  スルメイカのさばき方…41
ヤリイカ…42／ケンサキイカ…42／ホタルイカ…42
アオリイカ…43／コウイカ…43
  アオリイカのさばき方…44

【たこ】
マダコ…45
  マダコの下処理…45
水ダコ…46
  水ダコの足の下処理…46
イイダコ…46

えび・かに・いか・たこ 料理バリエーション

えび

車エビ
かぶ、海老真薯射込み椀（笠原）…48
車海老真丈 清汁仕立て 海ぶどう カボス（加藤）…49
車海老 蛍烏賊 菜花 辛子酢味噌（加藤）…49
手まり海老と焼きなす 酢ジュレ（笠原）…49
車海老の洗い（加藤）…52
海老芋 海老そぼろあん（笠原）…52
車海老のサラダ（加藤）…53
車エビとピスタチオのクスクス 赤パプリカのソース（佐藤）…53
才巻きエビのヴァポーレ 米ナスとリコッタ・チーズのメッツァルーナ 黄金のトマトソース（佐藤）…56
車海老生揚げ ちり酢添え（笠原）…56
海老フライ（加藤）…57
豚足の軽い煮込みと車海老（福嶋）…57

天使のエビ
天使のエビのアヒージョ（酒井）…60
黒米をまとわせた天使の海老のフリット（石井）…60
ピキージョピーマンの詰め物（酒井）…61
鶏肉とエビの煮込み（酒井）…61

クマエビ〈アシアカエビ、アカアシエビ〉・クロザコエビ〈ガスエビ、モサエビ〉
海老と海老芋（福嶋）…64
足赤海老と宮崎マンゴー（石井）…65
赤足エビのグリル トマトとズッキーニのケッカ添え（佐藤）…65
ガスエビのカッペレッティ 甲殻類のソース カボチャのピュレとパンチェッタのクロッカンテ（佐藤）…65

バナメイエビ
白姫海老のエビマヨ マンゴー巻き（田村）…68

白姫海老　自家製豆腐干　にら和え（田村）…68

ツノナガチヒロエビ〈トウガラシエビ〉・ミノエビ〈オニエビ〉
ラルドを巻いた唐辛子エビの燻製
　　発酵紫キャベツのザワークラウト（佐藤）…69
オニエビのマリネ、ルビーオニオンの
　　ヴィネグレット　湘南ゴールド添え（佐藤）…69

ベニガラエビ〈モエビ〉
マグカップヌードル（唐辛子を練り込んだタヤリン
　　モエビと甲殻類のコンソメスープ味）（佐藤）…72
モエビ、空豆、ミント　ペコリーノ・チーズのソース（佐藤）…72
タロッコオレンジを練り込んだフェットチーネ、
　　モエビ、松の実、レーズンのソース（佐藤）…73

**ホッコクアカエビ〈甘エビ〉・ボタンエビ・テラオボタンエビ・
ヒゴロモエビ〈ブドウエビ〉**
甘海老和風タルタル（笠原）…76
甘エビ、タロッコオレンジ、ういきょうのインサラータ（佐藤）…76
甘海老ととろろ昆布アメリカンドッグ（笠原）…77
活甘海老共和え（加藤）…77
ぼたん海老とアルバ産白トリュフ（加藤）…77
牡丹海老　南乳・トマトソース漬け（田村）…80
ボタンエビのタルターラとフリット　エビ風味米粉の
　　クロッカンテ、リコッタ・チーズ、バルサミコ（佐藤）…80
ぼたん海老、茶豆、ウニを合わせて（福嶋）…81
ぼたん海老と葡萄　土佐酢ジュレ（加藤）…81
ぼたん海老真丈　聖護院蕪のすり流し　柚子（加藤）…84
ぼたん海老とカリフラワーのすり流し（加藤）…84
3種の豆と寺尾ぼたん海老（加藤）…85
活寺尾ぼたん海老のお造り（加藤）…85
葡萄海老の洗い（加藤）…85

モロトゲアカエビ〈シマエビ〉
しま海老とあまおうのサラダ　柑橘の香り（石井）…88
縞海老冬瓜翡翠煮（加藤）…89
縞海老と柿の白和え（加藤）…89
縞海老とフカヒレ煮こごり　猛者海老とフグ皮煮こごり（加藤）…89

ウチワエビ、セミエビ
うちわ海老とセップ茸（福嶋）…92
セミエビ、トマト、アボカドのカクテル
　　ブラッディーメアリー（佐藤）…93

アカザエビ、オオコシオリエビ〈クモエビ〉
あかざ海老と白レバー　パプリカのソース（福嶋）…96
手長エビのディアボラ　サルサ・アラビアータ（佐藤）…96
手長海老のソテーと狼桃トマトのガスパチョ（石井）…97
クモエビ、シバエビ、山菜のフリットミスト（佐藤）…97

伊勢エビ
伊勢海老のミソ和え　昆布のジュレ（石井）…100
アルゲーロ風　伊勢エビのカタラナ（佐藤）…101
伊勢海老とアーティチョークのコンフィ
　　アーティチョークのピュレ添え（佐藤）…101

伊勢海老葛打ち　殻だしスープ（笠原）…104
伊勢海老　バター黄身焼き（笠原）…104

オマールエビ
オマールエビと空豆　サフランのソース（福嶋）…105
オマールエビとインゲン豆の煮込み（酒井）…105
オマールエビの米料理（酒井）…108
オマールエビのリゾット風（福嶋）…108
燻製パプリカ風味　オマールエビのグーラッシュ（佐藤）…109
オマール海老のパピヨット（石井）…109

桜エビ
桜海老のサブレと白魚（石井）…112
ぎんなん餅、桜海老とからすみ（福嶋）…113
桜海老のエスカルゴバターご飯（石井）…113
香菜を練り込んだタリオリーニ　桜エビのアーリオ・
　　オーリオ・エ・ペペロンチーノ（佐藤）…113
さくら海老　春巻きおこげ（田村）…116
桜海老とせりの炊き込みご飯（笠原）…116
さくら海老醤　青菜炒め（田村）…117
桜海老とにんじんのかき揚げ（笠原）…117

川エビ
川海老強火炒め　杭州伝統式（田村）…120
川海老　とろける白菜煮込み（田村）…121
川海老　餅団子　酒醸煮込み（田村）…121

エビ卵
海老卵　和え麺（田村）…124
海老卵　豆腐煮込み（田村）…124

かに

ズワイガニ
ズワイ蟹団子のスープ仕立て（田村）…125
蟹真薯椀（笠原）…125
ずわい蟹の昆布締め（加藤）…128
蛍烏賊と独活、ずわい蟹の木の芽酢味噌掛け（加藤）…128
蟹玉子豆腐　蟹だしジュレ（笠原）…128
ズワイ蟹　紹興酒風味の卵蒸し（田村）…129
芳蟹と翡翠銀杏豆腐（加藤）…129
松葉蟹とフォアグラのフラン（加藤）…132
若松葉蟹と地蛤（加藤）…132
松葉蟹の蕪蒸し（加藤）…133
蟹飯　蟹みそあん添え（笠原）…133
蟹ご飯（福嶋）…136
黄金蟹の炊き込みご飯（加藤）…136
黄金蟹と白魚の小鍋仕立て（加藤）…137
松葉蟹とチシャトウの葛煮（加藤）…137
桃蟹ともって菊のお椀（加藤）…137

[セイコガニ]
せいこ蟹とカリフラワーのコンソメジュレ(石井)…140
せいこ蟹、なす、わけぎの温サラダ
　パセリとニンニクとチーズのソース(福嶌)…141
セイコ蟹の紹興酒漬け(田村)…141
せいこ蟹の昆布蒸し(加藤)…144
せいこ蟹のグラタン(加藤)…144

タラバガニ
たらば蟹とポワローのチュイル(石井)…145
焼きたらば蟹の実山椒餡掛け(加藤)…148
たらば蟹　からすみ焼きと磯辺焼き(笠原)…148
たらば蟹と鱈白子　銀餡　生姜(加藤)…149
たらば蟹湯引き　グレープフルーツみぞれ和え(笠原)…149
焼きたらば蟹とアオサの清汁仕立て　木の芽(加藤)…152
たらば蟹かぶら蒸し(笠原)…152
鱈白子とたらば蟹の小鍋仕立て(加藤)…153
たらば蟹と松茸、舞茸の炊き込みご飯(加藤)…153
タラバ蟹　唐辛子、四川花椒炒め(田村)…156
タラバ蟹、オレンジ白菜、新生姜泡菜煮込み麺(田村)…156

タカアシガニ
タカアシガニとサフランのリゾット(佐藤)…157

ワサガニ
沢蟹のクロケット(石井)…157

花咲ガニ・イバラガニモドキ
旬の柑橘と花咲蟹(加藤)…160
いばら蟹もどきの外子一本焼き(加藤)…160

毛ガニ
春キャベツと毛蟹の炊き込みご飯(加藤)…161
毛蟹と九条ねぎのサラダ(笠原)…164
毛蟹の共和え(加藤)…164
毛蟹　海藻ジュレ掛け(加藤)…165
毛蟹とじゃがいものすり流し茶碗蒸し(笠原)…165
白芋茎と毛蟹　銀餡　柚子(加藤)…168
冷製毛蟹のクリームコロッケ(加藤)…168
毛蟹とクラゲ　ホウレン草の和え物　紅酢ジュレ(田村)…169
毛蟹と極細切り豆腐のスープ(田村)…169
毛蟹とホワイトアスパラガス、蟹のジュレ(福嶌)…172
毛ガニのバスク風グラタン(酒井)…172
ヴェネツィア風　毛ガニのサラダ(佐藤)…173
毛蟹と塩水ウニのウフブルイエ(石井)…173

ガザミ〈ワタリガニ〉・ノコギリガザミ
渡り蟹の酔っ払い(加藤)…176
渡り蟹、乾燥キノコの土鍋仕立て(田村)…176
渡り蟹、発酵唐辛子、お餅の四川炒め…177
渡り蟹　和え素麺(笠原)…177

渡り蟹のスープ　蒸しパン添え(笠原)…180
渡り蟹の辛いトマトソース　アラビアータ(佐藤)…181
渡り蟹の冷製カッペリーニ　フレッシュトマトと
　アーモンドのソース(佐藤)…181
のこぎりがざみのハサミフライ　山椒タルタル(佐藤)…181
のこぎりがざみ　葛豆腐　銀杏(加藤)…181

[ソフトシェルクラブ]
ソフトシェルクラブ　おこげ揚げ(田村)…184
カリッと揚げたソフトシェルクラブ　塩漬け卵ソース(田村)…184

カニミソ
たらば蟹みそ(加藤)…185
上海蟹みそと長芋の卵見立て(田村)…185
ずわい蟹のミソのバーニャカウダ(石井)…188
上海蟹みそと香りを味わう土鍋菊ご飯(田村)…189
上海蟹みその中国パイ(田村)…189

えび・かにに似たもの

シャコ
子持ちシャコと蓴菜の酢の物(加藤)…192
子持ちシャコの飯蒸し(加藤)…192
シャコと天然山菜のサラダ(田村)…193
シャコ春巻き(田村)…193

いか

ヤリイカ
ヤリイカとグリーンピースの煮込み(酒井)…196
ヤリイカのフリートスのボカディージョ(酒井)…196
いかの香り野菜詰め(福嶌)…197
ヤリイカのパスタ仕立て　イカスミソース(酒井)…197
ヤリイカ和え麺　キャビア(田村)…200
炙りいか　海苔醤油(笠原)…200
ヤリイカさっと煮　香味野菜と(田村)…201
いか筒(笠原)…201
月冠飯蒸し(笠原)…204
やりいかの山菜詰めソテー(石井)…204

ケンサキイカ
ケンサキイカの肉詰め　ヴィネガーソース(酒井)…205
お米を詰めたダルマイカのトマト煮込み(佐藤)…205
ダルマイカのタルターラ　焼きナスのピュレ
　イカ墨のクロッカンテと小ナスのマリネ添え(佐藤)…208
ダルマイカのイカスミフリット(佐藤)…208
トロフィエ　赤イカ、インゲンのジェノヴェーゼ(佐藤)…209
カラマレッティ　カラマーリ　カヴォルフィオーレ(佐藤)…209

スルメイカ
麦イカと押し麦のサラダ(佐藤)…212

スルメイカのフィデウア（パエリア）(酒井)…212
するめいか　肝みそ　朴葉焼き(笠原)…213
自家製いか塩辛(笠原)…213

ジンドウイカ〈ヒイカ〉
ヒイカのプランチャとソブラサーダ　はちみつソース(酒井)…216
ヒイカの詰め物　マジョルカ風(酒井)…217
ヒイカの墨煮(酒井)…217

ホタルイカ
ほたるいかと岩海苔(石井)…220
ホタルイカ、ブティファラ、ヒヨコ豆の炒め物(酒井)…221
ホタルイカの玉ネギまみれ(酒井)…221
ほたるいかと筍　2種類のソースで(福嶌)…224
蛍烏賊アイスと皮蛋　豆乳チーズ
　　8年熟成黒酢ゼリー(田村)…224
ほたるいかとうるいのぬた(笠原)…225
スパゲッティ　生ホタルイカ、フキノトウ、
　　フレッシュトマトのソース(佐藤)…225
ほたるいかと新ごぼうの炊き込みご飯(笠原)…228
ほたるいかと花山椒のご飯(福嶌)…228
アロス・ネグロ（イカ墨のパエリア）(酒井)…229

アオリイカ
あおりいかとホワイトアスパラガスのムース(石井)…232
あおりいかの一皿(福嶌)…232
あおりいか酒盗　石焼き(笠原)…233
あおりいか、きゅうり、キウイ　サラダ仕立て(笠原)…233
あおりいか素麺(笠原)…233

コウイカ〈スミイカ〉・カミナリイカ〈モンゴウイカ〉
すみいかとホワイトアスパラガス　シェーブルチーズ(福嶌)…236
コウイカのプランチャ(酒井)…236
和風セウタ(加藤)…237
セピア色のスミイカ(佐藤)…237
イカスミのスフォルマート
　　コウイカとラデッキョのグリル添え(佐藤)…240
コウイカと刻み野菜のホットサラダ(酒井)…240
コウイカのピカピカ(酒井)…241
コウイカとミートボールの煮込み(酒井)…241
紋甲烏賊　真珠仕立て　トウモロコシの炒め(田村)…244
紋甲烏賊　香り揚げ(田村)…245
紋甲烏賊　四川ピクルス炒め(田村)…245

イカワタ、イカ卵〈包卵腺〉
イカワタのバーニャカウダ　スミイカ添え(佐藤)…248
烏賊卵宮廷スープ　レモンと胡椒(田村)…248

たこ

マダコ
タコのサラミとジャガイモのサラダ　フレッシュトマトと
　　菜の花のソース(佐藤)…249

タコのプランチャ(酒井)…252
タコのガリシア風(酒井)…252
タコとズッキーニのグリル
　　ズッキーニのピュレとドライトマト添え(佐藤)…253
タコとトロサ豆のスープ(酒井)…253
マダコのオーブン焼き(酒井)…253
たこのサラダ(福嶌)…256
たことオリーブトースト　地中海風(石井)…256
タコの炙り　干しダコのスープ(酒井)…257
たこのベニエのたこ焼き??(石井)…257
バスク風　干しダコのスープ(酒井)…260
干しダコのセビーチェ(酒井)…260
真蛸　スパイス仕立て(田村)…261
たこ　大葉衣揚げ(笠原)…261
番茶ゆでだこ　黄にら塩昆布(笠原)…264
文銭だこ　梅とすいかすり流し(笠原)…264
賛否両論風　芋たこ南瓜(笠原)…265
たこ焼き(笠原)…265
タコ肝、タコ卵、タコのブルスケッタ(佐藤)…268
真蛸薄切り　甘醤油・辣油(田村)…268

イイダコ
いいだことホワイトアスパラガス　ふきのとうのソース(福嶌)…269
いいだこと筍　オリーブのソース(福嶌)…269
イイダコと白インゲン豆のトマト煮込み(佐藤)…272
イイダコとジャガイモのトマト煮(酒井)…272
飯蛸、黄にら、金柑和え物(田村)…273
いいだこ旨煮　菜の花　辛子ジュレ(笠原)…273
いいだこスモーク　いちご　クレソン(笠原)…273

水ダコ
水だこ、白菜辛子漬け(笠原)…276
水蛸吸盤、クラゲ　胡麻ソース(田村)…276
水だこ　五色造り(笠原)…277
水蛸　青豆板醤和え(田村)…277
水だこ油霜　たたきオクラ(笠原)…280
水だこと足赤海老　赤ワインソース(福嶌)…280
水ダコのカルパッチョ　ガスパチョ・ベルデ(佐藤)…281
リングイネ、水ダコ、オリーブ、ケッパーのトマトソース(佐藤)…281

補足レシピ…284／食中毒について…285／
参考文献・参考HP…285／料理人紹介…286

撮　影　海老原俊之、天方晴子
デザイン・イラスト　山本 陽（エムティ クリエイティブ）
編　集　長澤麻美

凡例

- 見出し、図鑑部分のエビ、カニ、イカ、タコの名前は、正式名（一部は通称や総称）をわかりやすい表記で大きくのせ、よく使われる別名を小さく添えている。ただし、料理については、料理制作者の使用している素材名、表記をできるだけ活かし（地方名や別名の場合もある）、材料のところに（ ）で正式名を添えた（別名のほうが一般的なものは、別名のみを使用している）。
- エビ、カニ、イカ、タコに関するデータは、本書の制作時時点のものである。分類に関しては、一部を抜粋して掲載している。
- 英名や別名は一部のものである。
- エビ、カニ、イカ、タコのからだの部位名は、生物としての名と調理の際に使用する呼び名が異なる場合があるが、レシピ中の表記は、調理する人がわかりやすい名称を使用している（例：カニの腹部＝ふんどし。エビの額角＝ツノ。エビやカニの中腸腺＝エビミソ、カニミソ。イカのヒレ＝エンペラ、ミミ。イカやタコの腕＝足。イカの軟甲＝軟骨）。
- エビやカニは、一部のものを除き、活けのものを使用している。
- 「うぶか」では、生の甘エビやボタンエビなど、およびゆでて殻からとり出したカニの身は、冷蔵庫で1〜2日ほどおいてから使用している（旨み、甘みが増す）。
- 「ビコローレ・ヨコハマ」では、パスタなどに使用する小麦粉は、イタリアの00粉と北海道産の強力粉「ルルロッソ」を使い分けている。
- レシピ中のE.V.オリーブ油は、エクストラ・ヴァージン・オリーブ油の略である。
- 「ビコローレ・ヨコハマ」では、オリーブ油はすべてE.V.オリーブ油を使用し、数種類を使い分けている。
- エビやカニの料理で、その卵を使用するものは、すべて抱卵しているメスを使用している。
- イイダコは、すべて子持ちのものを使用している。
- レシピ中の大さじ1は15cc、小さじ1は5cc。

「うぶか」の道具

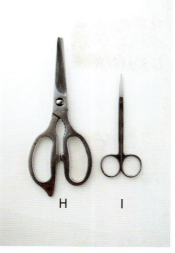

A：ピンセット。エビの身や卵、細かいカニの身などをとり出すのに使用する。

B：麺棒。火を入れてさばいたカニの殻の上に押しあてて転がし、カニの身を押し出すのに使用する。細い脚の部分の身も、きれいに早くとり出せる。

C、D、E、F：左刃の出刃包丁（カニ包丁）。大きなカニを、殻ごと切る際に使用する。右利きの場合、カニの脚をそぎ切るのに左刃のほうが使いやすい。Fは伊勢エビなどの大きなエビを切るのにも使う。

G：エビ用包丁。エビを切る際に使用する。切れる包丁で切ることにより、旨みを逃さない。

H：ハサミ（大）。カニやエビの殻を切るのに使用する。

I：ハサミ（小）。小さなエビの殻を切ったり、カニやエビの卵をはずす際に使用する。

調理のための
えび・かに・いか・たこ図鑑／プロの基本技術とアイデア

料理店で使用されているおもなエビ、カニ、イカ、タコと、エビ、カニ、イカ、タコについての基礎知識、ゆで方や殻のむき方、下処理の仕方など基本的な技術と専門店のアイデアをまとめた。

基本技術・料理
加藤邦彦（うぶか）［エビ、カニ、シャコ］
笠原将弘（賛否両論）［アオリイカ、ホタルイカ、マダコ、水ダコ］
佐藤護（トラットリア・ピコローレ・ヨコハマ）［スルメイカ］

※（う）=「うぶか」、（シ）=「シンジア」、
（ピ）=「トラットリア・ピコローレ・ヨコハマ」、
（ア）=「アルドアック」

えび・かに・いか・たこについて

生物としてのエビ・カニ。食材としてのエビ・カニ

基本的なからだの構造

一般的に「甲殻類」と聞いてイメージされるものの多くは、生物学上の分類では、「十脚目」(またはエビ目)という仲間に含まれる(ただしシャコは口脚目)。食材としておなじみのエビとカニは、見た目はずいぶん違って見えるが、からだの基本的な構造には共通点が多い。

まず、エビもカニもからだは頭部、胸部、腹部の3つに分けられる。ただし、頭部と胸部は一体化し、硬い外骨格に覆われてひとつになり、頭胸部と呼ばれる。調理においても分けて考えられることはなく、調理工程の中に「エビの頭をとる」とあれば、頭胸部全体を、殻ごとはずすことをいう。

エビもカニも、頭胸部にさまざまな附属肢をもつが、そのうちの5対が歩脚(歩くための脚)として発達し、脚が10本あるように見えるところが、十脚目の名の由来にもなっている(カニの1番めの歩脚は鋏脚〈ハサミ〉になっている)。胸部にある内臓のうち、私たちがおいしくいただくのはエビミソ、カニミソと呼ばれる中腸腺(消化腺)と、内子と呼ばれる発達した卵巣(未成熟卵)である。

エビの胸部につながる腹部は筋肉が発達し、私たちがおもに食べる身の部分であるが、ここにも6対の付属肢(腹肢)がある。遊泳肢とも呼ばれ、桜エビや車エビなどの泳ぐエビでは、特に発達している。では、カニの腹部はどこにあるかといえば、調理の際に「ふんどし」とよばれる部分がそれである。カニ類の腹部は著しく退化し、胸部の下に折りたたまれる形となっている。内側には小さな腹肢もあり、メスでは卵を付着させて保護するために使われる。

卵を抱くもの、抱かないもの

十脚目は抱卵亜目(エビ亜目)と根鰓亜目(クルマエビ亜目)の2つに分けられる。一部を除く大部分のエビとすべてのヤドカリ、カニは抱卵亜目で、車エビ、桜エビなどは根鰓亜目である。根鰓亜目は、産卵の際に受精卵を水中に放出する。抱卵亜目は受精卵をメスが腹肢に付着させて、孵化するまで保護するのが特徴である。メスが卵を抱く期間は種によって異なる。たとえばズワイガニのメスは、はじめての産卵では1年6ヵ月ほどを抱えてすごす(2回目以降は1年)。

カニかヤドカリか?

「タラバガニはカニじゃなくて、ヤドカリの仲間」とはよく聞くが、では、どこがどうヤドカリなのか？私たちがよく知る、貝殻に身を収めたヤドカリより、どう見てもカニに近いように見える。しかし生物の分類上は、ヤドカリ下目のタラバガニ科に属し、その意味ではヤドカリの仲間といえる。5対の歩脚のうち、最初の歩脚が鋏脚になっているところはカニと同じだが、残りの歩脚が3対6本に見えるところが、カニと異なる。5対めの歩脚はあるのだが、小さくて、甲羅内の鰓室(エラがある空間)というところに差し込まれているため、そとからは見えない。この他にも、メスの腹部の形が左右対称でなく、腹肢が左側だけにあるなど、ヤドカリ類の特徴が見てとれる。

見えない血、自己消化と黒変、とれる脚

エビやカニの血液中で、酸素を運搬する働きをしている色素ヘモシアニンは、酸素と結びつくと青くなり、結びついていない状態では無色透明になる。さばいていても血が出ないのは、血がないのではなく、透明なため見えないだけである。

生物が死後、自分がもつ酵素で自分のからだの成分を分解することを、自己消化というが、エビやカニはこれが早く進む。できるだけ活けのものを使い、手早く下処理をして常温に長くおかないことが大切である。ただし悪いことばかりではない。たとえばホッコクアカエビ(甘エビ)などは、生きた状態で殻をむいてすぐに食べても、甘さは感じられないが、殻をむいて冷蔵庫で1日ねかせると、甘み、とろみのあるおいしい甘エビに変わる。これも自己消化の働きである。

また、死んだエビやカニをそのまましばらくおいておくと、黒くなってしまうことがある。これは、死後自己消化によってタンパク質が分解されてできたチロシンというアミノ酸が、チロシナーゼという酸化酵素の働きで酸化され、メラニンが生成されたためにおこる現象である。これを防ぐためには、酵素が働けなくなるよう、ゆでたり蒸したりして火を入れてしまう。また、保存のため生の状態で冷凍した場合は、解凍する際に、袋などに入れたまま流水にあてて短時間に行ない、解凍後、すぐに使用することが大事である。

カニの中には、自分の脚を自ら切り捨てる、自切を行なうものがいる。トカゲがしっぽを切り落とすのと同じで、おもに外敵から身を守るために行なわれる。活ガニを扱う場合は、注意が必要である。

生物としてのイカ・タコ。食材としてのイカ・タコ

基本的なからだの構造

イカとタコは、生物学上の分類では、ともに軟体動物門の、「頭足綱」に属する。からだは胴、頭、足(腕)に分かれ、頭から何本もの足が生えているところから、頭足綱(頭足類)とされた。胴は、外套膜に内臓が包まれた部分で、袋状の筋肉からなる外套膜を、私たちは身として食べる。タコの場合、一般的にこの部分が「頭」と呼ばれることも多いが、本当のイカやタコの頭は、胴と足の間にある、目のある部分である。そして私たちが「足」と呼び、イカでは「ゲソ」ともいわれるものは、生物としての機能からいえば腕である。

身、内臓、卵

イカやタコは、おもに外套膜や足(腕)の身を食用にする。低カロリー、低脂肪、高タンパクの優秀食材といえる。タコの内臓は、地元の漁師料理として楽しまれる以外、あまり使用されないが、イカの内臓はよく使われている。多いのは、イカワタと呼ばれる肝臓で、独特の旨みがあり、イカの塩辛や料理のソースにも使われる。また、イタリア料理、スペイン料理でよく使われるイカスミは、アミノ酸を多く含み旨みがあり、粘度も高く使いやすい。コウイカ(スミイカ)のものがおもに使われる。タコの卵は北海道ではよく見られる。イカの卵はあまり流通しておらず、多くは地元で食べられている。また、香川県、愛媛県、岡山県などで使われている「イカチチ」は、イカが産卵の際に卵を包む粘液を分泌する器官で、煮つけなどにして食べられている。

からだのつくり

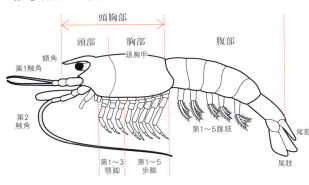

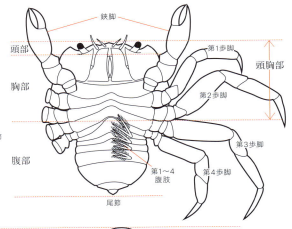

外套膜：軟体動物の体の表面を覆う膜。イカでは円錐状、タコでは袋状になっている。

漏斗(ロウト)：イカ、タコなどが、移動のために用いる器官。筋肉ででき、広げたり縮めたりするとによって水を噴射し、それによって水中を進むことができる。また、墨や排泄物、卵もここから出される。

口：腕の基部に囲まれた、中央にある。口の中央には黒い硬い部分があり、俗称で「カラストンビ」と呼ばれる。調理の際には「クチバシ」とも呼ばれ、とり除かれる(まわりの筋肉部分は食べられる)。

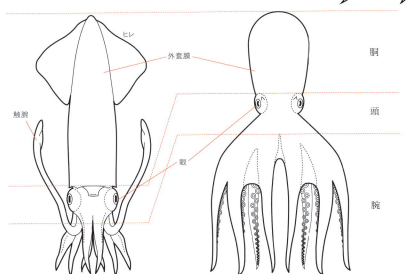

エビ・カニの図：「食卓で学ぶ甲殻類のからだのつくり」(広島大学大学院教育研究科紀要)の図をもとに作成。
イカ・タコの図：「イカ・タコガイドブック」(株式会社ティーピーエス・ブリタニカ)の図をもとに作成。

えび

【和名(漢字)】 クルマエビ（車海老、車蝦）
※くっきりとしたしま模様が特徴的。丸まったときの姿が車輪のように見えることから名がつけられた。

【英名】 Japanese tiger prawn, Kuruma prawn

【別名】 ホンエビ、マエビ、ハルエビ。大きさによりサイマキ、中マキ、マキと呼ばれることも。

【形態・生態】 体長10cmごろから雌雄の成長差があらわれ、メスはオスより大きくなる。東南アジア、アフリカ、地中海など世界各地に広く分布する。日本では、青森県以南の日本海沿岸および仙台湾以南の太平洋沿岸に分布し、内湾や汽水域の砂泥底に多く生息する。雑食性で藻類や貝類、小魚、動物の死骸などを食べる。車エビを含む「根鰓亜目」（クルマエビ亜目）のエビは、産卵の際に卵を海中に放出する。

【産地・旬】 車エビの漁獲量が多いのは、愛媛県や愛知県だが、近年その量は減少し、稚エビを育てて放流するなどの対策がとられている。漁獲量は夏に多くなり、旬は初夏から秋とされる。天然車エビの漁獲量は、1985年には全国で3700トンだったが、その後減少し、2014年は500トンほどになっている。そのため養殖の重要性が増し、日本の養殖車エビの生産量は1970年以降徐々に増加し、現在は1600トンあまりになっている。2016年の都道府県別の車エビの養殖量（水揚げ量）のトップ3は、沖縄県（447トン）、鹿児島県（356トン）、熊本県（263トン）である。養殖ものの旬は冬。

【食べ方・味など】 高級素材として、料理店での需要が高い。味がよく天ぷら、エビフライ、焼き物、椀だね、寿司、刺身などさまざまな料理に使われる。

> 刺身で食べるときは、甘みの強い腹側に切り目を入れ、舌にあたる面を大きくしておきます。（う）

車エビ
十脚目（エビ目）根鰓亜目（クルマエビ亜目）クルマエビ科クルマエビ属
Marsupenaeus Japonicus (Bate, 1888)

バナメイエビ
十脚目（エビ目）根鰓亜目（クルマエビ亜目）クルマエビ科 Litopenaeus属
Litopenaeus vannamei (Boone, 1931)

[白姫えび]
日本水産（株）が鹿児島県南九州市で試験養殖を進めている、生食が可能な国産バナメイエビ。一定の環境に管理された屋内施設で養殖することにより、周年の水揚げを実現。「白姫えび」と名づけられた。

【和名(漢字)】 シロアシエビ（白脚蝦）
※シロアシエビの名は、ほとんど使われない。「バナメイ」は、学名のVannameiを音でよんだもの。

【英名】 White leg shrimp, Pacific white shrimp, King prawn

【別名】 パンナムエビ

【形態・生態】 全長23cmほどになる。分布域は南米のメキシコやエクアドル、ペルー北部に至る沿岸。かつてはメキシコ近海や遠洋で漁獲されていたが、20世紀末には養殖が漁獲を上回った。やがて中国、東南アジアを含む世界中で養殖が行なわれるようになり、生産高はブラックタイガーを抜いた。ブラックタイガーにくらべてウイルスに対する抵抗力があり、淡水に近い水質にも強く、成長までの時間が短いなどの特徴があり、養殖にむいたエビといえる。

【産地・旬】 タイ・ベトナム・インドネシアなどの東南アジアで多く養殖され、日本もほとんどをこれらの国からの輸入に頼っている。近年、屋内型の生産システムが開発され、国内での養殖が増えることが期待されている。

【食べ方・味など】 甘みが強い。色は淡く、火を通しても車エビやブラックタイガーのように鮮やかな色にはならないが、安価で使いやすい。

車エビの殻をむく ◎ 活エビは、殻と身が密着しているため、指ではがすようにしながらむく。

頭胸部を覆っている殻をはずす（「うぶか」では、だしなどをとるために、この部分の殻を冷凍してストックしている）。

エビミソ（中腸腺）などの内臓が入った胸部を、ついている脚ごとちぎってはずす。

背ワタも一緒に引き抜く（活エビの場合はきれいに抜ける）。

尾側の先端にあるとがった部分（尾節）は、危ないので折ってとり除いておく。

身と殻の間に親指を入れ、爪ではがすようにしながら殻をはずす。

きれいにむけた殻。これもだしなどに使用する。

車エビの下処理（火を入れる料理の場合） ◎ アクどめと、身を締めるために塩もみして水で洗い、よく水気をとる。

背側に切り目を入れる（内臓が残っている場合は、とり除く）。

ボウルに入れて塩をふり、軽くもむ。

日本酒を加えた氷水で洗い、身を締める。

水を切ってタオルにのせ、

水気をよくとる。

クマエビ／アカアシエビ

十脚目（エビ目）根鰓亜目（クルマエビ亜目）クルマエビ科ウシエビ属
Penaeus semisulcatus (De Haan, 1844)

【和名（漢字）】クマエビ（熊海老、熊蝦）
※獰猛な性質であるところからといわれる。
【英名】Green tiger prawn
【別名】アシアカエビ（脚赤海老）、アカアシエビ（赤脚海老）、アカシマエビ（赤縞海老）
【形態・生態】形は車エビに似ているが、からだのしま模様ははっきりとしない。紅白のしまになった触覚や脚が特徴的。西日本から、朝鮮半島南部、台湾、東南アジア、オーストラリア、南アフリカまでのインド太平洋沿岸、地中海に広く分布する。日本近海では千葉県以南の太平洋岸、富山湾あたりから西の日本海沿岸に分布し、車エビより高温の海域を好む。東南アジアなどでは、この仲間のエビが養殖もされている。
【産地・旬】国内のおもな産地は和歌山県、静岡県、熊本県、大分県など。漁期・旬は産地によってずれ、夏から秋のところが多いが、熊本県や鹿児島県は秋から冬。関西の市場に入荷するのは和歌山県で漁獲されたものが多いが、和歌山県の漁期は10月下旬から5月で、旬はやはり秋から冬である。
【食べ方・味など】使い方は車エビとほぼ同じ。身がやわらかく、甘みが強い。

> 軽く火を入れると身がもっちりとし、エビらしい味も強まってよりおいしくなります。（シ）

天使のエビ（流通名）

十脚目（エビ目）根鰓亜目（クルマエビ亜目）クルマエビ科
Penaeus stylirostris

【和名（漢字）】—
※エビの種類としてはホワイト系クルマエビ（Blue prawn）で、「天使のエビ」は、日本での流通名。
【英名】Blue prawn, Paradise prawn（「天国のエビ」ニューカレドニアで）
【別名】OBSIBLEU（フランスで）
【形態・生態】形はバナメイエビなどに似ているが、からだは青みがかり、脚は赤褐色。
【産地・旬】ニューカレドニアのきれいな海で、添加物を使わずに限りなく天然に近い環境で養殖されている。フランスで最高品質の証明である「QUALICERT（クオリサート）」の承認を受けた、唯一のエビ。
【食べ方・味など】水揚げされた後、短時間で生きているうちに冷凍処理をするため、旨み成分であるアミノ酸含有量が多い。生食もでき、加熱してもおいしい。

※ニューカレドニアは、「天国に一番近い島」と呼ばれるところから、このエビに「Paradise prawn（天使のエビ）」と名づけたが、日本では「天使のエビ」の名で流通する。このネーミングによって人気が高まり、さまざまなジャンルの料理店で使用されるようになった。

> 生でも食べられるエビですが、半生に火を入れて使うことが多いです。（シ）

ミノエビ

十脚目（エビ目）抱卵亜目（エビ亜目）コエビ下目タラバエビ科ミノエビ属
Heterocarpus hayashii (Crosnier,1988)

> 香りなどに独特の個性があります。むいた身を1日ねかせると旨みが増します。（う）

【和名（漢字）】ミノエビ（蓑海老、蓑蝦）
※頭（頭胸部の殻）の部分が、蓑をかぶったように見えるところから。

【英名】—

【別名】オニエビ（三重県尾鷲市で）
※新潟県から島根県にかけての地方で「オニエビ」と呼ばれる、モエビ科のイバラモエビ（茨藻海老）は別種。

【形態・生態】体長11cmほど。体は左右に扁平で、殻は硬い。額角（ツノ）は先端がやや上をむく。額角と頭胸甲の上にはトゲ状の突起があり、頭胸甲の側面には数本の隆起線がはしる。日本では千葉県から鹿児島県沖に分布し、水深300〜500mほどに生息する。

【産地・旬】分布域の太平洋側で、底曳き網漁で漁獲される。地元で消費されることが多く、他県ではあまり流通しない。

【食べ方・味など】甘みがあり、おいしい。刺身で食べることが多い。殻はいいだしが出る。

ツノナガチヒロエビ

十脚目（エビ目）根鰓亜目（クルマエビ亜目）チヒロエビ科ツノナガチヒロエビ属
Aristeomorpha foliacea (Risso,1827)

> 食べる部分はそれほど多くありませんが、珍しいエビで、希少価値があります。（う）

【和名（漢字）】ツノナガチヒロエビ（角長千尋蝦）
※「千尋」はひじょうに深いことを意味し、深海性であるところから。

【英名】Giant red shrimp

【別名】トウガラシ、トンガラシ（三重県尾鷲市で）、アカエビ（静岡県沼津市で）

【形態・生態】地中海沿岸諸国、メキシコ湾北部沿岸、北米南部大西洋沿岸、ベネズエラ（カリブ海）が多産地として知られる。日本では相模湾、遠州灘、熊野灘、薩摩半島南西海域に分布し、水深200〜400mに生息する。

【産地・旬】底曳き網漁、定置網漁で獲れる。産地は静岡県、愛知県、三重県、高知県など。

【食べ方・味など】身はやわらかく、脂肪が多い。煮る、ゆでるなど火を入れて食べることが多い。

クロザコエビ／ガスエビ／モサエビ

十脚目（エビ目）抱卵亜目（エビ亜目）
コエビ下目エビジャコ科クロザコエビ属
Argis lar (Owen, 1839)

旨み、甘みが抜きん出ています。あしがはやいので新鮮なうちに下処理をしますが、じつはいちばんおいしいのは、黒くなりはじめのもの。ただし、真っ黒になってしまってはだめです。（う）

【和名（漢字）】クロザコエビ（黒雑魚蝦）
【英名】—
【別名】ガサエビ（秋田県、山形県で）、ガスエビ（石川県で）、ドロエビ（新潟県上越市で）、モサエビ（猛者海老。鳥取県で）など。

※富山県の一部では、標準和名「トヤマエビ」を、そして石川県ではボタンエビを「ガスエビ」と呼ぶこともある。「ガスエビ」は、鮮度が落ちやすく、甘エビなどとくらべると使いづらいことから"カスエビ"と呼ばれ、これがガスエビになったという。また、「モサエビ」は、武骨で角ばった頭やしっかりとした脚が、「猛者」を思わせるところからといわれる。

【形態・生態】体長12cmほど。朝鮮半島東岸、日本海、オホーツク海、ベーリング海、北太平洋に分布する。市場や店頭では同属のトゲザコエビと明確に区別されないことも多い（クロザコエビのほうがやや体色が明るい）。深い海の泥深い海底に生息しており、ズワイガニなどと一緒に底曳き網で水揚げされる。丹後沖では水深220m付近を境に、それより浅いほうにはクロザコエビ、深いほうにはトゲザコエビというように住み分けをしている。

【産地・旬】おもに秋田県、山形県から福井県、島根県、鳥取県にかけての日本海沿岸部、および北海道の羅臼地方などで水揚げされる。旬は底曳き網の漁期に重なる（秋～春）。水揚げすると傷みやすいため、都市部の市場などにはあまり出回らず、水揚げされる地域や県内で消費されることが多い。

【食べ方・味など】身が締まり、旨みが強い。刺身、素揚げ、焼き物、天ぷら、汁物などに。水揚げしてから時間が経つと、頭部が黒ずむ。

桜エビ

十脚目（エビ目）根鰓亜目（クルマエビ亜目）サクラエビ科
Lucensosergia lucens (Hansen, 1922)

【和名（漢字）】サクラエビ（桜海老、桜蝦）
【英名】Sakura shrimp
【別名】—

【形態・生態】体長は4cm前後。生きているときはほとんど透明だが、薄い殻に赤い色素胞を多くもつため、きれいな桜色に見える。触角がとても長く、体長の3倍以上になる。寿命は15ヵ月ほどという。日本では駿河湾、東京湾、相模灘に分布する。また、台湾東方、および西南沖にも生息する。海中では群れになり、昼間は水深200～300mほどのところにいるが、夜には20～50mのところまで上昇してくる。この特性を利用して、漁は夜に行なわれる。

【産地・旬】漁獲対象となっているのは駿河湾のみ。そして、漁業権をもっていて水揚げがされるのは、静岡県の由比港・大井川港だけである。桜エビ漁は春と秋の年2回行なわれる。資源保護のため、繁殖期にあたる6月11日～9月30日は禁漁期間になっている。

【食べ方・味など】釜揚げ、冷凍、干しエビなどが使われてきた。近年は輸送法の工夫などにより、生きたままの桜エビを、県外でも入手できるようになっている。

クロザコエビの殻をむき、卵をはずす ◎ お腹に抱えた卵を、丁寧にはずす。

メスは受精卵をお腹に抱えて孵化まで保護する。

頭胸部を覆っている殻をはずす。

エビミソ(中腸腺)をピンセットでとりはずす。

胸部の脚をまとめてはずす。

腹部の外側の殻と、卵のついた部分の間を、ハサミで切る。

卵を脚(腹肢)ごとピンセットでとりはずす。

とりはずした卵。

身と殻の間に親指を入れ、はがすようにしながら身をとり出す。

背ワタは抜く。

身、殻、脚、卵、ミソに分けた状態。すべて使用する。

ピンセットを使い、脚(腹肢)から卵を丁寧にはずす。

とりはずした卵。

調理のための えび・かに・いか・たこ図鑑　17

ホッコクアカエビ／甘エビ

十脚目(エビ目)抱卵亜目(エビ亜目)コエビ下目タラバエビ科タラバエビ属
Pandalus eous (Makarov, 1935)

【和名(漢字)】ホッコクアカエビ(北国赤海老)
【英名】Pacific northern shrimp, Pink shrimp
【別名】アマエビ(甘海老)、ナンバンエビ(南蛮海老)
【形態・生態】島根県以北の日本海沿岸から宮城県沖以北の太平洋、オホーツク海、ベーリング海、カナダ西岸までの北太平洋に広く分布する。日本近海産の種(Pandalus eous)と、北太平洋産の種(Pandalus borealis)は、別種として扱う考え方が一般的である。日本海のホッコクアカエビは、鳥取県から北海道沿岸にかけての水深200～950mの海底に生息する。他のタラバエビ科のエビと同様に、オスとして成熟して繁殖に参加した後、メスに性転換して成熟、3～4月に産卵し、翌年の1～2月まで腹肢で卵を抱えた状態ですごす。幼生を放出した後、その年の秋から再び卵巣が成熟しはじめ、翌年の3～4月に再び産卵を行なう。つまり、産卵から次の産卵までに2年間を要する。生涯の産卵回数は1～3回程度で、寿命は11年ほどという。
【産地・旬】底曳き網漁やカゴ網漁で漁獲され、北海道北西部、新潟県、石川県、福井県の水揚げが多い。北海道の旬は3～5月と、9～12月。北陸は9～2月とされる。
【食べ方・味など】生で食べることが多い。水分が多くやわらかい肉質で、生で食べると独特の甘みがあり、これが別名「甘エビ」の由来ともなっている。甘みの主体はアミノ酸で、特にグリシンの多さが甘みを感じさせる。しかし獲れた直後のものを食べてもあまり甘さは感じられない。活けのものをさばいてから1日ほどねかせると甘みが出るが、これは、死後、自身の酵素がタンパク質をアミノ酸に分解するためである。

ボタンエビ

十脚目(エビ目)抱卵亜目(エビ亜目)コエビ下目タラバエビ科タラバエビ属
Pandalus nipponensis (Yokoya, 1933)

【和名(漢字)】ボタンエビ(牡丹海老、牡丹蝦)
【英名】Botan shrimp
【別名】ホンボタンエビ(本牡丹海老)、ホンボタン(本牡丹)
【形態・生態】大きなものは体長20cm以上になる。太平洋側の宮城県沖以南に分布する日本固有種。日本海にはいない。数は減少し、希少価値が高い。これに対し、広義の「ボタンエビ」として多く流通しているのは、近縁の「トヤマエビ(富山海老)」や、冷凍で入る輸入ものの「スポットエビ」などである。
※トヤマエビ(富山エビ):学名:Pandalus hypsinotus (Brandt,1851)／英名:Coonstripe shrimp。日本海の全域からベーリング海にかけて生息する。富山湾で最初に漁獲されたことから「トヤマエビ」と名づけられた。一般には「ボタンエビ」として扱われ、タラバエビ、キジエビと呼ばれることも。頭胸甲がホンボタンエビより大きく、はっきりとした白い斑紋が散らばっている。オレンジ色っぽいホンボタンにくらべてトヤマエビは赤味が濃い。
【産地・旬】ホンボタンエビ：代表的な産地は駿河湾、銚子沖、鹿児島県などで、漁獲量は少ない。トヤマエビ：日本海側の丹後のあたりから北陸、北海道にかけて。北海道が水揚げの多くを占める。旬は冬から春。ただし地域によって異なり、ズワイガニの禁漁期が漁期となる金沢あたりでは3月～夏。函館では春(オス)と秋(子持ちのメス)とされる。
【食べ方・味など】甘エビ同様生で食べるとおいしい。

ヒゴロモエビ／ブドウエビ

十脚目（エビ目）抱卵亜目（エビ亜目）コエビ下目タラバエビ科モロトゲエビ属
Pandalopsis coccinata (Urita, 1941)

- 【和名（漢字）】ヒゴロモエビ（緋衣海老、緋衣蝦）
- 【英名】Higoromo shrimp
- 【別名】ブドウエビ（葡萄海老）
  ※水揚げして死ぬと、ブドウ色になるところから。標準和名「ブドウエビ」は、別のエビである。
- 【形態・生態】生息域は千葉県銚子以北から北海道太平洋側、樺太。太平洋側の水深400〜500mに多く見られる。産卵するメスの体長は13〜15cmほど。卵の大きさ（長径）は、4mmほどと大きいが、数は150〜300台と少ない（トヤマエビやホッコクアカエビは、1mm前後で1000個以上）。産卵期は4月で、孵化は翌々年の3月。抱卵期間が24ヵ月とひじょうに長い。
- 【産地・旬】千葉県以北の太平洋側で揚がる。
- 【食べ方・味など】甘エビ同様生で食べるとおいしい。

> 独特のねっとり感があり、ねかせると旨みが更に増します。高価なエビですが、それだけの価値はあると思います。（う）

モロトゲアカエビ／シマエビ

十脚目（エビ目）抱卵亜目（エビ亜目）コエビ下目タラバエビ科モロトゲエビ属
Pandalopsis japonica (Balss, 1914)

- 【和名（漢字）】モロトゲアカエビ（諸棘赤海老）
- 【英名】Morotoge shrimp
- 【別名】シマエビ（関東で）、キジエビ（新潟県、富山県で）、スジエビ（兵庫県、鳥取県で）
- 【形態・生態】日本海沿岸から北海道、樺太にかけての水深180〜370mに生息する。頭の先にある額角の上下に細かいトゲが並んでいて、この特徴から「双方の」という意味をもつ「諸」の字が当てられ、名づけられたといわれる。紅白のしま模様が特徴的で、「シマエビ」の名のほうが知られている。形は甘エビに似ているが、ひと回り大きくなる。産卵期は11〜翌4月。卵は、甘エビなどとくらべて大きいが、数は少ない。1年間抱卵し、翌年の11〜4月にかけて孵化する。
- 【産地・旬】おもな産地は北海道、新潟県から福井県あたりまでの北陸、丹後など。ズワイガニ漁や他のエビにまじって獲られる。
- 【食べ方・味など】甘エビ同様生で食べるとおいしい。

> 食感が繊細です。甘エビほど甘みは強くなく、酸味と相性がいいです。（う）

テラオボタンエビ

十脚目（エビ目）抱卵亜目（エビ亜目）コエビ下目タラバエビ科タラバエビ属
Pandalus teraoi (Kubo, 1937)

- 【和名（漢字）】テラオボタンエビ（寺尾牡丹海老）
- 【英名】―
- 【別名】ハクボタン（白牡丹）
- 【形態・生態】頭胸甲の上に並ぶ、白いトゲ状の突起が特徴的。三陸、相模湾、琉球列島など太平洋岸に生息する。
- 【産地・旬】福島県産が少量流通している。
- 【食べ方・味など】甘エビ同様生で食べるとおいしい。

調理のためのえび・かに・いか・たこ図鑑　19

伊勢エビ

十脚目（エビ目）抱卵亜目（エビ亜目）イセエビ科イセエビ属
Panulirus japonicus (Von Siebold, 1824)

> 火を入れても、生でもおいしい。エビミソのおいしさも格別です。（シ）

オオコシオリエビ／クモエビ

十脚目（エビ目）抱卵亜目（エビ亜目）異尾下目（ヤドカリ下目）コシオリエビ上科チョウコシオリエビ科オオコシオリエビ属
Cervimunida princeps (Benedict, 1902)

【和名（漢字）】イセエビ（伊勢海老、伊勢蝦）
※語源には、都のあった京都に伊勢産のものが多く出回ったため、あるいは産卵期は磯にいることが多いため、威勢のいい様子からなどの説がある。

【英名】Japanese spiny lobster
【別名】カマクラエビ（鎌倉海老）
【形態・生態】体長は20〜30cmほどで、もう少し大きいものもいる。脚や触角も含め、全体が暗赤色の丈夫な殻に覆われる。太い第2触角の根元には発音器があり、威嚇音を出す。房総半島以南から台湾までの西太平洋沿岸、九州、朝鮮半島南部の沿岸域に分布し、外洋に面した浅い海の岩礁やサンゴ礁に生息する。繁殖期は5〜8月で、メスは産卵した卵をブドウの房状にして腹肢に抱える。抱卵期間は1〜2ヵ月ほど。

【産地・旬】漁獲量上位2県は三重県と千葉県で、この2県で全国の漁獲量の40％を占める。資源保護のために漁獲禁止期間や漁獲できる大きさが決められている。解禁期間は千葉県が8月初旬〜翌年4月末まで。三重県、和歌山県は10月1日〜翌年4月末まで。伊豆半島は9月中旬〜翌年4月末までなど。漁法には刺し網漁、潜水漁、蛸壺し漁がある。

【食べ方・味など】身に弾力があり、焼く、煮る、揚げるなどさまざまな調理が可能。もちろん刺身など生で食べてもおいしい。

【和名（漢字）】オオコシオリエビ（大腰折海老）
【英名】Squat lobster
【別名】クモエビ（三重県尾鷲市、静岡県で）、ツブレエビ（三河湾で）
【形態・生態】体長は5cm前後だが、長いハサミ（鋏脚）と脚をもち、ハサミを含めると20cmほどになる。腹部を内側に折りたたむようにしているところから、この名で呼ばれる。体は赤っぽいオレンジ色で、尾は白い。エビに似ているが、分類上はヤドカリの仲間である。歩くための脚（歩脚）は3対（6本）見えるが、4対めの細い脚（2本）が、頭胸甲に添うようにたたまれている。東北以南の、水深200ｍより深い深海に生息する。

【産地・旬】愛知県、静岡県、三重県など。底曳き網などで漁獲される。

【食べ方・味など】味噌汁などにするといいだしが出る。また、しっかり揚げると、殻ごとすべて食べられる。

【和名(漢字)】アカザエビ(藜海老)
※色が、植物の藜(アカザ)の若葉を思わせるところから。
【英名】Japanese lobster
【別名】テナガエビ(手長海老。一般的に、また多くの料理店などで)、シャコエビ(駿河湾で)
※標準和名「テナガエビ」は汽水・淡水性の別のエビである。
※「シャコ」は別の甲殻類である。
【形態・生態】体長は20〜25cmほどになる。細長いハサミが特徴。千葉県沖から日向灘にかけての太平洋沿岸域に分布し、水深200〜400mに生息する。日本近海だけに分布する固有種。近縁種にサガミアカザエビ、ミナミアカザエビ、ニュージーランドアカザエビ、ヨーロッパアカザエビ(フランス語でlangoustine〈ラングスティーヌ〉。イタリア語でscampi〈スカンピ〉)などがいる。
【産地・旬】底曳き網漁やカゴ漁、刺し網漁などで漁獲される。
【食べ方・味など】身はやわらかく、甘みがある。新鮮なものは生でもおいしいが、加熱しても身が固く締まらないので、焼き物やグリル、ソテーにもむく。

【和名(漢字)】—
【英名】Lobster
【別名】オマール(Homard 仏語)
【形態・生態】ヨーロピアン・ロブスターは大西洋のノルウェーから地中海近辺に分布。アメリカン・ロブスターはカナダからカリブ海までの大西洋西岸に分布する。味はヨーロピアン・ロブスターのほうがよいとされ、価格も高い。体長は50cmほどになり、大きなハサミ(鋏脚)をもつ。このハサミは威嚇用である。浅い海の岩礁や砂礫底に穴を掘って単独生活をする。寿命は長く、推定年齢100年ほどのものが発見されることもある。
【産地・旬】日本近海には生息していないため、日本で使用できるのは海外からの輸入ものになる。漁獲しているのはおもにヨーロッパ各国やカナダ、アメリカなどで、特に名産地として有名なのは、アメリカのボストン(アメリカン・ロブスター)とフランスのブルターニュ(ヨーロピアン・ロブスター)である。アメリカ、カナダの東海岸のロブスターの漁期は4月後半〜6月と、12〜1月の年2回。
【食べ方・味など】加熱して食べる。身は弾力があり、蒸す、ゆでる、グリル、ロースト、スープなどさまざまな加熱方法で調理される。卵巣やミソもおいしい。

火を通しても身が硬くならないので、他の素材と合わせても使いやすいです。(シ)

アカザエビ
十脚目(エビ目)抱卵亜目(エビ亜目)ザリガニ下目アカザエビ科アカザエビ属
Metanephrops japonicus (Tapparone-Canefri, 1873)

オマールエビ(食材名)/ロブスター
十脚目(エビ目)抱卵亜目(エビ亜目)ザリガニ下目アカザエビ科ロブスター属
ヨーロピアン・ロブスター(H.gammarus (Linnaeus,1758))
アメリカン・ロブスター(H.americanus (H.Milne Edwards, 1837))
※「ロブスター」は、ヨーロピアン・ロブスターとアメリカン・ロブスターの2種を指す。

調理のためのえび・かに・いか・たこ図鑑

オオバウチワエビ

十脚目（エビ目）抱卵亜目（エビ亜目）イセエビ下目セミエビ科ウチワエビ属
Ibacus novemdentatus (Gibbes, 1850)

【和名（漢字）】オオバウチワエビ（大歯団扇海老）
【英名】Japanese fan lobster
【別名】ウチワエビ（団扇海老）、パッチンエビ、パタエビ（宮崎県で）。
※日本の市場では、標準和名「ウチワエビ」と「オオバウチワエビ」が区別されず、総称として「ウチワエビ」と呼ばれる。

【形態・生態】ウチワエビは能登半島と駿河湾以南の太平洋岸から香港、東南アジア、オーストラリア北部まで広く分布し、水深10～300mの砂泥底に生息する。体長15cmほどで、平たい形が名の由来。前方と頭胸甲の左右に多数の切れ込みがある。オオバウチワエビのほうが、この切れ込みが少ない。また、ウチワエビは殻の前方に毛のような部分があるが、オオバウチワエビにはそれがない。

【産地・旬】おもな産地は愛知県、和歌山県、石川県から島根県にかけて、福岡県、長崎県、熊本県、鹿児島県など。おもに西日本で広く知られる。旬は産地によって異なるが3～6月ごろ。

【食べ方・味など】旨み、甘みが強く、刺身でも、ゆでたり焼いたりしてもおいしく食べられる。おいしいだしが出るので、味噌汁などにも。

ゾウリエビ

十脚目（エビ目）抱卵亜目（エビ亜目）イセエビ下目セミエビ科ゾウリエビ属
Parribacus japonicus (Holthuis, 1960)

【和名（漢字）】ゾウリエビ（草履海老）
【英名】Japanese mitten lobster
【別名】タビエビ（高知県で）、テゴサ、テゴシャ（九州で）
【形態・生態】体長15cmほど。「草履（ぞうり）」に似ている見た目からの名。房総半島から九州までの太平洋岸と南西諸島、台湾まで分布し、水深10～30mほどの、浅い海の岩礁やサンゴ礁に生息する。
【産地・旬】おもな産地は鹿児島県、宮崎県、三重県、静岡県など。伊勢エビなどを狙った刺し網漁で獲れる。
【食べ方・味など】オオバウチワエビに同じ。

セミエビ

十脚目（エビ目）抱卵亜目（エビ亜目）イセエビ下目セミエビ科セミエビ属
Scyllarides squamosus (A. Milne-Edwards, 1837)

【和名（漢字）】セミエビ（蝉海老）
【英名】Shovel-nosed lobster, Blunt slipper lobster
【別名】モンパ、クツエビ、アカテゴザ、カブトエビ
【形態・生態】体長30cmほどになる。蝉に似た見た目が名の由来。殻は黄褐色と赤褐色のまだら模様で、粒状の突起や短い毛で覆われている。ウチワエビやゾウリエビなどにくらべると厚みがあり、体の縁にのこぎり状の歯はない。インド太平洋の熱帯・亜熱帯域に広く分布し、日本では房総半島以南の太平洋岸で見られる。水深30mくらいまでの岩場に住む。
【産地・旬】おもな産地は沖縄県、鹿児島県、愛媛県、高知県、徳島県など。旬は秋～冬。刺し網漁などで獲れる。
【食べ方・味など】オオバウチワエビに同じ。

セミエビ科のエビの中では断トツのおいしさです。しっかりと身が詰まり、歩留まりがいいのもうれしい。(う)

セミエビのさばき方 ◎ 活けのものは、殻と身が密着していてはがれづらい。10分ほど冷凍庫に入れておくと比較的むきやすくなる。殻はだしに使用する。

1 頭胸部を覆う殻の隙間からテーブルナイフを入れ、殻に沿ってナイフを動かしながら身を切り離す。

2 頭胸部をおさえ、腹の身を持ってねじるようにしながら抜きとる。

3 ハサミで脚(腹肢)を切りとり、腹側の脚がついていた部分と、外側の殻の間を切る。

4 脚がついていた部分と身の間に親指を入れ、爪で1節ずつはずすようにしながらはがしていく。

5 ハサミで切りとる。

6 殻と身の間に親指を入れ、身を少しずつはがしていく。

7 むいた身。

8 腹側を切り開く。

9 日本酒を加えた氷水でさっと洗い、

10 タオルにのせて包み

11 上から手でおさえて、よく水気をとる。

12 すぐに食べてもおいしいが、「うぶか」ではより旨みを引き出すために、この状態で1日冷蔵庫でねかせる(身を洗わず保存すると、次の日にはアクがまわって真っ黒になってしまう)。

13 はずした頭胸部。

14 脚のついている部分を手でとりはずす。

15 ミソ(中腸腺)や卵巣をとり出す。

かに

ズワイガニ

十脚目（エビ目）抱卵亜目（エビ亜目）短尾下目（カニ下目）ケセンガニ科ズワイガニ属
Chionoecetes opilio (O.Fabricius, 1788)

- 【和名（漢字）】ズワイガニ（楚蟹、津和井蟹）
- 【英名】Snow crab
- 【別名】ホンズワイガニ（本楚蟹）
- 【形態・生態】オスは足を広げると70cmほどになり、甲羅の大きさも幅15cmほどになるが、メスの甲羅はその半分ほど。大きさが極端に違うため、多くの漁獲地でオスとメスが別々の名で呼ばれる（p.26参照）。山口県以北の日本海と、茨城県以北からカナダまでの北太平洋、オホーツク海、ベーリング海に広く分布する。おもな生息域は水深200～600mほどのところ。
- 【産地・旬】漁獲量が多いのは、兵庫県、北海道、鳥取県、石川県、福井県など。資源保護のため、省令によって海域ごとに制限がされており、漁期や大きさの規定を守りながら漁が行なわれている。漁期については、新潟県以北の海域では、オスもメスも10月1日～5月31日。富山県以西の海域ではメスが11月6日～1月10日、オスが11月6日～3月20日となっている。
- 【食べ方・味など】繊細で甘みが強く、カニらしいおいしさが味わえる。ゆでたり蒸したりしたものを、さまざまな料理に使ったり、生をカニしゃぶにしてもよい。ミソもおいしい。

> 産地によって身の味もミソの味も変わります。若ガニ、メスガニも楽しめます。（う）

ズワイガニのさばき方

カニはまるごとゆでる店が多いが、「うぶか」では、ゆでる前に身とカニミソを分け、別々に火を入れる。身とミソでは火が入る時間に差があるためである（ミソに火入れ時間を合わせると、身に火が入りすぎる）。

1. 流水にあてながら、たわしでよく洗う。

2. ふんどし（腹部）を開き、胸の中央に包丁を入れて、半分に切る。

3. 左右に分けて、甲羅からはずす。

4. 身についてきたカニミソをピンセットでとり出し、甲羅に戻す。

5. ふんどしをはずす。

6. 口からつながっている、砂袋と呼ばれる内臓をはずす。

7. 砂袋と呼ばれる部分。

8. 両側にあるガニ（エラ）を、ハサミで切りとって除く。エラの下の砂を流水で洗い流す（エラは食べてもまずいうえ、寄生虫などが付着していることもある）。

身のゆで方 ◎ 沸騰した湯に入れて、一気に火を入れる。

1. 2%の塩を加えた湯に、かならず沸騰してから入れる。

2. 落とし蓋をし、再び沸騰したら中火にする。

3. 計10〜12分ほど(カニの大きさによる)ゆでたらとり出し、

4. 用意しておいた、2%の塩を加えた氷水にすぐに浸ける(ゆで上がりのカニをそのままにしておくと、どんどん火が入り身がパサつく)。

ゆでたカニの身をとり出す ◎ いろいろな道具を駆使して時間を短縮。

1. 長い節の根元近くの関節から、脚を切り離す。

2. 内側(色の薄い側)を上にしてまな板に置き、上に麺棒を転がして、身を押し出す。

3. 脚の細い部分は、ハサミで切り離す。

4. 細い部分も同様に、麺棒で身を押し出す。

5. ハサミにつながる節の部分は、包丁で内側の殻の一部を削ぎ切り、

6. ハサミの部分はまな板に置いて、ハサミを開き、真ん中に包丁を入れて半分に切る。

7. ピンセットで身をとり出す。

8. 胸の部分は、厚みを半分に切る。

9. ピンセットで、丁寧に身をとり出す。

10. 殻がまじっていないか、指で触って確認する。

11. とり出した身。さまざまな料理に使用する。

カニミソを蒸す ◎ 体液ごと蒸すのがポイント。体液があることで、しっかりとミソに濃度が出る。

1. カニミソは甲羅のまま(体液も捨てずに)、蒸気の上がった蒸し器に入れ、

2. 20分ほど蒸す。蒸し上がったら、常温で冷ましておく。

3. 冷めたら殻からとり出す。

ズワイガニの呼び名

ズワイガニは、全国各地に地方名があり、それがブランド名にもなっている。オスとメスでは大きく形態が異なることから、異なる名で呼ばれる。また、いくつかの地域ではオスのズワイガニがより細かくブランド化され、一定の基準を満たしたカニについて、所属漁港や漁船名が記されたタグも発行されている。

オスのズワイガニの呼び名、ブランド名

- **北海松葉ガニ**…北海道で水揚げされたもの
  （※オオマツバガニやロシア産のマツバガニも含む）
- **芳がに**…山形県庄内浜で水揚げされたもの
- **越前がに**…福井県で水揚げされたもの
- **加能がに**…石川県で水揚げされたもの
- **松葉がに**…山陰地方で水揚げされたものの総称

（松葉ガニは水揚げされた場所、港などによりさまざまな名で呼ばれている）

- 鳥取松葉がに…鳥取県
- 香住松葉がに…兵庫県香住漁港
- 柴山がに…兵庫県柴山漁港
- 津居山がに…兵庫県津居山漁港
- 間人がに…京都府間人漁港
- 大善がに…京都府浅茂川漁港

メスのズワイガニの呼び名

コウバコ[香箱、甲箱]（石川県）、**セコガニ**（鳥取県、兵庫県、京都府、福井県）、**セイコガニ**（福井県）、**コッペ**（京都府）、**親ガニ**（鳥取県）、**メガニ**（山形県）など

[北海松葉ガニ]

北海道で水揚げされるズワイガニ。ロシア産のズワイガニやオオズワイガニ（学名：Chionoecetes bairdi〈Rathbun、1893〉）も含めて呼ばれる。オオズワイガニは日本海には生息しておらず、太平洋やベーリング海に生息する。ホンズワイガニよりも深い場所に生息するという。見た目はホンズワイガニとほとんど変わらず、大きさが少し大きく、甲羅の横幅がやや広い程度であり、一般的には「ズワイガニ」として流通していることが多い。ホンズワイガニにくらべて水揚げ量は少ない。区別する場合は、学名の一部をとってホンズワイガニを「オピリオ種」、オオズワイガニを「バルダイ種」と呼ぶ。

[モモガニ]

オスのズワイガニの、最終脱皮までの脱皮回数には個体差があるが、ほとんどは最終脱皮の際に、それまで小さかったハサミが一気に大きくなる。大きなハサミは、成熟したオスの証であり、そこから殻を厚くし、身を充実させながら4、5年は生きるとされる。ハサミの小さなオスガニの多くは、秋に脱皮した「水ガニ」（p.28参照）ということになるが、ときどき、ハサミは小さいにもかかわらず甲羅の硬いオスガニが見られ、これが「モモガニ」と呼ばれる。これは、脱皮すべきときに脱皮しなかったカニと考えられている。ハサミは小さいが、身入りは水ガニよりもよい。

[セイコガニ] ※メスのズワイガニの、福井県などでの呼び名。

ズワイガニのメスは稚ガニになってから9回脱皮をすると卵巣が成熟しはじめ、翌年に生涯最後の脱皮をし（つまりこれ以上大きくならない）、直後に交尾・産卵となる。産卵を終えると、孵化するまで1年6ヵ月ほどその卵をお腹に抱え、孵化が終わるとまた次の産卵・抱卵期間（2回目からは約1年）・孵化となる。メスはこれを5、6回繰り返して寿命となる。お腹に抱えられた卵がいわゆる「外子」で、産卵後しばらくはオレンジ色だが、孵化が近づくころには黒紫色になる。また、殻の中で発達してオレンジ色になった卵巣が、いわゆる「内子」である。

近縁種 紅ズワイガニ

十脚目(エビ目) 抱卵亜目(エビ亜目) 短尾下目
(カニ下目) ケセンガニ科ズワイガニ属
Chionoecetes japonicus (Rathbun, 1932)

- 【和名(漢字)】ベニズワイガニ(紅楚蟹)
- 【英名】Red snow crab
- 【別名】紅ガニ(島根県、鳥取県、富山県で)
- 【形態・生態】形はズワイガニに似ているが、ゆでていない状態でも鮮やかな紅色をしている。日本海、北朝鮮、ロシアなどで水揚げされている。ズワイガニが水深200～600mほどのところに生息するのに対し、紅ズワイガニはもう少し深い、水深約500～2700mのところに広く分布する。通常はズワイガニと紅ズワイガニは交わることがないが、近年はこの交雑種が流通するようになり、「黄金ガニ」の名称で呼ばれている。
- 【産地・旬】兵庫県香住や鳥取県境港、富山県などが有名な産地。漁期は9月1日～6月30日と、ズワイガニより長い。おもにカニかご漁によって漁獲される。
- 【食べ方・味など】身質はやや水っぽいが、甘みが強くおいしい。缶詰やカニの棒肉などの加工品に使われることが多いが、鮮魚としての需要も高い。

> ズワイガニより、身の甘みが強いです。(う)

[香住ガニ]
兵庫県香住漁港で水揚げされる、ブランド紅ズワイガニ。
※「香住松葉ガニ」は、ズワイガニのブランド名である。

[黄金ガニ](流通名)
自然界の中で、ズワイガニのオスと、紅ズワイガニのメスから生まれた交雑種。

調理のためのえび・かに・いか・たこ図鑑 27

[若松葉ガニ]

脱皮後、まだ殻が硬くなっていないオスのズワイガニのことで、鳥取県での呼び名。福井県では「ズボガニ」と呼ばれる。殻がやわらかく、松葉ガニとくらべると大きさのわりに軽いなどの特徴がある。殻の中の水分が多く身入りが多少劣るため、「水ガニ」とも呼ばれる。松葉ガニにくらべると安価。資源保護の目的から厳しい漁獲制限がされ、「日本海ズワイガニ特別委員会」においては、漁期を1月20日から2月28日までと定めている（平成28年）。また、石川県、京都府漁業者は、漁を全面的に自粛している。

若松葉ガニをさばく

若松葉ガニは、安価だが水が多く身が入っていないと敬遠する料理人も多い。しかし「うぶか」では、通常捨てられてしまうこの水やミソもむだなく使用している。

1 他のカニ同様、胸の中央に包丁を入れて切るが、殻がやわらかいので、やさしく入れる。

2 左右に分けて、甲羅からはずす。

3 ふんどし（腹部）をとる。甲羅の中には、カニミソとともに水が多く入っているが、これをこぼさないようにする。

4 食べられない内臓（砂袋と呼ばれる部分など）をとり除く。

5 ガニ（エラ）をハサミで切りとる。この後すぐに、p.25と同様に塩入りの湯でゆでる。ゆで時間は短く8〜10分ほど。ゆで上がったら、2%の塩を加えた氷水にすぐに浸ける。

6 脚を切りとり、殻の一部を包丁でそぎ切り（殻がやわらかいので、簡単に切れる）、身をとり出す。

7 細い脚の部分の殻も、同様にそぎ切り、身をとり出す（胸の部分の身のとり出し方はp.25参照）。

若松葉ガニのカニミソの使い方

若松葉ガニのカニミソは、水分が多くそのままでは使いづらいため、「うぶか」では卵黄を加え、ペーストにしている。

1 甲羅の中のカニミソを、水ごとすべて鍋にあける（ここでは3バイ分のカニミソで作っている。ある程度の量で作ったほうがよい）。

2 1パイ分のカニミソにつき、1個の卵黄と、少量の日本酒を加える（塩分はカニミソの塩気で充分）。

3 中火にかけて泡立て器で溶き、

4 ゴムベラで混ぜながら、水分を飛ばしていく（火加減は中火を保つ）。水分がなくなってきたら弱火にし、とろとろのペーストにする。

5 濃度が出たら、ザルにあけ、

6 ゴムベラで混ぜながら漉す。

7 でき上がったペースト。冷めるともう少し濃度が出る。醤油を少量加えて豆腐にかける、ソースにする、だしでのばして茶椀蒸しにするなどの使い方ができる。

セイコガニの下処理・ゆで方 ◎ 小さいので、丸ごとゆでる。

1 流水にあてながら、たわしでよく洗う。

2 外子（卵）がついているところは、砂をよく洗い流す。

3 排泄物の残りは、指で押し出す。

4 2％の塩を加えた湯を沸騰させ、甲羅を下にして（ミソがなるべく身のほうに落ちないように）鍋に入れる。

5 再び沸いたら弱火（ふつふつするくらいの火加減）にし、落とし蓋をして14分ゆでる。ゆで上がったら、2％の塩を加えた氷水にすぐに浸けて冷ます。

身をとり出す

1 外子（卵）のついた、ふんどし（腹部）を切りとる。

2 胸の中央に包丁を入れて切り、左右に分けてとりはずす。

3 切り口から、中に残ったカニミソや内子（卵巣）をピンセットでとり出す。

4 ガニ（エラ）はハサミで切りとって除く。

5 内側（殻のやわらかい側）を上にしてまな板に置く。胸の部分は上に麺棒を転がして、中の身を押し出す。

6 長い節の根元近くの関節に沿って脚を切りとり、

7 内側を上にしてまな板に置き、上に麺棒を転がして身を押し出す。

8 ピンセットで、カニミソと内子を甲羅からとり出す。

外子（卵）の処理

1 外子（卵）のついたふんどし（腹部）をザルに入れ、ボウルにはった2％濃度の塩水に浸ける。ザルの中を手でかき混ぜて、外子を下のボウルに落とす。

2 ばらばらになって落ちた外子。

3 茶漉しで漉す。

タカアシガニ

十脚目（エビ目）短尾下目（カニ下目）抱卵亜目（エビ亜目）クモガニ科タカアシガニ属
Macrocheira kaempferi (Temminck, 1836)

- 【和名（漢字）】タカアシガニ（高脚蟹）
- 【英名】Japanese spider crab
- 【別名】—
- 【形態・生態】大きなものでは脚を広げた状態で3m以上にもなる巨大なカニ。特に脚の長さが目立ち、名前もここからきている。現代に生息する節足動物の中では最大級で、水族館でもおなじみである。岩手県沖から九州までの太平洋岸、東シナ海、駿河湾、土佐湾に分布し、通常は水深150～800mほどのところに生息するが、春の繁殖時期になると水深50mほどのところに上がってくるといわれる。
- 【産地・旬】漁場は相模灘、駿河湾、土佐湾、尾鷲、伊豆七島周辺など。特に駿河湾に臨む戸田港は有名で、観光の名物としている。旬は一般的に12～2月の冬といわれるが、駿河湾の漁期は9～翌5月と長めになっている。底曳き網漁などで漁獲される。
- 【食べ方・味など】水分が多いので、蒸しガニにするとよい。焼いてもおいしく食べられる。

タラバガニ

十脚目（エビ目）異尾下目（ヤドカリ下目）抱卵亜目（エビ亜目）タラバガニ科タラバガニ属
Paralithodes camtschaticus (Tilesius, 1815)

- 【和名（漢字）】タラバガニ（鱈場蟹）
  ※生息域が鱈の漁場と重なるところから。
- 【英名】Red king crab
- 【別名】—
- 【形態・生態】オスの甲幅は25cmほどで、脚を広げると1mを超える。全身が短いトゲ状の突起で覆われている。「カニ」とつくがヤドカリの仲間。ハサミ（鋏脚）を除く歩脚が3対（6本）しかないように見えるのが、ヤドカリ類のわかりやすい特徴のひとつである。5番めの歩脚は小さく、鰓室（エラがある空間）に差し込まれていて、エラの掃除をする役割があるが、表からは見えない。おもに北海道周辺、オホーツク海からベーリング海、北極海のアラスカ沿岸、南米のチリやアルゼンチン沿岸に分布し、水深100～300mに生息する。北半球のメスの産卵期は4～6月とされる。
- 【産地・旬】日本におけるおもな漁場はオホーツク海。1、2月の流氷が去ったあとの春から夏のタラバガニが、甘みが強くおいしいといわれるが、産卵時期と重なり獲れない時期もある。また、脱皮直前の殻の硬い、しっかり身の詰まったカニが獲れる11～2月が旬ともいわれる。ベーリング海は冬が漁期で、冬のタラバガニ以外は出回らない。また、日本ではメスを獲ることが禁止されているが、販売についての規制は特にないため、ロシアからの輸入品は流通している。
- 【食べ方・味など】プリッとした食感が特徴。脚の身も多く食べ応えがある。蒸す、ゆでる、焼くなどして火を入れて使用することが多い。

焼くことで、おいしさが増すカニだと思います。（シ）

花咲ガニ

十脚目（エビ目）抱卵亜目（エビ亜目）異尾下目（ヤドカリ下目）タラバガニ科タラバガニ属
Paralithodes brevipes (H.Milne Edwards et Lucas, 1841)

【和名（漢字）】ハナサキガニ（花咲蟹）
※根室市の花咲港で水揚げされたから、あるいは、ゆでると花が咲くように真っ赤になるからとも。

【英名】Hanasaki crab

【別名】コンブガニ
※昆布の生えている海域に生息するところから。

【形態・生態】タラバガニの近縁種。名前に「カニ」とつくが、分類学上はヤドカリの仲間である。甲幅、甲長は15cmほどで、逆ハート形。ベーリング海からオホーツク海沿岸、サハリン、千島列島に分布する。集団を形成する性質をもつ。

【産地・旬】北海道周辺では襟裳岬から納沙布岬にかけての太平洋と、根室半島北部のオホーツク海に分布し、沿岸近くの浅いところにすむ傾向が強い。漁獲の中心は納沙布岬周辺海域になる。漁期は根室で7月11日～9月20日、釧路では3月15日～7月31日。夏のカニである。

【食べ方・味など】ゆでる、焼く、煮るなど。北海道の郷土料理である、カニを使った味噌汁の「鉄砲汁」は、根室の花咲ガニを使ったものが特に有名。

> 柑橘類との相性がとてもいいです。（う）

イバラガニモドキ

十脚目（エビ目）異尾下目（ヤドカリ下目）タラバガニ科イバラガニ属
Lithodes aequispina (Benedict, 1894)

【和名（漢字）】イバラガニモドキ（茨蟹疑）
※近縁のイバラガニに似ているところから。

【英名】Golden king crab

【別名】イバラガニ（市場で）
※別種のカニだが、この名で売られていることも多い。

【形態・生態】甲長18cm、甲幅20cmほど。全体にトゲ状の突起が多い。ベーリング海、オホーツク海に加え、宮城県沖～三重県沖までの太平洋側の深海域にも広く分布し、水深500～1000mに生息する。タラバガニ同様ヤドカリの仲間。

【産地・旬】オホーツク海産は夏が旬といわれる。漁獲地が南にいくほど旬は秋にむかってずれ、駿河湾では12月に解禁になるかご網漁でときどき獲れる。ロシアなどからの冷凍品の輸入もある。

【食べ方・味など】蒸しガニや焼きガニにするとおいしい。

> 味が濃く、身質のしっかりしたカニです。（う）

毛ガニ

十脚目（エビ目）抱卵亜目（エビ亜目）短尾下目（カニ下目）イチョウガニ上科クリガニ科ケガニ属
Erimacrus isenbeckii (Brandt, 1848)

- 【和名（漢字）】ケガニ（毛蟹）
- 【英名】Horsehair crab
- 【別名】オオクリガニ（大栗蟹。北海道で）
- 【形態・生態】ずんぐりとした体型で、殻に短い剛毛が密集し、これが名の由来にもなっている。ベーリング海東部から朝鮮半島東岸までの北太平洋に分布し、日本では北海道沿岸各地から太平洋側では茨城県まで、日本海側では島根県まで分布し、水深30～200mほどの砂泥底に生息する。
- 【産地・旬】北海道沿岸各地と岩手県でおもに漁獲されている。漁期は場所により異なり、胆振では6～7月、登別から白老町沖では7月中旬から8月中旬、日高では12～翌4月、網走では3～8月、雄武町では3月下旬～7月下旬、宗谷では3月15日～8月21日、十勝・釧路では1～3月と9～12月。岩手では12～翌3月となっている。資源保護のため、獲れるのは甲羅が8cm以上のオスのみと決められている。
- 【食べ方・味など】身がしっとりとやわらかく、繊細な味。カニミソも濃厚でおいしい。

繊維が細かく、独特の味の濃さと香りがあります。味の強い他の素材と合わせても負けません。（シ）

サワガニ

十脚目（エビ目）抱卵亜目（エビ亜目）短尾下目（カニ下目）サワガニ科サワガニ属
Geothelphusa dehaani (White, 1847)

- 【和名（漢字）】サワガニ（沢蟹）
- 【英名】Japanese freshwater crab
- 【別名】タンガネ、ヒメガニ、イデンコガニ
- 【形態・生態】淡水性のカニ。日本の固有種。青森県～南西諸島のトカラ列島まで分布する。甲幅2～3cmほど。甲羅の色が黒褐色で脚が朱色のものが多いが、青白いものなどもいる。水のきれいな沢や渓流、小川などの上流から中流にすむが、川から離れて出歩くこともあり、田や林道、用水路などで見かけることもある。産卵期は春～初夏で、体に対して大きめの、直径2mmほどの卵を数十個産み、抱卵する。卵の数は少ないが、孵化するときにはすでにカニの形をしている。冬は冬眠する。
- 【産地・旬】北海道以外の日本各地で見られる。養殖もされている。
- 【食べ方・味など】まるごと揚げたり、佃煮などにすることが多い。寄生虫がいることがあり、しっかり火を通す必要がある。

まるごと揚げるのが、おもな使い方です。形をそのまま活かす盛り付けは、このカニならでは。（シ）

毛ガニのさばき方・ゆで方
◎ 身とミソでは火が入る時間に差があるため、「うぶか」ではゆでる前に身とカニミソを分け、別々に火を入れる。

流水にあてながら、たわしでおがくずや汚れを洗い落とす。

胸の中央に包丁を入れて切り、左右に分けてとりはずす。

身についてきたミソをピンセットでとり、甲羅に戻す。

余分な内臓はピンセットでとり除く。

ガニ(エラ)を、ハサミで切りとって除く。

2%の塩を加えた湯を沸かし、沸騰してからカニを入れる。再び沸騰したら中火にし、落とし蓋をして、合計で12分ほど(カニの大きさによる)ゆでる。

ゆで上がったら、2%の塩を加えた氷水にすぐに浸けて冷ます。

身をとり出す

長い節の根元近くで、脚を切り離す。

切った際にとれた毛が、身に付着しないよう、切るたびに水で洗う。

内側(色の薄い側)を上にしてまな板に置き、上に麺棒を転がして、身を押し出す。細い部分の脚も切り離し、同様にして身を押し出す。

胸の部分は厚みを半分に切り、

身をピンセットでとり出す。

カニミソを蒸す
◎ 体液ごと蒸すのがポイント。体液があることで、しっかりとミソに濃度が出る。

カニミソは甲羅のまま(体液も捨てずに)、蒸気の上がった蒸し器に入れ、

20分ほど蒸す。蒸し上がったら、常温で冷ましておく。

冷めたら殻からとり出す。

ガザミ／ワタリガニ

十脚目（エビ目）抱卵亜目（エビ亜目）短尾下目（カニ下目）ワタリガニ科ガザミ属
Portunus trituberculatus (Miers, 1876)

【和名（漢字）】ガザミ（蝤蛑）
※古語のカニのハサミを意味する「カサメ」が訛ったものといわれる。

【英名】Gazami（swimming）crab

【別名】ワタリガニ（渡り蟹） ※泳いで海を渡る〈移動する〉ということから）、ヒシガニ（菱蟹）、ガンツ（岡山で）、ガネ

【形態・生態】甲幅15cm以上になり、横長のひし形に近い形。左右に大きなトゲが突き出す。いちばん後ろの脚（第5脚）は先が平たく変形した「遊泳脚」であり、海中を泳ぐのに使用される。北海道から九州、韓国、中国、台湾までに分布し。内湾の、水深30mほどまでの砂泥底に生息する。小魚、貝類、ゴカイなどを好んで食べる。メスの産卵期は春から夏で、小型のメスは年に2回、大型のメスは3〜4回に分けて産卵するという。寿命は2〜3年とされる。

【産地・旬】有明海、瀬戸内海、大阪湾、伊勢湾、三河湾などが産地として有名で、漁期は晩春から冬まで。カニミソやメスの内子（卵巣）が充実する秋から冬が旬とされるが、オスの身のおいしさを味わうなら夏ともいわれる（ただし脱皮直後でないもの）。

【食べ方・味など】旨み、甘みのある上品な味。カニミソやメスの内子（卵巣）もおいしい。蒸しガニ、味噌汁、鍋、中華の炒めもの、パスタなどに。

成熟したメスのふんどし（腹部）は、卵を抱えやすいよう幅が広く丸みを帯びている。

内子（卵巣）が成熟してくると、殻の外側からも透けて見える。

甲羅の中の内子とカニミソ。

近縁種 ノコギリガザミ（総称）

十脚目（エビ目）抱卵亜目（エビ亜目）短尾下目（カニ下目）ワタリガニ科ノコギリガザミ属
Scylla paramamosain (Estampador, 1949)（トゲノコギリガザミ）

【和名（漢字）】ノコギリガザミ（鋸蝤蛑）

【英名】Green mud crab（トゲノコギリガザミ）

【別名】ドウマンガニ（胴満蟹）、甲丸、エガニ

【形態・生態】甲羅の背側が褐色で形は楕円形に近く、縁部分にノコギリの歯のような突起がつき、これが名の由来にもなっている。甲幅は25cm以上になる。アフリカ東海岸、オーストラリア、ハワイ、日本などに分布する。日本には3種が分布するが、見た目はよく似ている。

【産地・旬】日本では本州中部以南に生息し、特に浜名湖や土佐湾、南西諸島に多い。刺し網漁やカゴ漁で漁獲される。

【食べ方・味など】ガザミに同じ。

近縁種 タイワンガザミ

十脚目（エビ目）抱卵亜目（エビ亜目）短尾下目（カニ下目）ワタリガニ科ガザミ属
Portunus pelagicus (Linnaeus, 1758)

【和名（漢字）】タイワンガザミ（台湾蝤蛑）

【英名】Swimming blue crab

【別名】アオデガニ、オイラン、オドリガニ

【形態・生態】オスは色や模様から、ガザミと見わけがつきやすいが、メスはよく似ている。殻についている突起の数などで判別する。関東以南の日本各地、ハワイから東南アジア、オーストラリアを経て東アフリカに至る西太平洋、インド洋に広く分布し、スエズ運河を通って地中海にも分布する。

【産地・旬】太平洋側では千葉県、日本海側では山形県以南の本州から九州、南西諸島に見られる。四国、九州、沖縄などではガザミより多く漁獲されるところもある。

【食べ方・味など】ガザミに同じ。

ガザミのさばき方 ◎
身とミソでは火が入る時間に差があるため、「うぶか」ではゆでる前に身とカニミソを分け、別々に火を入れる。

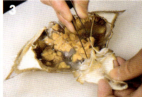

1 流水にあて、たわしでよく洗う（※写真はオス。ふんどしの形がメス〈p.34参照〉と異なり細い）。

2 ふんどしを開き、胸の中央に包丁を入れて切り、左右に分けてとりはずす。

3 ふんどしをとりはずす。

4 身についてきたカニミソはピンセットでとって甲羅に戻す。

5 余分な内臓（砂袋と呼ばれる部分など）はとり除く。

6 ガニ（エラ）を、ハサミで切りとって除く。この後、他のカニ同様に2％の塩を加えた沸騰湯に入れて、再び沸騰したら、中火にし、落とし蓋をして計10〜12分（カニの大きさによる）ゆで、2％の塩を加えた氷水にすぐに浸けて冷ます。

ゆでたカニの身をとり出す

1 長い節の根元近くの関節で、脚を切り離す。

2 内側（色の薄い側）を上にしてまな板に置き、上に麺棒を転がして、身を押し出す。脚の細い部分も、関節の手前で切り、同様にして身をとり出す。

3 ハサミ（ツメ）は、殻の中央を包丁（出刃）で切り、殻だけをはずす。

4 先の部分を、軟骨ごと引き抜く。

5 ハサミの中の身を、ピンセットでとり出す。

6 胸の部分は、厚みを半分に切る。

7 ピンセットで、丁寧に身をとり出す。この後殻がまじっていないか、指で触って確認する。

カニミソを蒸す ◎
体液ごと蒸すのがポイント。体液があることで、しっかりとミソに濃度が出る。

ミソは甲羅のまま（体液も捨てずに）、蒸気の上がった蒸し器に入れ、20分ほど蒸す。蒸し上がったら、常温で冷ましておく。冷めたら殻からとり出す。

モクズガニ

十脚目（エビ目）抱卵亜目（エビ亜目）短尾下目（カニ下目）イワガニ科モクズガニ属
Eriocheir japonica (De Haan, 1835)

- 【和名（漢字）】モクズガニ（藻屑蟹）
- 【英名】Japanese mitten crab
- 【別名】モクゾウガニ、スガニ、ツガニ、ツガネ、ヤマタロウ、カワガニ、ケガニ、ヒゲガニ、ガンチ
- 【形態・生態】ハサミ（鋏脚）に、毛が密集して生えているのが特徴で、これが「藻屑」のように見えるところからの名。英名の"mitten（手袋）crab"も、この毛のついたハサミに由来する。上海ガニ（チュウゴクモクズガニ）は近縁種。日本全土、サハリン、ウラジオストック、韓国の一部、台湾、香港にかけて広く分布する。海域で生まれた後、川を上って淡水域で成長し、成熟すると雌雄とも川を下り、汽水域および海域で交尾・産卵が行なわれる。降河時期は、秋から冬に下るものと、春に下るものがいる。孵化した幼生は波にのって沿岸域に分散、その後変態して河川の感潮域に上がり、やがて稚ガニとなって、成長しながらまた同じように川を上っていく。
- 【産地・旬】産卵のために川を下るカニをねらった、カゴ漁などが行なわれる。各地の河川に生息するが、地元で消費されることが多い。産地としては、四国の仁淀川や四万十川が有名。九州でもよく食べられる。
- 【食べ方・味など】塩ゆでや蒸しガニ、鍋もの、汁などにすることが多い。カニを丸ごとすりつぶして作る汁は日本各地に郷土料理としてあるが、モクズガニもよく使われる。なお、寄生虫については注意が必要である（p.285参照）。

オス / メス

おもにミソを味わうカニ。寄生虫を除去するため、きちんと掃除をし、しっかり火を入れます。（う）

近縁種 チュウゴクモクズガニ／上海ガニ

十脚目（エビ目）抱卵亜目（エビ亜目）短尾下目（カニ下目）イワガニ科モクズガニ属
Eriocheir sinensis (H.Milne - Edwards, 1853)

- 【和名（漢字）】チュウゴクモクズガニ（中国藻屑蟹）
- 【英名】Chinese mitten crab
- 【別名】シャンハイガニ（上海蟹 ※日本ではこの呼び名が一般的）
- 【形態・生態】日本のモクズガニとは同属異種。甲幅8cmほどになり、ハサミには、同様にびっしりと毛が生える。産卵・抱卵の後に海に放出された幼生は、脱皮を繰り返してやがて河口から川を上り、変態して稚ガニになると泥の中に穴を掘ってすむようになる。
- 【産地・旬】中国の長江流域を中心に、広い地域の川に分布している。また、朝鮮半島にも分布する。中国では大量に養殖されていて、蘇省蘇州にある陽澄湖が産地として有名である。旬は秋。
- 【食べ方・味など】蒸しガニや、「酔蟹」（酔っ払い蟹）が有名。

オス / メス

えび・かにに似たもの

*同じ甲殻類ではあるが、エビ類の仲間でもカニ類の仲間でもない。

シャコ

口脚目(シャコ目)
シャコ上科シャコ科シャコ属
Oratosquilla oratoria (De Haan, 1844)

- 【和名(漢字)】シャコ(蝦蛄)
- 【英名】Mantis shrimp, squilla
- 【別名】シャコエビ、ガサエビ、シャッパ
- 【形態・生態】体長は通常12〜15cmほどで、もう少し大きいものもいる。シャコエビと呼ばれることもあり、腹部が発達して一見エビのようにも見えるが、よく見るとからだのつくりはかなり異なる。わかりやすい違いのひとつは、エビやカニがもつハサミをもっていないことである。その代わり1対の鎌のような強大な捕脚をもち、これを使ってアサリの殻やカニの甲羅をたたき割ることもできる。ロシア沿海州から台湾にかけて分布し、内湾や内海の海底の砂や泥に、U字形の巣穴を掘って生活する。
- 【産地・旬】九州の有明海、岡山県、広島県、愛知県、北海道の小樽などが産地として知られる。メスの産卵期にあたる春〜初夏と、オスの身が詰まる秋が旬。産卵期のメスの卵巣は「カツブシ」と呼ばれ、珍重される。
- 【食べ方・味など】シャコは死んでしまうと、酵素が働いてすぐに身が分解されるので、新鮮なうちに手早くゆでる。ゆでてむき身になったものが多く出回っている。日本では、寿司ネタとしての使用が多い。

シャコのゆで方 ◎ 生きたものを入手したら、すぐにゆでる。

1 生きたシャコをザルに入れ(引き上げやすいように)、2%の塩を加えた沸騰湯に入れ、

2 再び沸騰したら、中火にし、落とし蓋をして5〜10分(シャコの大きさによる)ゆでる。

3 ゆで上がり。

4 2%の塩を加えた氷水にすぐに浸けて冷ます(急冷することで身が引き締まり、殻がむきやすくなる)。

身をとり出す

1 冷えたら氷水からとり出して水気を切り、

2 ハサミで頭を切り落とす。

3 尾の両側をV字に切り落とし、

4 シャコを裏返し、ハサミで胴体の端を切る(大きめに切りとると、むきやすくなる)。

5 脚を切り落とす。

6 身と殻の間に親指の爪を入れながら、1節ずつ身をはがしていく(腹側がむきづらい)。

7 きれいにむけた身。冷蔵庫で1日ねかせると甘みが増す。

専門店のアイデア（殻の活用）

◎ エビだし

＊「うぶか」では、さまざまなエビやカニの殻を使ってだしをとっている。中でも車エビの殻は上質なだしがとれる。頭（頭胸部）を覆う殻だけを使うと、澄んだ琥珀色の、香りのいいだしになる。

＊エビやカニをさばいた後の殻はすぐに冷凍し（そのままおくと、すぐに黒ずんでしまう）、ある程度の量になったら、だしをとる（ある程度の量をまとめてとったほうが、おいしいだしがとれる）。

＊エビの殻はそのまま煮出すよりも、煮出す前に焼くことで、味や香りが出る。

＊殻は焼く前に軽くゆでて、アクどめをする。

1　エビの頭（頭胸部）を覆っていた殻のみ（エビミソなどが、入っていないもの）を使用する。

2　鍋に湯を沸かし、殻を鍋いっぱいに入れる（実際には、もっと大量の殻を大鍋に入れ、大量に作る）。

3　沸騰したら、ザルで漉して湯を切る。

4　バットに広げ、

5　中火のオーブン（または天火）に入れて焼く。

6　焼き色がついたら一度裏返し、また同様に焼く。香りが出てくればよい。

7　鍋に入れて、水をひたひたに入れ、日本酒（純米酒）を加え、

8　昆布を入れる。

9　一気に強火にして沸騰させ、アクを1回すくったら中火にし、あとはアクをとらずにコトコトと30分ほど加熱する。

10　2つのザルの間にペーパータオルをかませ、ザルにあけて漉す（とっただしは、使いやすいように小分けにして冷凍する（「うぶか」では、1ヵ月に1度だしをとり、冷凍保存している）。

頭の殻は、粉砕したものも冷凍保存している。これは濃厚なだしをとるのに使用する。湯を沸騰させたところに、この粉砕殻を入れ、アクをとったあと水気を切ってオーブン（または天火）で焼き、上記同様にだしをとる。

◎ エビミソオイル

＊「うぶか」では、車エビの頭（頭胸部）の殻をはずしたあとに、腹の身から切り離した、胸部の脚やエビミソ（中腸腺）などの内臓がついた部分も、まとめて冷凍しておき、ある程度の量がたまったらエビミソオイルを作っている。上澄みのオイルと、沈殿したエビミソの両方を使うことができる。

＊できたオイルはさまざまなドレッシングやソース、エビバターなどを作るのに使用している。エビミソは、そのまま、あるいは他の素材と合わせてディップなどにする。

＊脚を加えて作ることで、エビミソだけで作るよりエビらしい香りが出る。

1　冷凍保存しておいた、脚や内臓のついた胸部分。

2　鍋に入れ、米油をひたひたに（エビと同量程度）注いで強火にかけ、150℃ほどまで温度を上げる（焦げないように注意する）。

3　脚の部分がカリカリしてきて、オイルにエビの香ばしい香りが移り、エビミソも溶け出る（下にエビミソが落ちると焦げるので、ときどきかき混ぜる）。

4　ザルで漉す。

5　上からマッシャーで押しながら漉す。冷ましておく。

6　できたエビミソオイル。下にエビミソが沈殿している。

7　「うぶか」では、一度に大量仕込む。オイルは空のペットボトルなどに移し、エビミソの上にもオイルを少し残して冷蔵保存する。

8　エビミソは、このままでもおいしいディップになる。

【エビミソオイルを使って】

鱧の海老マヨ焼き　かぼす

濃厚なエビ風味のマヨネーズが、淡白な鱧によく合う。

1　エビマヨネーズ（作りやすい量）：ボウルに卵黄1個を入れ、エビミソオイル200ccを少量ずつ加えながら泡立て器でかき混ぜ、米酢10cc、塩、コショウ、溶きガラシで味を調える。

2　骨切りしたハモに串を打って塩焼きし、皮目がパリッとしてきたところで、エビマヨネーズを（1人分5g）のせて、軽く色づくまで焼く。器に盛り、カボスを添える。

海老味噌オリーブ

ワインを飲まれるお客様に喜ばれる。

塩抜きした緑オリーブ（大）の水気をとり、エビミソオイル（エビミソを含む部分）に1日以上漬けておく。漬けていたエビミソをからめて提供する。

◎ 尾の活用

＊車エビの尾はとてもいいだしが出る。「うぶか」ではこれを使用して、ふぐのヒレ酒ならぬ、「海老の尻尾酒」を作る。飲み進めていくうちに、エビの味が濃くなり、味の変化が楽しめる。

車海老の尻尾酒

1 車エビの尾15本分(1人分)をさっと塩ゆでし、遠火の天火で焼く(焦げないように、しっかり焼くのがポイント)。
2 香ばしい香りが出てきたら、**1**を燗器に入れて辛口の日本酒180ccを注ぎ、80℃くらいまで温める。
3 液面に火をつけて、蓋をして提供する。

◎ エビ・カニパウダー

＊「うぶか」では、エビやカニの殻でパウダーを作り、活用している。そのまま料理にふりかけたり、同量の塩と合わせてエビ塩を作ったり、焼き菓子の生地にも使用できる。焼くことによって香りが出て、エビ・カニの風味がより強調される。
＊エビなら車エビ、カニなら松葉ガニの殻がもっともおいしい。

[車エビの殻のパウダー]

車エビの殻を、天日でカラカラに干したもの。

適量ずつミルサーにかける。　ザルにあけ、

ふるってザルに残ったものを、再びミルサーにかける。　**2**〜**3**の作業を何度か繰り返し、細かいパウダーにする。

[松葉ガニの殻のパウダー]

松葉ガニの殻を、天日で1ヵ月ほど干したもの。

左記のエビパウダーと同じ方法で、パウダーにする。

いか

- 【和名(漢字)】スルメイカ(鯣烏賊)
- 【英名】Japanese flying squid
- 【別名】マイカ、マツイカ、夏イカ(旬である夏に獲れるもの)、麦イカ(初夏に関東周辺で獲れる、若くて小さいもの)
- 【形態・生態】外套長(胴長)25〜30cmになる。2枚のエンペラはひし形を作る。日本列島に沿って大きな回遊をするイカとして知られる。東シナ海や日本海南西部などの海域で生まれた幼イカは、海流にのり、日本列島に沿うように太平洋側または日本海側を北上。やがてエサが豊富な東北や北海道周辺の海域に到達し、そこで成長する。そして今度は来た道を逆にたどって回遊をはじめ、生まれ故郷の海に戻って産卵し、生涯を終える。発生するに季節により、大きく3群に分けられる。寿命は他の多くのイカと同様約1年である。近年は分布域が拡大し、米国アラスカ州からカナダ西部の近海にまで、南はベトナムまで達している。
- 【産地・旬】旬は夏から秋。水揚げ量が多いのは青森県、北海道など。日本人にとってなじみのあるイカだが、ここ数年(2016年〜)は記録的な不漁が続き、原因として、海洋環境の変化の影響が指摘されている。
- 【食べ方・味など】和、洋、中さまざまな料理に使われる。ワタ(肝)が大きく、イカの塩辛にはこのイカが使われることが多い。

スルメイカ

ツツイカ目閉眼亜目アカイカ科スルメイカ亜科スルメイカ属
Todarodes pacificus (Steenstrup, 1880)

[麦イカ]

> 初夏に出回る若イカ(麦イカ)は、やわらかくておいしいです。(ピ)

スルメイカのさばき方

1 胴の中に指を入れて。軟骨からワタをはがし、足を持ってワタを静かに引き抜く。

2 軟骨を引き出す。

3 ロウト(漏斗。筋肉でできた器官なので、身や足と同様に食べられる)をとる。

4 ワタを根元で切り離す。

5 目の横に切り込みを入れ、

6 目をとり除く。

7 足の付け根にある口をとり除く。

8 スミ袋を、やぶらないようにとりはずす。

9 流水にあてながら、胴の皮をむく。

10 エンペラの皮もむく。

調理のためのえび・かに・いか・たこ図鑑

ヤリイカ

ツツイカ目閉眼亜目ヤリイカ科
Heterololigo bleekeri (Keferstein, 1866)

【和名（漢字）】ヤリイカ（槍烏賊）
※形が槍の穂に似ているところから。
【英名】Spear squid
【別名】ササイカ、サヤナガ、テナシ、テッポウ、シャクハチイカ
【形態・生態】オスは外套長（胴長）30〜40cm、メスは20〜30cmほどになる。日本周辺海域から、朝鮮半島沿岸に生息する。スルメイカがおもに外洋に分布するのに対し、ヤリイカは沿岸に分布する。通常は水深30〜200mのところに生息するが、産卵期には沿岸の岩礁域まで寄ってくる。
【産地・旬】漁獲量が多いのは、青森県、北海道（道南地方）、宮城県、愛知県。産卵のために沿岸に寄ってきたものが漁獲されるため、その時期にあたる12〜4月ぐらいまでが旬とされ、子持ちのヤリイカは特に人気がある。また、夏から秋に漁獲される若イカ（小ヤリイカ）もおいしい。
【食べ方・味など】身はやわらかめだが、適度な歯応えもあり、寿司ネタとしてはスルメイカより上とされる。小ヤリイカは大きさが詰め物料理にちょうどよく、料理店で使いやすい。

ケンサキイカ

ツツイカ目閉眼亜目ヤリイカ科ケンサキイカ属
Uroteuthis edulis (Hoyle, 1885)

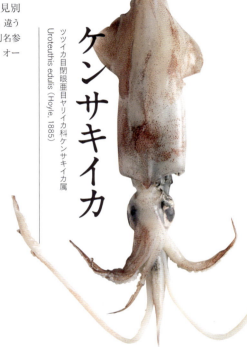

【和名（漢字）】ケンサキイカ（剣先烏賊）
【英名】Swordtip squid
【別名】アカイカ、シロイカ、マルイカ、ダルマイカ
【形態・生態】形はヤリイカに似ているが、ややずんぐりとしていて、2本の触腕が長いのが特徴。また、エンペラ（ミミ）の先は、ヤリイカほど尖っていない。孵化した時期や生息場所によって体型が変わり、胴がやや細長いタイプ、やや太めのタイプなどがいて、一見別のイカのように見える（見た目から、違う呼び名で呼ばれているものもある。※別名参照）。青森県以南から、フィリピン、オーストラリアにかけて広く分布する。ヤリイカよりも暖かい海を好む。
【産地・旬】四国地方や九州地方で多く水揚げされている。産卵のために海岸近くに寄ってくるのが春〜夏で、水揚げのピークもこれに重なるため、一般的に夏が旬とされる。
【食べ方・味など】ヤリイカより身が厚く、火を通しても硬くなりにくい。甘みが強い。

ホタルイカ

ツツイカ目開眼亜目ホタルイカモドキ科ホタルイカ属
Watasenia scintillans (Berry, 1911)

【和名（漢字）】ホタルイカ（蛍烏賊）
※体が蛍のように発光するところから。
【英名】Firefly squid
【別名】コイカ、マツイカ
【形態・生態】外套長（胴長）はオスが4〜5cm、メスが5〜7cm。日本近海では、日本海全域と太平洋側の一部に分布している。普段は水深200〜700mほどのところにいるが、3〜5月の産卵時期になると海岸付近にやってくる。
【産地・旬】漁期は2〜5月ごろ。漁獲量は兵庫県の浜坂漁港がトップ。また、富山県も産地として有名である。富山湾では夜間に浮上してくるホタルイカを明け方に捕獲する。定置網漁であるためホタルイカを傷つけにくく、鮮度もいいとして、料理店でも人気が高い。
【食べ方・味など】ゆでたものが多く流通するが、生のものも手に入る。生のものは寄生虫の心配があるため、適切な冷凍処理や加熱調理をする（p.285参照）。舌触りが悪くなるので、目、口、軟骨はとり除く。ワタのおいしさが格別である。

ゆでホタルイカの下処理

1	2	3

目をとる。	口をとる。	軟骨をとる。

アオリイカ

【和名(漢字)】アオリイカ（障泥烏賊）
※ヒレの色や形が、馬の胴体に巻く泥よけの馬具、「障泥（あおり）」に似ているところから。
【英名】Bigfin reef squid、Oval squid
【別名】ミズイカ、クツイカ、モイカ、バショウイカ
【形態・生態】外套長（胴長）40～45cmになる。胴は丸みを帯びて、縁に半円形のヒレがある。さまざまな魚やエビなどを好んで捕食する。アオリイカ類は赤道付近を中心に亜熱帯、および温帯域にまで広く分布する南方系のイカで、日本では北海道南部以南の各地の沿岸域に分布する。近年、日本沿岸には遺伝的に異なる3種のアオリイカが生息することが確認されており、便宜的にシロイカ型、アカイカ型、クアイカ型と呼ばれている。日本沿岸に広く分布するのはシロイカ型で、その他沖縄県から長崎県（五島列島）、徳島県、小笠原および伊豆諸島ではアカイカ型が、琉球諸島ではクアイカ型の分布が確認されている。日本本土における産卵期は4～9月。沿岸域に生い茂った藻などに、豆のサヤのような寒天質の卵嚢塊を産みつける。
【産地・旬】太平洋側の神奈川県～鹿児島県までは春から夏にかけて、産卵のために浅場にやってくるところを、9～12月には浅場で成長した幼体をねらって漁獲される。日本海側の富山県や京都府では、9～12月の漁獲が中心となる。
【食べ方・味など】筋肉質に富み、旨み、甘みが強い。

ツツイカ目閉眼亜目ヤリイカ科アオリイカ属
Sepioteuthis lessoniana (Lesson, 1830)

コウイカ

コウイカ目コウイカ科コウイカ属
Sepia (Platysepia) esculenta (Hoyle, 1885)

【和名(漢字)】コウイカ（甲烏賊）
※体の中に、石灰質の大きな甲をもつところから。
【英名】Cuttlefish
【別名】スミイカ（関東で。※墨をたくさん吐くところから）、ハリイカ（西日本で。※甲の先端が針のように尖っているところから）、マイカ
【形態・生態】外套長（胴長）17cmほどになる。外套膜の縁全体にヒレがある。水深10～100mほどの砂泥底に生息し、甲殻類や小魚、軟体動物などを捕食する。名前の由来にもなっている甲は、炭酸カルシウムでできていて、浮力調節の役目をしている。これはコウイカの仲間特有のものであり、高い遊泳能力のあるアオリイカでは薄いキチン質の甲に進化している。なお、「モンゴウイカ」と呼ばれるイカは本来カミナリイカのことであるが、大西洋やインド洋などで漁獲されたヨーロッパコウイカやトラフコウイカなど、他の大型コウイカ類の市場名にも流用されている。
【産地・旬】瀬戸内海から九州などの西日本がおもな産地。産卵のピークは関東では4月、九州では5～6月ごろで、その前の時期が旬である。また夏から秋に獲れる、5cm前後に成長した小ぶりのものは「新イカ」として寿司店などで人気がある。
【食べ方・味など】よく泳ぐアオリイカにくらべると、筋肉は発達せず、身は厚くやわらかい。

アオリイカのさばき方 ◎ 食感を損ねる薄皮は、丁寧にむきとる。

1. 胴の中央に、中の甲にあたるまでの深い切り目を、まっすぐ入れる。

2. 切り口を開き、透明な甲をとり除く。

3. 内臓をはがしとる(墨袋をやぶらないように注意する)。

4. 内臓をとりはずした胴。

5. 身とエンペラ(ヒレ)の間に指を入れて、ある程度はがしておく。

6. エンペラをおさえ、身を引っ張ってはがす。

7. 残った薄膜を、ペーパータオルでこすりとる。

8. 軟骨を切りとる。

9. 縁の硬い部分を、細く切りとる。

10. 縦4等分に切り分ける。

11. それぞれの端を少し切り、そこから薄皮をむいていく。身をペーパータオルでおさえ、皮を引っ張るようにする。

12. エンペラの部分。

13. 裏返し、両端のエンペラを切りとる。

14. エンペラの皮を引きはがす。残った皮はペーパータオルでこすりとる。

15. ロウト(筋肉でできた器官なので、身や足と同様に食べられる)を内臓から切り離す。

16. 内臓と頭部を切り離す。

17. ロウトを切り離す。この後、頭部は足から切り離して除く。

18. 口をとる。

19. 足の部分を切り開く(「賛否両論」では、営業前にここまで仕込んでおく)。

たこ

マダコ

タコ目マダコ亜目マダコ科マダコ属
Octopus vulgaris (Cuvier, 1797)

- 【和名(漢字)】マダコ(真蛸)
- 【英名】Common octopus
- 【別名】タコ
- 【形態・生態】全長60cm、体重約3kgになる。周囲の環境に合わせて体色や体表の突起の長さを変えることができ、岩石や海藻に擬態する。日本では太平洋側は三陸以南、日本海側では北陸以南から九州付近まで分布する。沿岸の砂地や岩礁域に生息し、昼間は海底の岩穴や岩の割れ目などにいて、夜になると活動し、エビや二枚貝などを捕食する。産卵期は5〜10月。メスは長さ10cmほどの房状になった卵の塊を、岩棚の下や岩穴などにいくつもぶら下げるように産みつける(藤の花に似たそのようすから、「海藤花(かいとうげ)」とも呼ばれる)。常磐海域では、稚ダコが着底した海底に居つく定着型の「地ダコ」と、季節ごとに大きく移動する回遊型の「渡りダコ」の2タイプがいる。
- 【産地・旬】漁は、タコの習性を利用したタコ壺漁が主流。兵庫県明石沖で獲れる「明石だこ」が有名。旬は産地により異なり、明石を含む瀬戸内海周辺では産卵期に入る6〜9月ごろのものが「麦わらダコ」と呼ばれ、旬とされる。一方三陸では11〜12月が、茨城県では12〜2月ごろが漁期となる。
- 【食べ方・味など】日本の他、地中海沿岸やスペインのガリシア地方でもよく食べられる。それぞれの国に、伝統的なタコ料理がある。

> スペインでは、干したタコもよく使われます。おいしいだしが出ます。(ア)

マダコの下処理 ◎ 内臓をとり出し、塩でしっかりもんでぬめりをとる。

1. 足(腕)の付け根中央にある口をとり出す。

2. 胴から内臓をとり除き、胴と足をよく水で洗う。

3. 裏返っていた胴を戻し、

4. 塩をふってよくもみ、ぬめりをとる。

5. 水で洗う。

調理のためのえび・かに・いか・たこ図鑑　45

水ダコ

タコ目マダコ亜目マダコ科ミズダコ属
Enteroctopus dofleini (Wülker, 1910)

【和名(漢字)】ミズダコ（水蛸）
※水っぽいタコということで。

【英名】North pacific giant octopus

【別名】オオダコ（大蛸）

【形態・生態】タコ類の中では世界最大で、全長3m、体重30kgになる。足（腕）の長さが全長の7〜8割を占め、ひとつの腕に250〜300個の吸盤をもつ。魚類やイカ類、特に貝類、甲殻類を好んで捕食し、急速に成長する。寒海性のタコで、おもに日本の東北地方以北の北洋海域、アラスカ、カナダ、北米の沿岸まで分布し、水深1m以内の浅い場所から、水深200mほどまで広く生息する。おもに季節的に、浅いところと深いところを移動する。産卵は生涯に一度。オスは交接後数ヵ月で死ぬが、メスは沿岸の岩礁地帯に移動して産卵する。6〜7月が産卵期で、メスは分泌物で卵を紡ぎ合わせて藤の花状の房を作り、岩などにつけて世話をする。翌1月ごろの孵化を見届け一生を終える。オスもメスも寿命は4〜5年程度といわれる。

【産地・旬】おもに北海道や東北地方で漁獲される。漁の最盛期は秋〜冬で、交接のためにタコが浅海域に移動する時期にあたる。また、宮城県南三陸では、底曳き網漁の休漁期である7〜8月が、水ダコのカゴ漁の最盛期となる。

【食べ方・味など】マダコにくらべ、肉質はやわらかく水っぽい。刺身で食べるのが一般的。吸盤も大きく、食べ応えがある。

水ダコの足の下処理

1. 流水にあてながら、しごくようにして洗う。
2. 身を包丁でおさえるようにしながら皮を引いていく。
3. 吸盤のついた皮が、きれいにむけていく。

4. 最後は、包丁で切り離す。
5. 残った薄皮も同様にむく。
6. きれいに皮をむいた身と、吸盤のついた皮。水ダコは吸盤も大きく、使いやすい。

イイダコ

タコ目マダコ亜目マダコ科マダコ亜科マダコ属
Octopus ocellatus (Gray, 1849)

【和名(漢字)】イイダコ（飯蛸）
※胴に詰まった卵が米粒のように見えるから、あるいはその食感がご飯に似ているためともいわれる。

【英名】Webfoot octopus

【別名】コモチダコ（子持ちダコ）、イシダコ

【形態・生態】北海道南部以南の沿岸域から朝鮮半島南部、中国の沿岸の浅海に生息する。全長20〜30cmほどの小型のタコ。水深10mほどまでの岩礁や石が点在する砂泥底に生息し、内湾に多い。産卵期は冬〜春で、石の間などに、マダコの卵より大きい長径4〜8mm程度の卵を200〜600個ほど産む。マダコは孵化後にしばらく浮遊生活を行なうが、イイダコは孵化後すぐに底生生活に入る。寿命は1年とされる。

【産地・旬】各地の沿岸で獲れるが、瀬戸内海沿岸の香川県や愛媛県、兵庫県の他、愛知県、熊本県、福岡県などが産地として知られる。子持ちのメスが人気があり、子持ちになる1月ごろから4月にかけてが旬となる。

【食べ方・味など】胴に詰まった卵を楽しむ使い方が多い。

えび・かに・いか・たこ料理バリエーション

和・洋・中のシェフたちに、さまざまなエビ、カニ、イカ、タコの持ち味を活かす料理をご紹介いただいた。

料理
加藤邦彦（うぶか）
笠原将弘（賛否両論）
福嶋博志（Hiroya）
石井真介（シンシア）
佐藤護（トラットリア・ピコローレ・ヨコハマ）
酒井涼介（アルドアック）
田村亮介（麻布長江 香福筵）

- 車エビ ……48
- 天使のエビ ……60
- クマエビ〈アシアカエビ、アカアシエビ〉・クロザコエビ〈ガスエビ、モサエビ〉 ……64
- バナメイエビ ……68
- ツノナガチヒロエビ〈トウガラシエビ〉・ミノエビ〈オニエビ〉 ……69
- ベニガラエビ〈モエビ〉 ……72
- ホッコクアカエビ〈甘エビ〉・ボタンエビ・トヤマエビ〈ブドウエビ〉 ……76
- モロトゲアカエビ〈シマエビ〉 ……88
- ウチワエビ・セミエビ ……92
- アカザエビ・オオコシオリエビ〈クモエビ〉 ……96
- 伊勢エビ ……100
- オマールエビ ……105
- 桜エビ ……112
- 川エビ ……120
- エビ卵〈蝦子〉 ……124
- ズワイガニ ……125
- 「セイコガニ」 ……140
- タラバガニ ……145
- タカアシガニ ……157
- サワガニ ……160
- 花咲ガニ・イバラガニモドキ ……161
- 毛ガニ ……176
- ガザミ〈ワタリガニ〉・ノコギリガザミ ……184
- 「ソフトシェルクラブ」 ……185
- カニミソ ……192
- シャコ ……196
- ヤリイカ ……205
- ケンサキイカ ……212
- スルメイカ ……216
- ジンドウイカ〈ヒイカ〉 ……220
- ホタルイカ ……232
- アオリイカ ……236
- コウイカ〈スミイカ〉・カミナリイカ〈モンゴウイカ〉 ……248
- イカワタ・イカ卵〈包卵腺〉 ……249
- マダコ ……269
- イイダコ ……276
- 水ダコ

えび（車エビ）

かぶ、海老真薯射込み椀
エビは食感が残る大きさに切り、
すり身と合わせてカブに射込む。

車海老真丈　清汁仕立て
　海ぶどう　カボス

エビは粗くたたき、食感を残している。
味つけも最低限にして、エビの味を活かす。

車海老　蛍烏賊
　菜花　辛子酢味噌

春の素材を合わせた一皿。
辛子酢味噌が全体をまとめる。

手まり海老と焼きなす　酢ジュレ

車エビの美しい色合いを活かして、
手まり風に仕立てた。
酸味をきかせたジュレでさっぱりと。

かぶ、海老真薯射込み椀
賛否両論　笠原

材料(4人分)
カブ … 4個
白マイタケ … 1パック
A ┌ だし … 600cc
　├ 薄口醤油 … 30cc
　└ みりん … 30cc
吸い地(※) … 適量
車エビ … 4本
真薯地(作りやすい量)
　┌ 白身魚のすり身 … 500g
　├ 卵黄 … 3個
　├ 太白ゴマ油 … 180cc
　├ 煮切り酒 … 180cc
　├ 卵白 … 1個分
　└ 塩 … 少量
　＊すり鉢(またはフードプロセッサー)で、すり混ぜる。
ミツバ(茎。小口切り) … 3本分

※吸い地：一番だし1ℓ、酒大さじ2、薄口醤油小さじ2、粗塩小さじ1/2を合わせてひと煮立ちさせる。

1　カブは皮をむき、Aで煮て味を含ませる。白マイタケは、吸い地でさっと炊いておく。

2　エビは殻をむいて背ワタをとり、ぶつ切りにして、適量の真薯地と混ぜ合わせる。

3　**1**のカブをくり抜き、**2**を詰め、蒸し上げる。

4　椀に**3**と**1**の白マイタケを盛り、温めた吸い地を注ぐ。真薯の上にミツバをのせる。

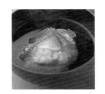

車海老真丈　清汁仕立て
海ぶどう　カボス
うぶか　加藤

材料(1人分)
車エビ … 2本(1本30g)
白身魚のすり身 … 15g
昆布だし(※)、酒、塩 … 各適量
吸い地(※) … 120cc
海ブドウ、カボス(薄い輪切り) … 各適量

※昆布だし：羅臼昆布30gを1ℓの水に1日浸けてとったもの。
※吸い地：一番だし(羅臼昆布と鰹節でとったもの)に酒、薄口醤油、塩各少量で味つける。

1　車エビは頭をはずして背ワタをとり、殻をむいて身をとり出す。エビミソもとり出しておく。

2　**1**の身を粗くたたき、エビミソと白身魚のすり身を加え、昆布だしでのばし、少量の酒と塩で味を調える。

3　**2**をまとめ、塩を加えた湯でゆでる。器に盛り、温めた吸い地をはり、カボスと海ブドウをのせる。

車海老　蛍烏賊　菜花　辛子酢味噌
うぶか　加藤

材料（1人分）
車エビ … 1本（30g）
ホタルイカ … 3バイ
菜花 … 10g
辛子酢味噌（※） … 3g
塩、酒、吸い地（※） … 各適量

※辛子酢味噌：西京味噌を土佐酢でのばし、重量の10％量の溶きガラシを加える。
※吸い地：一番だし（羅臼昆布と鮪節でとったもの）に酒、薄口醤油、塩各少量で味つける。

1　車エビは頭をはずして背ワタをとり、塩ゆでする。殻をむいて身をとり出し、さっと塩をする。頭は酒煎りしてエビミソをとり出す。
2　ホタルイカは塩ゆでし、目、口、軟骨を掃除して、吸い地に浸けておく。
3　菜花は塩ゆでし、吸い地に浸けておく。
4　**1**の車エビの身は背を切り開き、エビミソをのせる。**2**のホタルイカ、**3**の菜花とともに器に盛り、辛子酢味噌を添える。

手まり海老と焼きなす　酢ジュレ
賛否両論　笠原

材料（2人分）
車エビ … 4本
ナス … 2本
塩 … 少量
片栗粉 … 適量
酢ジュレ
A ┌ だし … 360cc
　│ 薄口醤油 … 15cc
　│ 濃口醤油 … 15cc
　│ みりん … 30cc
　│ 千鳥酢 … 60cc
　└ 砂糖 … 少量
ゼラチン … 7.5g
芽ネギ、花穂紫蘇 … 各少量

1　酢ジュレ：Aを合わせてひと煮立ちさせ、ふやかしたゼラチンを加えて溶かし、冷蔵庫で冷やし固めておく。
2　ナスは直火で焼いて皮を焦がし、皮をむいて焼きナスにする。一口大に切る。
3　車エビは殻をむいて腹開きにし、塩をあてて片栗粉をまぶし、丸めて串を打つ。塩を加えた湯でさっとゆでて火を入れ、氷水に落とす。
4　**2**と水気を切った**3**を器に盛り、**1**のジュレをかける。芽ネギを添え、花穂紫蘇を散らす。

車海老の洗い
車エビは、身の腹側のほうが甘みが強い。
腹側の身に切り目を入れて開き、
できるだけ舌に触れる面を大きくしておくことで、
より甘みが感じられるように。

海老芋　海老そぼろあん
ほっくりとしたエビイモに、
エビのそぼろあんをたっぷりかけて、
旨みと食感を加える。

車海老のサラダ
車エビの身、ミソ、殻をすべて使い、
野菜と合わせてサラダ仕立てに。

**車エビとピスタチオのクスクス
赤パプリカのソース**
クスクスに添えるハリッサのイメージで、エビのだしを
きかせた赤パプリカのソースを合わせた。

車海老の洗い
うぶか　加藤

材料(1人分)
車エビ(活)…3本(1本30g)
日本酒…少量
あしらい
⎰ 白瓜のけん、大葉、花穂紫蘇、紅たで、
⎱ 　わさび(すりおろし)…各適量

1　車エビは頭をはずして背ワタをとり、殻をむいて身をとり出す。

2　腹側から包丁を入れて切り開く。卵巣があればとり除く(写真1〜3)。

3　日本酒を少量加えた氷水で**2**をさっと洗い、すぐに引き上げ、タオルで水気をよくとる(写真4〜6)。

4　腹側を上にして、丸めたタオルにのせ(写真7)、繊維を断ち切るように、斜めに細かい切り目を入れる(切り落とさないように注意しながら、深めに切り込む。写真8)。

5　身の端を切り落として整え(写真9。切り落とした部分は真丈などに使用する)、器に盛り、あしらいを添える(好みで塩や醤油を添える)。

海老芋　海老そぼろあん
賛否両論　笠原

材料(2人分)
エビイモ…2個
車エビ…4本
米…少量
A ⎰ だし…600cc
　⎟ 薄口醤油…40cc
　⎟ みりん…40cc
　⎱ 砂糖…少量
水溶き片栗粉…少量
黄柚子…少量

1　エビイモは皮をむき、一口大に切る。米を加えた水で下ゆでし、水にさらす。

2　**1**をAの地で、煮含める。

3　車エビは殻と背ワタをとり除き、粗みじんに切る。

4　**2**の煮汁を適量別鍋にとり分け、火にかける。水溶き片栗粉でとろみをつけ、**3**を加えて混ぜ、火を入れる。

5　**2**のエビイモを器に盛り、**4**をかけ、黄柚子の皮をすりおろして散らす。

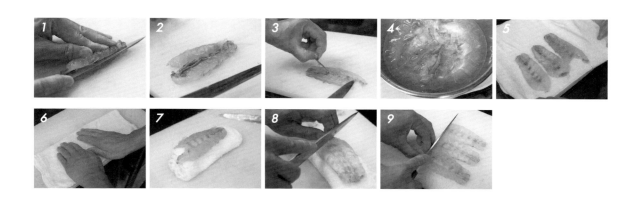

車海老のサラダ
うぶか　加藤

材料（3人分）
車エビ … 3本（1本30g）
<u>野菜</u>
⎡ カブ（色違いで3種）… 各1個
⎜ 芽カブ … 3本
⎣ トマト … 1個
<u>エビドレッシング</u>（作りやすい量）※20ccを使用する。
⎡ エビミソオイル（p.39参照）… 600cc
⎜ 米酢 … 200cc
⎜ 塩 … 3g
⎣ コショウ … 少量
　＊米酢、塩、コショウをボウルに入れ、エビミソオイルを加えながら泡立て器で混ぜ合わせる。
塩、片栗粉、揚げ油 … 各適量
エディブルフラワー … 適量
エビパウダー（※）… 適量
※エビパウダー：車エビを塩ゆでし、むいた殻をバットに広げ、焦がさないようじっくりと天火で焼く。ミルサーにかけて砕き、ザルでふるう。

1　3種のカブは、茎を少しつけてくし形に切り、ゆでる。芽カブもゆでる。トマトは皮を湯むきして、くし形に切る。

2　車エビは頭をはずして背ワタをとり、殻をむいて身をとり出す。腹側から包丁を入れて切り開き、塩を加えた湯でさっと霜降りし、氷水に落とす。水気をよくふきとる。頭の殻をはずし、脚がついた部分は、片栗粉をつけて油で揚げる。

3　**1**の野菜と**2**のエビを皿に盛り、<u>エビドレッシング</u>をかける。エディブルフラワーを散らし、最後にエビパウダーをふりかける。

車エビとピスタチオのクスクス 赤パプリカのソース
ピコローレ・ヨコハマ　佐藤

材料（4人分）
車エビ … 4本（1本38g）
塩 … 適量
<u>ソース</u>
　⎡ ⎡ 赤唐辛子 … 1/3本
　⎜ ⎜ パプリカ … 2個
　⎜A⎜ 玉ネギ … 1/2個
　⎜ ⎣ ニンニク … 1/2粒
　⎜ オリーブ油 … 適量
　⎜ パッサータ（完熟トマトを裏漉した製品）… 100g
　⎣ ビスク（p.284参照）… 50cc
<u>ピスタチオのクスクス</u>
⎡ クスクス … 150g
⎜ パッサータ … 100g
⎜ ビスク（p.284参照）… 50g
⎜ 塩、コショウ … 各適量
⎣ ピスタチオ（みじん切り）… 20g
アマランサス、ピスタチオ（薄切り）… 各適量

1　車エビは背ワタをとり除いて、縦に竹串を刺し、塩を加えた湯でゆでる。冷水にとり、頭と尾を残して殻をむく。

2　<u>ソース</u>：Aはすべて薄切りにし、オリーブ油をひいた鍋に入れてソテーする。パッサータを加え、ビスクと水をひたひたに入れて、蓋をして煮る。やわらかくなったらミキサーにかけて、裏漉す。

3　<u>ピスタチオのクスクス</u>：鍋にパッサータとビスクを入れて沸かす。クスクスを入れたボウルに注いでラップをし、温かいところに置いておく。仕上げに、塩、コショウで味を調え、ピスタチオを加える。

4　皿に**2**のソースを敷いて、**1**の車エビと**3**のクスクスを盛り、クスクスの上にアマランサスを、エビの上にピスタチオを散らす。

才巻きエビのヴァポーレ
米ナスとリコッタ・チーズの
メッツァルーナ 黄金のトマトソース

黄色いチェリートマトで作る、
フレッシュなソースを合わせて。

車海老生揚げ ちり酢添え

さっと揚げて半生に火を通した車エビ。
大根おろしやネギ、唐辛子を加えた、
さっぱりとしたちり酢がよく合う。

車エビ

海老フライ
春巻きの皮を使う、
ちょっとユニークなエビフライは、
「うぶか」の人気料理のひとつ。

豚足の軽い煮込みと車海老
スペインや南仏で見かける、
リドヴォーとエビを合わせる料理にヒントを得て、
リオヴォーの代わりに豚足を使って作った。

才巻きエビのヴァポーレ 米ナスとリコッタ・チーズのメッツァルーナ 黄金のトマトソース

ピコローレ・ヨコハマ　佐藤

材料(1人分)
才巻きエビ(10cm以下の車エビ)… 3本
塩 … 適量
詰め物(作りやすい量)
- 米ナス … 2本
- 塩、コショウ、オリーブ油 … 各適量
- ニンニク(薄切り) … 8枚
- リコッタ・チーズ … 250g
- オレガノ … 適量

パスタ生地(カッペレッティ生地と同じ。p.67参照) … 適量
チェリートマトのソース(作りやすい量)
- チェリートマト(黄。ヘタをとり、縦半分に切る) … 500g
- 玉ネギ(薄切り) … 1/2個分
- ニンニク(薄切り) … 1/2粒分
- オリーブ油、塩 … 各適量
- バジル … 3枚

チェリートマト(黄。くし形切り) … 適量
A ┌ 塩、コショウ、白ワインヴィネガー、
　└ オリーブ油 … 各適量

1 詰め物：米ナスを縦半分に切り、切り口に格子状に切り目を入れ、塩、コショウ、オリーブ油をふり、ニンニクを2枚ずつのせて180℃のオーブンに30〜40分入れる。やわらかくなったら実をくり抜いてとり出す。

2 1のナスの身とリコッタ・チーズを合わせ、オレガノを加えてフードプロセッサーでまわす。

3 パスタ生地をのばし、2を包んで半月形のラビオリ(メッツァルーナ)を作る。

4 チェリートマトのソース：すべての材料を鍋に合わせ蓋をし、蒸し煮にする。火が入ったらバジルの葉をとり除き、残りをすべてミキサーにかけ、裏漉す。

5 才巻きエビは殻付きのまま蒸して、頭と尾を残して殻をむき、塩をして、蒸し器で温める。

6 3をゆでて、4のソース適量で和えて器に盛り、くし形切りにしたチェリートマトをAで和えたものと、5のエビを添える。

車海老生揚げ　ちり酢添え

賛否両論　笠原

材料(2人分)
車エビ … 4本
シシトウ … 4本
揚げ油 … 適量
塩 … 少量

ちり酢(作りやすい量)
- 大根おろし … 50g
- 万能ネギ(みじん切り) … 10g
- 濃口醤油 … 50cc
- 米酢 … 20cc
A ┌ レモン果汁 … 15cc
　│ 煮切り酒 … 20cc
　│ 砂糖 … 小さじ1
　└ 一味唐辛子 … 少量

1 Aを混ぜ合わせてちり酢を作る。

2 車エビは、頭と尾を残して殻をむき、背ワタをとる。

3 2の尾に串を打ち、170℃に熱した油に頭だけ入れて、火が通るまで揚げる。

4 3の串をはずし、あらたにおどり串を打ち、エビ全体を油に10秒ほど入れて素揚げする。シシトウは竹串で数ヵ所穴を開け、素揚げする。

5 4のエビとシシトウを器に盛り合わせ、塩と1のちり酢を添える。

海老フライ
うぶか　加藤

材料(1人分)
車エビ(活)…1本
春巻きの皮…1枚
寒天シート…1/4枚
塩、コショウ…各適量
アメリケーヌソース(p.39のエビミソオイルの下に沈殿しているエビミソをバットに流し、冷凍しておく)…適量
卵、パン粉、揚げ油…各適量
実山椒のタルタル(p.284参照)…15g
エビ塩(※)…3g
レモン(くし形切り)…1/8カット

※エビ塩:車エビを塩ゆでし、むいた殻をバットに広げ、焦がさないようじっくりと天火で焼く。塩を加えてミルサーにかけて砕き、ザルでふるう。

1　活の車エビの頭をはずして背ワタをとり、尾を残して殻をむく。尾のツノは折ってはずす。尾の先端を切り、尾をしごいて中の水分を出す(揚げている途中で水分が出て、油がはねないように)。身を塩でもみ、流水で洗い流して汚れをとり、締める。

2　**1**の水気をタオルでよくとり、腹側に斜めの包丁目を入れて、背側を上にし、身を両側から指で挟むようにして筋を切りながらのばす。

3　角を1ヵ所切り落とした春巻きの皮(皮の量をできるだけ少なくし、重くなるのを避けるため)を敷き、**2**のエビをのせ、軽く塩、コショウをする。

4　冷凍しておいたアメリケーヌソース(写真1)を適当な大きさ(3×2cmほど)に切り出し、寒天シートで包み、エビの頭側の端にのせる(写真2)。春巻きの皮で巻き、春巻きの皮の端に卵黄(分量外)を塗ってとめる(写真3)。

5　**4**を溶き卵、パン粉の順につけ、180℃の油で色よく揚げる。

6　**5**を器に盛り、実山椒のタルタルとエビ塩、レモンを添える。

※「うぶか」では、エビをのばした状態まで仕込み、使う分ごとにラップフィルムに包んで平らなバットなどにのせ、冷凍している。
※アメリケーヌソースを寒天シートで包むのは、揚げている途中で破裂して、ソースが流れ出てしまうのを防ぐため。揚げると寒天シートは溶けてなくなる。

豚足の軽い煮込みと車海老
Hiroya　福嶌

材料(1人分)
車エビ…2本
豚足…適量
エビのだし
　車エビの頭(まとめて冷凍保存しておいたもの)…適量
　水…適量
　日本酒…適量
シメジ…適量
塩、コショウ、オリーブ油…各適量
生姜(すりおろし)…適量
セリ…少量

1　豚足は、水から入れてやわらかくなるまでゆで、骨をはずす。冷蔵庫で冷やしておく。冷えたら一口大に切り分ける。

2　エビのだしをとる。解凍したエビの頭をしっかり水にさらして水気を切る。鍋に入れてひたひたの水と日本酒を加え、20分ほど煮出して漉す。

3　**2**のエビだしを適量鍋に入れ、**1**の豚足を入れて火にかける。シメジを入れ、塩、コショウ、生姜(好みで)で味を調える。

4　エビは頭をはずして背ワタをとる。身は殻をむき、背に切り目を入れて、オリーブ油をひいて強火で熱したフライパンに入れ、塩をしてさっと表面を焼き、オーブンに1分ほど入れる。頭は殻をむいてミソの部分をとり出し、バーナーであぶる。

5　器に**3**を盛り、**4**のエビの身とミソ、セリをのせる。

（天使のエビ） ※流通名。

天使のエビのアヒージョ
むきエビで作ることが多いが、
ここではあえて頭付きで。
マドリードにあるエビ専門バルの
アヒージョがおいしい。

黒米をまとわせた天使の海老のフリット
生食できる天使のエビだが、僕にレアに火を入れることが多い。
ここでは黒米の衣をまとわせてさっと揚げ、フィンガーフードに。
乾燥黒米の衣は一瞬でサクサクになるので、
中のエビをレアに仕上げることができる。

ピキージョピーマンの詰め物
バスク地方の郷土料理である定番のピーマン詰め。
エビは少し大きめに切り、存在感を出した。

鶏肉とエビの煮込み
カタルーニャ地方の定番料理。
香味野菜とトマトをベースにキノコ、エビのだし、
鶏のだしを合わせて使用する。
海のものと山のものを合わせる、
〈Mar y montaña〉料理の一種。
（マル（海）イ（and）モンターニャ（山））

天使のエビのアヒージョ

アルドアック　酒井

材料（作りやすい量）
天使のエビ … 5本
ニンニク（薄切り）… 1粒分
タカノツメ … 1本
オリーブ油 … 50cc
塩 … 適量

土鍋にオリーブ油、ニンニク、タカノツメを入れて火にかける。香りが出たら、頭と尾を残して殻をむいたエビを入れ、塩をふる。エビの頭を軽くつぶしてミソをオイルに出す。

黒米をまとわせた天使の海老のフリット

シンシア　石井

材料（2人分）
天使のエビ … 2本
薄力粉、卵白 … 各適量
黒米（乾燥押し黒米）… 適量
揚げ油 … 適量
フキノトウソース（作りやすい量）
　フキノトウ … 100g
　生クリーム（乳脂肪分38%）… 20g
　E.V.オリーブ油 … 60g
　揚げ油、塩 … 各適量
マイクロアマランサス … 少量

1　フキノトウソース：①フキノトウは軽く揚げて、氷水にとって冷やした後、沸いた塩水に入れて30秒ほどゆで、水気を切る。②①と生クリーム、E.V.オリーブ油を合わせてミキサーにかける。塩で味を調える。

2　天使のエビは、頭を残して殻をむく。身の部分に薄力粉をまぶして卵白をつけ、黒米をつける。

3　**2**を、190℃の油に20秒ほど入れて揚げる。

4　黒米を敷いた皿に**3**を盛り付け、上に**1**のフキノトウソースとマイクロアマランサスをのせる。

ピキージョピーマンの詰め物

アルドアック　酒井

材料（15個分）
ピキージョピーマン（※）… 15個
詰め物
- 天使のエビ … 10本
- タラ（身）… 150g
- 玉ネギ（みじん切り）… 200g
- オリーブ油 … 10cc
- 無塩バター … 30g
- 薄力粉 … 30g
- 塩 … 適量
- 牛乳 … 350cc

ソース
- 天使のエビの頭 … 10本分
- 玉ネギ（みじん切り）… 100g
- ピキージョピーマン（※みじん切り）… 5個分
- 水 … 200cc
- トマトソース（p.231参照）… 30g
- パプリカパウダー … 5g
- 生クリーム … 50cc
- オリーブ油 … 10cc
- 塩 … 適量

※ピキージョピーマン：スペイン産赤ピーマン。炭火焼き水煮瓶詰または缶詰。

1 詰め物を作る。エビは頭をはずして殻をむく（頭はソースに使用する）。鍋にオリーブ油、エビとタラの身を入れてよく炒める。玉ネギとバターを加え、玉ネギが色づくくらいまで炒めたら、軽くミキサーでまわして粗いペーストにする。

2 1のペーストを鍋に戻し、薄力粉と塩を加え、牛乳を少しずつ加えながら練っていく。粗熱をとり、一晩冷蔵庫で冷やす。

3 ソースを作る。鍋にオリーブ油をひいて、エビの頭を炒め、香りが出てきたら玉ネギを加えて炒める。しんなりしたらピキージョピーマンと分量の水を加えて15分煮込み、エビの頭をとり除き、ミキサーにかけて漉す。

4 3のピュレにトマトソース、パプリカパウダー、塩、生クリームを加えてひと煮立ちさせる。

5 2をピキージョピーマンに詰める。

6 5を200℃のオーブンで5分ほど温め、4のソースを入れた土鍋に並べ、再度オーブンで5分温める。好みでパセリオイル（P.218参照）をまわしかける。

鶏肉とエビの煮込み

アルドアック　酒井

材料（2人分）
天使のエビ（頭と尾を残して殻をむく）… 2本
鶏もも肉（5cm角ほどに切る）… 200g
オリーブ油 … 10g
A
- ニンニク（薄切り）… 1/2粒分
- 玉ネギ（薄切り）… 100g
- アーモンドスライス … 15g

B
- ニンジン（薄切り）… 30g
- セロリ（薄切り）… 10g

C
- トマト（皮を湯むきしてざく切り）… 100g
- ローリエ … 1枚
- シナモン棒 … 1本

乾燥ポルチーニ … 5g（100ccの水で戻す）
白ワイン … 50cc
チョコレート … 5g
塩 … 適量
イタリアンパセリ … 少量

1 鍋にオリーブ油をひき、Aを炒める。Bを加えて更に炒める。

2 1にCを加え、蓋をせずに、中火でトマトがソース状になるまで煮込む。

3 2に戻したポルチーニ（浸けていた水も）、白ワインを加え、蓋をして弱火で30分煮込む。ローリエ、シナモンをとり除き、残りをミキサーでペーストにする。

4 オリーブ油（分量外）をひいたフライパンに、鶏肉とエビを入れて表面を焼く。3のペーストとチョコレート、塩を加えて5分煮込む。

5 器に盛り、イタリアンパセリを散らす。

（クマエビ〈アシアカエビ、アカアシエビ〉・クロザコエビ〈ガスエビ、モサエビ〉）

海老と海老芋
エビイモをエビのだしで炊いて、クロケットにし、
さっと焼いたアシアカエビと合わせた。
パプリカのソースに、セリを添えてアクセントに。

クマエビ・クロザコエビ

足赤海老と宮崎マンゴー

桃の季節には桃で作る料理をマンゴーでアレンジ。
マンゴーヴィネガーの酸味やエシャロットを加えることで、
フルーツを料理寄りに。アシアカエビは生食できるが、
軽く火を入れるともっちりとし、
エビの味も強まっておいしさが増す。
味と温度のアクセントとして加えたのは、
マスカルポーネのアイス。

赤足エビのグリル
トマトとズッキーニのケッカ添え

シンプルなグリルに、たっぷりの野菜を添えて。

ガスエビのカッペレッティ
甲殻類のソース　カボチャのピュレと
パンチェッタのクロッカンテ

エビの殻や頭でとるビスクをソースに。
パンチェッタの塩気でカボチャの甘みを引き締め、
アマランサスでアクセントを加えた。

海老と海老芋

Hiroya 福嶌

材料（1人分）

アシアカエビ（クマエビ）… 2本
エビイモ … 適量
エビのだし … 適量
　┌ エビの頭をオリーブ油をひいた鍋でしっかり焼き、ブランデーでフランベし、水を加えて煮出して、漉す。
塩、コショウ … 各適量
小麦粉、卵、パン粉（細かいもの）… 各適量
揚げ油 … 適量
オリーブ油 … 適量
ソース
　┌ パプリカのコンフィ（※）… 適量
　│ アイオリソース（※）… 適量
　│ 長ネギのソース（p.284参照）… 適量
　│ レモン果汁 … 適量
　└ 塩、コショウ … 各適量
セリ … 適量

※パプリカのコンフィ：皮をむいた赤パプリカに、塩、白コショウ、ニンニク、オリーブ油をまぶし、80℃のオーブンに入れて適度に乾燥させる。
※アイオリソース：ボウルに卵黄を入れ、すりおろしたニンニク、水、レモン果汁、サフラン、マスタードを適量加えて泡立て器で混ぜ合わせ、オリーブ油を少量ずつ加えながら、マヨネーズ状にする。

1 エビイモは皮をむいてエビのだしで炊き、つぶして塩、コショウで味つける。適当な大きさに丸めて小麦粉、溶き卵、パン粉の順につけ、揚げる。

2 エビは頭をはずして背ワタをとる。身は殻をむき、背に切り目を入れて、オリーブ油を少量ひいて強火で熱したフライパンに入れ、塩をしてさっと表面を焼き（香ばしさを出すため）、オーブンに1分ほど入れて火を通す。頭は殻をむいてミソの部分をとり出し、塩、コショウをしてバーナーで軽くあぶる。

3 ソース：パプリカのコンフィをミキサーにかけ、アイオリソースと長ネギのソースを少量混ぜ、レモン果汁、塩、コショウで味を調える。

4 器に**3**のソースを敷き、**1**と**2**を盛り、セリを添える。

足赤海老と宮崎マンゴー

シンシア 石井

材料（2人分）

アシアカエビ（クマエビ）… 2本
マンゴー（皮をむいてスライスしたもの）… 2枚
オリーブ油 … 少量
マンゴーソース
　┌ マンゴーヴィネガー … 20cc
　│ エシャロット（みじん切り）… 10g
　│ マンゴー（皮をむいて小角に切ったもの）… 10g
　└ ＊混ぜ合わせる。
マスカルポーネアイス（作りやすい量）
　┌ マスカルポーネ … 200g
　└ 牛乳 … 100cc
マイクロバジル … 適量

1 エビは頭をはずし、尾を残して殻をむき、背開きにする。

2 オリーブ油を少量ひいたテフロン加工のフライパンで、**1**のエビの表面をさっと焼く。

3 マスカルポーネアイス：マスカルポーネと牛乳をロボクープに合わせ、液体窒素を加えながら攪拌する（液体窒素がなければ、合わせて冷凍庫で凍らせた後、ロボクープで攪拌する）。

4 **2**のエビ、スライスしたマンゴー、マンゴーソース、**3**を器に盛り、マイクロバジルを散らす。

赤足エビのグリル
トマトとズッキーニのケッカ添え

ピコローレ・ヨコハマ 佐藤

材料(2人分)
アカアシエビ(クマエビ。大)…2本
ケッカ
- フルーツトマト…2個
- ズッキーニ…20g
- エシャロット…1/4個
- ケッパー(酢漬け)…5粒
- A 塩、コショウ、白ワインヴィネガー、オリーブ油…各適量
- B 塩、コショウ、ローズマリー(みじん切り)、タイム(みじん切り)…各適量
スプラウト…少量

1 ケッカを作る。フルーツトマトは皮を湯むきし、5mm角に切る。ズッキーニは2mm角に切る。エシャロットとケッパーはみじん切りにする。すべてをボウルに入れ、Aで和える。

2 エビは、殻付きのまま背側から半割りにし、背ワタと頭の黒い部分をとる。Bを身にまぶす。

3 グリルパンに、2を殻側を下にして入れて焼く。身に8割程度火が入ったら皿に盛り、1のケッカをのせ、スプラウトを散らす。

ガスエビのカッペレッティ 甲殻類のソース カボチャのピュレとパンチェッタのクロッカンテ

ビコローレ・ヨコハマ　佐藤

材料
カッペレッティ生地(作りやすい量)
- 00粉(※)…400g
- 全卵…4個
- 卵黄…3個
- 塩…2g
- オリーブ油…4g

詰め物(作りやすい量)
- ガスエビ(クロザコエビ。背ワタをとり、殻をむいた身)…200g
- エシャロット(みじん切り)…1個分
- 卵白…1個分
- 生クリーム…100g
- ディル、セルフィーユ…各1本
- 塩、白コショウ、オリーブ油…各適量

カボチャのピュレ(作りやすい量)
- カボチャ(皮と種をとり、5mm厚さに切ったもの)…1/2個分
- 玉ネギ(薄切り)…1/2個分
- 無塩バター、オリーブ油…各適量
- 生ハム(切れ端でよい)…適量
- ローリエ…1枚
- 生クリーム…適量

パンチェッタ…4g(1人分)
塩…適量
無塩バター…少量
ビスク(p.284参照)…適量
アマランサス…少量

※00粉:精製度の高い、イタリアの軟質小麦粉。

1 カッペレッティ生地:00粉以外をミキサーにかける。ボウルに移し、00粉を加えて練り、生地を作る。真空用袋に入れて真空にし、冷蔵庫で一晩おく。

2 詰め物を作る。①ガスエビは塩と白コショウをふる。エシャロットは、少量のオリーブ油で色づかないように炒め、冷ましておく。ディルとセルフィーユはみじん切りにする。②ロボクープに①のエビ、エシャロットを入れてまわす。卵白を加えて更にまわす。生クリームを少しずつ加えながらまわし、ディルとセルフィーユを加えて仕上げる。

3 カボチャのピュレを作る。鍋にバターとオリーブ油を入れ、カボチャと玉ネギをよく炒める。水をひたひたに注ぎ、生ハム、ローリエを加えてやわらかくなるまで煮る。ローリエと生ハムをとり除き、ミキサーにかけて裏漉す。少量の生クリームとバターで味と濃度を調整する。

4 パンチェッタは2mm厚さに切り、180℃のオーブンでカリッとなるまで焼く。

5 1の生地をパスタマシーンでのばし、円形のセルクル型で切り抜く。中央に2の詰め物をのせ、カッペレッティの形に包む。

6 5を、塩を加えた湯でゆでて、水気を切り、少量のバターとゆで汁で和える。

7 皿に3のピュレをひき、6のカッペレッティをのせ、ビスクをかける。4のパンチェッタをのせ、アマランサスを散らす。

（バナメイエビ）

**白姫海老のエビマヨ
マンゴー巻き**（芒果生汁虾巻）
<small>マンゴオシェンジィシャージュウワン</small>

生食できる白姫エビでエビマヨを作り、
相性のいいマンゴーと合わせた。

**白姫海老　自家製豆腐干
にら和え**（韮菜豆干虾）
<small>ジュウツァイドウガンシャー</small>

自家製の豆腐干（押し豆腐）を使った、
シンプルな和え物。
白姫エビは、クセがなく使いやすい。

（ツノナガチヒロエビ〈トウガラシエビ〉・ミノエビ〈オニエビ〉）

**ラルドを巻いた唐辛子エビの燻製
発酵紫キャベツのザワークラウト**

南チロル地方のザワークラウトと
燻製ハムの料理を、
エビを加えてアレンジ。

**オニエビのマリネ
ルビーオニオンのヴィネグレット
湘南ゴールド添え**

湘南ゴールドや、ルビーオニオンで作る
ヴィネグレットの酸味が爽やかな前菜。
生で添えたオニエビ（ミノエビ）の
頭のミソもおいしい。

白姫海老のエビマヨ マンゴー巻き（芒果生汁虾巻）
<small>マンゴオションジィシャージュウワン</small>

麻布長江 香福筵　田村

材料（2人分）
白姫エビ（※国産バナメイエビ）… 8本
マンゴー … 1個
花穂紫蘇 … 適量
ソース
  ┌ マヨネーズ … 50g
  │ コンデンスミルク … 8g
  │ 無糖練乳 … 5g
  │ レモン果汁 … 2g
  └ パッションフルーツリキュール … 少量

※白姫エビは、国産養殖バナメイエビの商品名（P.12参照）。生食できる。

1　白姫エビは生のまま、頭と殻をとり除く。3等分に切る。

2　ソースの材料をすべてボウルで混ぜ合わせ、**1**のエビを入れて和える。

3　マンゴーの皮をむき、断面が大きくなるように薄切りにする（4枚）。残りの実は丸くくり抜く。

4　ラップフィルムを適当な大きさに切り、上に**3**の薄切りのマンゴーを置き、**2**をのせる。敷いたラップごと筒状に巻く。冷蔵庫で30分ほど冷やす。

5　**4**を食べやすい大きさに切り、器に盛り付ける。まわりに丸く抜いたマンゴーと、花穂紫蘇を散らす。

白姫海老　自家製豆腐干 にら和え（韭菜豆干虾）
<small>ジュウツァイドウガンシャー</small>

麻布長江 香福筵　田村

材料（2～3人分）
白姫エビ（国産バナメイエビ。左記参照）… 8本
豆腐干（自家製※ 1.5cm角に切る）… 1丁分
ニラ（2cm幅に切る）… 20g
塩 … 適量
エビ油（※）… 大さじ1
  ┌ 塩 … 1g
A │ 醤油 … 1g
  └ 米酢 … 1g

※豆腐干：押し豆腐。木綿豆腐1丁を5分塩ゆでする。水気を切り、さらしで巻いて上から重しをし、冷蔵庫で1日おく。

※エビ油：エビの殻と米油（サラダ油や大豆油でもよい）を鍋に合わせ、弱火で煮て、エビの香りと旨みを移したもの。

1　白姫エビは殻付きのまま、30秒ほど塩ゆでする。頭をとり、殻をむいて、3等分に切り分ける。

2　鍋にエビ油を入れ、ニラを入れて炒める。

3　ボウルに**1**の白姫エビ、豆腐干、**2**のニラを入れ、Aを加えてやさしく和える。

ラルドを巻いた唐辛子エビの燻製
発酵紫キャベツのザワークラウト

ピコローレ・ヨコハマ　佐藤

材料(2人分)
トウガラシエビ(※ツノナガチヒロエビ)…6本
ラルド(1mm厚さに切ったもの)…12cm長さ
オリーブ油…少量
ザワークラウト(作りやすい量)
- 紫キャベツ(せん切り)…1kg
- 塩…20g
- ローリエ…1枚

A
- クミンシード、黒コショウ、オリーブ油、
- 白ワインヴィネガー…各適量

アマランサス…少量
・燻製用チップ(桜)

※「トウガラシエビ(トンガラシ)」は、ツノナガチヒロエビの、三重県尾鷲市での方言名。

1 ザワークラウト：紫キャベツ、塩、ローリエを混ぜ合わせ、真空用袋に入れ(雑菌が入らないように注意する)、真空にして、常温で2ヵ月間おく。

2 トウガラシエビは頭と背ワタをとり、殻付きのまま桜のチップで低温の燻製にする。尾を残して殻をむき、2cm長さに切ったラルドを身に巻きつける(ラルドに塩分があるので、エビに塩はしない)。

3 フライパンに少量のオリーブ油をひき、2を入れて、両面を軽く焼いて半生に火を入れる。

4 1をボウルに入れ、Aで味つけする。皿に敷き、上に3を盛り付け、アマランサスを散らす。

オニエビのマリネ
ルビーオニオンのヴィネグレット
湘南ゴールド添え

ピコローレ・ヨコハマ　佐藤

材料(2人分)
オニエビ(※ミノエビ)…6本

A
- 塩、コショウ、レモン果汁、オリーブ油、
- ドライケッパー(※)…各少量

湘南ゴールド(※房から切り出した実を、3等分に切る)
　…2房分
ルビーオニオンのヴィネグレット(作りやすい量)
- ルビーオニオン(くし切り)…1個分
- 白ワイン…150cc
- 水…150cc
- 赤ワインヴィネガー…50cc
- グラニュー糖…20g
- 塩、コショウ…各適量
- ローリエ…1枚
- ＊すべての材料を鍋に合わせて20分ほど煮た後、ローリエをとり除き、ミキサーにかける。

アマランサス、ドライケッパー…各適量

※ここで使用している「オニエビ」は、ミノエビの、三重県尾鷲市での方言名。
※ドライケッパー：塩漬けケッパーを水に浸けて塩抜きし、70℃の食品乾燥機で4時間乾燥させた後、ミルで粗めのパウダーにしたもの。
※湘南ゴールド：神奈川県が開発した柑橘類の品種。

1 オニエビは、頭をはずし、殻と背ワタをとり除く(頭はとりおく)。

2 1のエビの身はAで5分ほどマリネする。

3 器にルビーオニオンのヴィネグレットを敷き、2のエビの身と湘南ゴールドを盛り、アマランサスをのせる。ドライケッパーを散らし、オニエビの頭を添える。

（ベニガラエビ〈モエビ〉）

マグカップヌードル
（唐辛子を練り込んだタヤリン
モエビと甲殻類のコンソメスープ味）

エビのコンソメを使い、
具にエビを加えたマグカップ入りヌードル。
パスタの皿を手で持つのはマナー違反だが、
マグカップならOK.

**モエビ、空豆、ミント
ペコリーノ・チーズのソース**

やさしい味の素材の組み合わせ。
チーズのソースやミントの香りでアクセントを加える。

ベニガラエビ

タロッコオレンジを練り込んだ
フェットチーネ
モエビ、松の実、レーズンのソース

タロッコオレンジ風味のフェットチーネに、松の実やレーズン、
ディルを合わせてサルデーニャ島やシチリア島のイメージで。
エビはやわらかく火を入れる。

マグカップヌードル
（唐辛子を練り込んだタヤリン
モエビと甲殻類のコンソメスープ味）

ビコローレ・ヨコハマ　佐藤

材料（1人分）

タヤリン（作りやすい量）
- 00粉（※）… 220g
- セモリナ粉 … 110g
- A
  - トマトパウダー … 50g
  - 全卵 … 2個
  - 卵黄 … 2個
  - 赤唐辛子パウダー … 5g
  - 塩 … 1g
  - オリーブ油 … 2g

フリッタータ（作りやすい量）
- B
  - 全卵 … 1個
  - パルミジャーノ・レッジャーノ・チーズ（パウダー） … 10g
  - 塩 … 0.5g
  - 白コショウ … 0.5g
- オリーブ油 … 10g

エビのコンソメ
- エビの殻（いろいろなエビのもの） … 適量
- C　ニンジン、セロリ、玉ネギ、ニンニク … 各適量
- 卵白 … 適量
- トマト（皮ごとミキサーにかけておく） … 適量
- 白コショウ、赤唐辛子、ローリエ … 各適量
- 塩 … 適量

モエビ（ベニガラエビ※） … 15g×2本
セミドライトマト（※） … 少量
九条ネギ（薄い輪切り） … 少量

※00粉：精製度の高い、イタリアの軟質小麦粉。
※ベニガラエビは、体長13cmほどのクルマエビ科のエビ。駿河湾、熊野灘、鹿児島県などで漁獲される。三重県尾鷲市では、「モエビ」と呼ばれる。
※セミドライトマト：プチトマトを半分に切って塩、グラニュー糖をまぶし、90℃のオーブンで乾燥させる。

1　タヤリン：①Aを合わせてミキサーにかけ、ボウルに移し、00粉とセモリナ粉を加えて練り、生地を作る。真空用袋に入れて真空にし、冷蔵庫で一晩おく。②パスタマシーンでのばし、タヤリンの幅に切って、乾燥させる。

2　フリッタータ：Bを混ぜ合わせ、オリーブ油をひいたフライパンで焼く。1cm角に切る。

3　エビのコンソメ：エビの殻は肉たたきでたたき、C（すべて1cm角に切っておく）と卵白とともにロボクープに入れてまわす。鍋に移し、ミキサーにかけたトマトを加え、ひたひたの水を加えて沸かす。沸いたら白コショウ、赤唐辛子、ローリエを加え、弱火で煮る。漉して、塩で味つける。

4　**1**のタヤリンを適量ゆでて、カップに入れる。

5　**3**のコンソメを1人分鍋に入れて沸かし、殻をむいたモエビと**2**のフリッタータを入れる。エビに火が入ったら**4**のカップに注ぎ、セミドライトマトと九条ネギを入れる。

モエビ、空豆、ミント
ペコリーノ・チーズのソース

ビコローレ・ヨコハマ　佐藤

材料（2人分）

モエビ（ベニガラエビ。左記参照） … 12本
ソラ豆 … 14粒
塩、コショウ、レモン果汁、オリーブ油 … 各適量
生クリーム … 50g
ペコリーノ・チーズ（すりおろし） … 20g
ミント（葉） … 適量

1　モエビは背ワタをとり、塩を加えた湯でゆでて、氷水にとる。水気を切って殻をむき、塩、コショウ、レモン果汁、オリーブ油で和える。

2　ソラ豆は塩ゆでして、薄皮をむき、塩、コショウ、オリーブ油で和える。

3　生クリームとペコリーノ・チーズを鍋に合わせて火にかけて溶かし、裏漉す。

4　皿に**1**のモエビ、**2**のソラ豆を盛り付けて、ミントの葉をのせ、**3**のソースをかける。

タロッコオレンジを練り込んだ
フェットチーネ
モエビ、松の実、レーズンのソース

ビコローレ・ヨコハマ　佐藤

材料（1人分）
フェットチーネ（作りやすい量。約15人分）
※1人分60gを使用。
- 小麦粉（ルルロッソ。北海道産）…550g
- A　タロッコオレンジ（すりおろした皮と果汁）…3個分
　　レモン（すりおろした皮と果汁）…1個分
　　＊合計…170g
- B　卵黄…2個
　　全卵…1個
　　＊合計…90g
- オレンジオイル…4g
- 塩…2g

ニンニク（みじん切り）…小さじ1/5
赤唐辛子（粗みじん切り）…ひとつまみ
オリーブ油…適量
モエビ（ベニガラエビ。p.74参照。むき身）…20g
塩…適量
松の実（180℃のオーブンでローストする）…4g
レーズン（水に浸けて戻す）…6g
ディル（ちぎった葉）…少量
タロッコオレンジ（※薄皮から切り出した実を、半分に切る）…18g
オレンジオイル…適量

※タロッコオレンジ：ブラッドオレンジの一品種。

1　フェットチーネ：①A、B、オレンジオイル、塩を合わせてミキサーにかける。②①をボウルに移し、小麦粉を入れて練り、生地を作る。真空用袋に入れて真空にし、冷蔵庫で一晩おく。③パスタマシーンでのばし、フェットチーネの幅に切る。

2　塩を入れた湯で、**1**を60gゆでる。

3　フライパンにオリーブ油とニンニク、赤唐辛子を入れて火にかける。ニンニクが色づきはじめたらモエビを入れ、塩をする。

4　**3**に、ゆで上がった**2**のフェットチーネを入れ、松の実、レーズンを加えて混ぜ、乳化させる。

5　**4**を皿に盛り、ディル、タロッコオレンジを散らし、オレンジオイルをかける。

ホッコクアカエビ〈甘エビ〉・ボタンエビ・テラオボタンエビ・ヒゴロモエビ〈ブドウエビ〉

甘海老和風タルタル
粗く刻んだ甘エビに、
香味野菜や塩昆布を加えて作るタルタル。
海苔に包んで食べていただく。

甘エビ、タロッコオレンジ、ういきょうのインサラータ
オレンジとウイキョウを合わせてシチリアのイメージ。
ミソもおいしいボタンエビは、頭ごと盛り付ける。

ホッコクアカエビ・ボタンエビ・テラオボタンエビ・ヒゴロモエビ

甘海老ととろろ昆布
アメリカンドッグ
粗く切った甘エビに、白ゴマととろろ昆布をまぶし、衣をつけて揚げた。おやつやビールのおつまみに。

活甘海老共和え
甘エビの身に、甘エビのミソと卵と合わせる。
甘エビのおいしさが堪能できる。

ぼたん海老とアルバ産白トリュフ
お客様のリクエストによる組み合わせ。
白トリュフの香りが贅沢。

えび・かに・いか・たこ料理バリエーション　77

甘海老和風タルタル
賛否両論　笠原

材料(4人分)
甘エビ…15本
A ┌ みょうが…1個
　├ 大葉…3枚
　├ 万能ネギ…2本
　└ 塩昆布…5g
B ┌ 太白ゴマ油…大さじ1
　├ 卵黄…1個
　└ 薄口醤油…小さじ1
焼き海苔…1枚
スダチ(半分に切る)…1個分
わさび(すりおろし)…少量

1　Aはすべてみじん切りにする。
2　甘エビは殻をむき、粗く刻む。
3　1、2を合わせてBで和える。
4　3を器に盛り、適宜に切った焼き海苔、スダチ、おろしわさびを添える。

甘エビ、タロッコオレンジ、ういきょうのインサラータ
ピコローレ・ヨコハマ　佐藤

材料(2人分)
甘エビ…6本
ウイキョウ(薄切り)…1/6個分
タロッコオレンジ(房から切り出した実)…1/2個分
塩、コショウ…各適量
レモン果汁、タロッコオレンジの果汁…各適量
ソース
A ┌ タロッコオレンジの果汁…150cc
　├ レモン果汁…1/2個分
　├ グラニュー糖…8g
　└ 水…50cc
└ アガー…少量
ディル…少量

1　甘エビは、頭と尾を残して殻をむき、背ワタをとり、塩、コショウをして、レモンとタロッコオレンジの果汁でマリネする。
2　ソース：Aを鍋に合わせて火かけ、アガーを加える。冷ましておく。
3　器に皿に**1**の甘エビ、ウイキョウ、タロッコオレンジを盛り、**2**のソースをまわしかける。ディルを飾る。

甘海老ととろろ昆布アメリカンドッグ
賛否両論　笠原

材料（2人分）
甘エビ … 15本
白ゴマ … 適量
とろろ昆布 … 10g
薄力粉 … 適量
A ┌ ホットケーキミックス … 100g
　└ 牛乳 … 90cc
揚げ油 … 適量
B ┌ ケチャップ … 大さじ3
　└ わさび（すりおろし）… 小さじ1

1　甘エビは殻をむき。粗みじん切りにする。
2　**1**に白ゴマを加えて混ぜ、とろろ昆布をまぶし、一口大に丸める。串に刺して、薄力粉をまぶす。
3　Aを混ぜ合わせて衣を作る。
4　**2**を**3**にくぐらせ、170℃に熱した油に入れて転がしながら揚げ、色づける。
5　器に盛り、Bを混ぜ合わせて添える。

活甘海老共和え
うぶか　加藤

材料（1人分）
甘エビ（活）… 1本（25g）
塩 … 適量

1　甘エビの頭をはずし、ミソはとり出しておく。殻をむいて身と卵をとり出す。身は切り開いて背ワタをとり除き、塩でさっともみ、流水で洗ってよく水気をとる。
2　**1**の身を食べやすい大きさに切り、**1**の卵とミソを加えて和え、器に盛り付ける。頭と尾の殻を飾る。

※甘エビは、**1**の下処理をしてから冷蔵庫で1〜2日おくと、旨みが増す。

ぼたん海老とアルバ産白トリュフ
うぶか　加藤

材料（1人分）
ボタンエビ … 1本（30g）
白トリュフ（アルバ産）… 適量
塩 … 適量

1　ボタンエビの頭をはずし（ミソは入ったまま）、殻をむいて身と卵をとり出す。身は切り開いて背ワタをとり除き、塩でさっともみ、流水で洗ってよく水気をとる。
2　**1**の身を食べやすい大きさに切り、レンゲに盛り、ボタンエビの卵をのせて、白トリュフを削って散らす。ミソの入ったボタンエビの頭を添え、尾を飾る。

※ボタンエビは、**1**の下処理をしてから冷蔵庫で1〜2日おくと、旨みが増す。

牡丹海老　南乳・トマトソース漬け
（南乳牡丹虾）
<small>ナンルー ムーダンシャー</small>

南乳にトマトや芝麻醤などを加えて作るソースに、
生のボタンエビを漬け込む。

ボタンエビのタルターラとフリット
エビ風味米粉のクロッカンテ、
リコッタ・チーズ、バルサミコ

カリッとしたクロッカンテの上に、
しっとりとしたエビのタルタルやリコッタをのせて。

ホッコクアカエビ・ボタンエビ・テラオボタンエビ・ヒゴロモエビ

ぼたん海老、茶豆、ウニを合わせて

ボタンエビに軽く火を入れ、
味の濃い茶豆とウニを合わせた。
エビは火の入り方によって
味わいが大きく変わるので、
火入れは慎重に。

ぼたん海老と葡萄　土佐酢ジュレ

塩でもんだボタンエビの塩気と
マスカットの甘みの組み合わせがおいしい。
もって菊のシャキシャキとした食感がアクセント。

牡丹海老　南乳・トマトソース漬け
（南乳牡丹虾）
ナンルームーダンシャー

麻布長江 香福筵　田村

材料（4本分）
ボタンエビ … 4本
ソース
┌ トマト（皮を湯むきする）… 1個
│ 南乳（※）… 大さじ2
│ 芝麻醤（ジーマージャン）… 大さじ1/2
│ 醤油 … 大さじ1/2
│ ライチ酒 … 大さじ2
└ 三温糖 … 大さじ1/2

※南乳：赤色の腐乳（発酵豆腐）。

1　ボタンエビは、頭と尾を残して殻をむく。卵ははずしておく。

2　ソースの材料をすべてミキサーに入れて攪拌し、ペースト状にする。

3　**2**のソースに**1**のボタンエビを3時間ほど漬けておき、味をなじませる。

4　器に盛り、とりおいたエビの卵を添える。

ボタンエビのタルターラとフリット エビ風味米粉のクロッカンテ、リコッタ・チーズ、バルサミコ

ピコローレ・ヨコハマ　佐藤

材料（1人分）
ボタンエビ … 1本
A ┌ 塩、コショウ、エシャロット（みじん切り）、
　└ レモン果汁、オリーブ油 … 各適量
B ┌ リコッタ・チーズ … 適量
　│ 生クリーム … 少量
　│ イタリアンパセリ（みじん切り）… 少量
　└ ニンニク（みじん切り）… 少量
エビ風味米粉のクロッカンテ（次頁参照）… 1枚
エビの殻のパウダー（エビの殻を乾燥させ、
　ミルでパウダーにしたもの）… 少量
ピンクペッパー（軽くつぶしたもの）… 少量
塩 … 適量
小麦粉 … 適量
揚げ油 … 適量
バルサミコ酢 … 少量

1　ボタンエビは頭をとり（とりおく）、殻をむく。身は背ワタをとり、包丁で粗めにたたいて**A**で和える。

2　**B**は混ぜ合わせる。

3　エビ風味米粉のクロッカンテを180℃の油で揚げる。ボタンエビの頭は殻と脚の部分に分け、小麦粉をつけて、180℃の油で揚げる。塩をふる。

4　エビ風味米粉のクロッカンテの上に、クネルにした**1**のタルタルと**2**を盛る。**2**の上には**3**のボタンエビの頭の殻と脚のフリットをのせる。タルタルには、エビの殻のパウダーとピンクペッパーをふる。バルサミコ酢を皿に流す。

エビ風味米粉のクロッカンテ（作りやすい量）

水 … 300cc
米粉 … 50g
エビの殻（※） … 50g

※エビの殻：ビスク（p.284参照）を作った際などに、最後に漉しきれずに残った殻など。

すべてを合わせてミキサーでまわす。適当な大きさに薄くのばし、90℃のオーブンで乾燥させる（使用するときに、180℃の油で揚げる）。

ぼたん海老、茶豆、ウニを合わせて
Hiroya 福嶌

材料（1人分）
ボタンエビ … 2本
豆苗 … 適量
茶豆（枝豆） … 適量
生姜（みじん切り） … 適量
赤ウニ … 適量
アサリのだし（右記参照） … 適量
塩、オリーブ油 … 各適量
パセリのソース（ローストしたニンニク、ピーナッツ、パセリ、オリーブ油を合わせてミキサーにかけ、裏漉す） … 適量

1 豆苗は軽くゆがき、水気を切って、アサリのだしに浸けておく。

2 茶豆はしっかりゆでて、サヤと薄皮をむき、軽くつぶす（一部を飾り用に残す）。生姜を加えて混ぜ、塩とオリーブ油で味を調える。

3 ボタンエビは頭をはずす。身は殻をむいて串を打ち、オリーブ油をひいて強火で熱したフライパンに入れ、塩をしてさっと表面を焼き、オーブンに1分ほど入れる。

4 ボタンエビの頭は殻をむいてミソの部分をとり出し、バーナーであぶり、**1**の豆苗と合わせる。

5 赤ウニは軽くバーナーであぶる。

6 皿にパセリのソースをひき、**4**と**2**の茶豆、**3**のエビの身、**5**のウニを盛り付け、とりおいた茶豆を散らす。

アサリのだし（作りやすい量）

アサリ500g、日本酒200g、水2ℓを鍋に合わせて火にかけて20分ほど煮出し、漉す。

※さまざまなソースやだしのベースになる、もっとも汎用性の高いだし。魚貝系のだしは味が落ちるのが早いので、使わない分はすぐに冷凍する。

ぼたん海老と葡萄　土佐酢ジュレ
うぶか 加藤

材料（1人分）
ボタンエビ … 2本（1本30g）
ブドウ（種なしマスカット） … 12粒
土佐酢ジュレ（※） … 20cc
もって菊（ゆでたもの） … 適量
塩 … 適量

※土佐酢ジュレ（作りやすい量）：一番だし（羅臼昆布と鮪節でとったもの）300cc、米酢100cc、薄口醬油50ccを合わせて熱し、粉寒天5gを加えて煮溶かし、冷蔵庫で冷やし固める。

1 ボタンエビは頭をはずし、殻をむいて身をとり出す。身を切り開いて背ワタをとり除き、塩でさっともみ、流水で洗ってよく水気をとる。

2 種なしマスカットは、皮を湯むきする。

3 土佐酢ジュレと**2**を合わせて器に盛り、食べやすい大きさに切った**1**の身をのせて、もって菊を散らす。

※ボタンエビは、**1**の下処理をしてから冷蔵庫で1〜2日おくと、旨みが増す。

**ぼたん海老真丈
聖護院蕪のすり流し　柚子**

ボタンエビの真丈は、
軽く焼いて香りを出している。

**ぼたん海老と
カリフラワーのすり流し**

生のボタンエビを
熱々のカリフラワーのすり流しに合わせる。
食べるときに混ぜると、
いい状態に火が入る。

ホッコクアカエビ・ボタンエビ・テラオボタンエビ・ヒゴロモエビ

3種の豆と寺尾ぼたん海老
緑の豆のフレッシュな味わいが、
エビの甘みを引き立てる。

活寺尾ぼたん海老のお造り
相模湾で獲れたテラオボタンエビを、
シンプルに。

葡萄海老の洗い
旨み、甘みの強いブドウエビが、
いちばん堪能できる食べ方。

えび・かに・いか・たこ料理バリエーション　85

ぼたん海老真丈
聖護院蕪のすり流し　柚子
うぶか　加藤

材料(1人分)
ボタンエビ … 2本(1本30g)
白身魚のすり身 … 15g
昆布だし(※) … 20cc
吸い地(※) … 100g
聖護院カブ(すりおろしたもの) … 10g
聖護院カブ(1cm角に切り、吸い地でさっと炊いたもの)
　… 20g
吉野葛 … 適量
塩 … 適量
聖護院カブの葉(塩ゆでしたもの) … 少量
黄柚子皮(細切り) … 少量

※昆布だし：羅臼昆布30gを1ℓの水に1日浸けてとる。
※吸い地：一番だし(羅臼昆布と鮪節でとったもの)に、酒と薄口醤油、塩各少量で味つける。

1　ボタンエビの頭をはずし、ミソはとり出しておく。殻をむいて身をとり出す。身を切り開いて背ワタをとり除き、塩でさっともみ、流水で洗ってよく水気をとる。

2　1の身を包丁でたたき、1のミソと魚のすり身を加え、昆布だしでのばし、塩で味を調える。

3　2をまとめて形を整え、塩を加えた湯でゆでる。天火で香りが出るまで焼く。

4　吸い地を熱し、すりおろした聖護院カブと角切りの聖護院カブを加え、水溶きの葛でとろみをつける。

5　椀に3の真丈を盛り、4を注ぎ、カブの葉と柚子皮をのせる。

※ボタンエビは、1の下処理をしてから冷蔵庫で1~2日おくと、旨みが増す。

ぼたん海老とカリフラワーのすり流し
うぶか　加藤

材料(1人分)
ボタンエビ … 1本(30g)
塩 … 適量
カリフラワーのすり流し(作りやすい量。4人分)
　┌ 一番だし(羅臼昆布と鮪節でとったもの) … 200cc
　│ カリフラワー(花蕾の部分) … 120g
　└ 塩、薄口醤油 … 各少量
エビミソオイル(p.39参照) … 少量

1　ボタンエビは頭をはずし、殻をむいて身と卵をとり出す。身は切り開いて背ワタをとり除き、塩でさっともみ、流水で洗ってよく水気をとる。

2　カリフラワーのすり流し：鍋に一番だしとカリフラワーを合わせて火にかける。カリフラワーがやわらかくなったら火を止め、ハンドブレンダーでなめらかなピュレ状にする。漉して鍋に戻し、火にかけて塩、薄口醤油で味を調える。

3　2のすり流しを器に盛り、食べやすく切った1の身を入れ、ボタンエビの卵をのせ、エビミソオイルを数滴たらす。

※ボタンエビは、1の下処理をしてから冷蔵庫で1~2日おくと、旨みが増す。

3種の豆と寺尾ぼたん海老

うぶか　加藤

材料(1人分)
テラオボタンエビ…1本(30g)
豆類(エンドウ豆、ソラ豆、枝豆など)…計30g
昆布ジュレ(※)…10cc
塩…適量

※昆布ジュレ:昆布だし(※)を熱して塩で味を調え、粉寒天を加えて煮溶かし、冷蔵庫で冷やし固める。
※昆布だし:羅臼昆布30gを1ℓの水に1日浸けてとる。

1　テラオボタンエビは頭をはずし、殻をきれいにむいて身をとり出す。身を切り開いて背ワタをとり除き、塩でさっともみ、流水で洗ってよく水気をとる。

2　豆類はそれぞれ塩ゆでし、ソラ豆と枝豆は薄皮を除く。すべて合わせて昆布ジュレで和える。

3　2と食べやすい大きさに切った1の身を合わせて器に盛り、はずした頭を添え、殻を飾る。

※テラオボタンエビは、1の下処理をしてから冷蔵庫で1～2日おくと、旨みが増す。

活寺尾ぼたん海老のお造り

うぶか　加藤

材料(1人分)
テラオボタンエビ(活)…1本(30g)
日本酒…少量

1　テラオボタンエビは頭をはずして背ワタをとり、殻をきれいにむいて身と卵をとり出す。

2　身は腹側から包丁を入れて切り開く。卵巣があればとり除き、日本酒を少量加えた氷水でさっと洗い、すぐに引き上げ、タオルで水気をよくとる。

3　食べやすく切った2の身を、氷を敷いた器に盛り、1の卵をのせ、はずした頭を添え、殻を飾る。

※テラオボタンエビは、2の下処理をしてから冷蔵庫で1～2日おくと、旨みが増す。

葡萄海老の洗い

うぶか　加藤

材料(1人分)
ブドウエビ(ヒゴロモエビ)…1本
日本酒…少量

1　ブドウエビは頭をはずして背ワタをとり、殻をきれいにむいて身と卵をとり出す。

2　身は腹側から包丁を入れて切り開く。卵巣があればとり除き、日本酒を少量加えた氷水でさっと洗い、すぐに引き上げ、タオルで水気をよくとる。

3　2の身を器に盛り、1の卵をのせ、はずした頭を添え、殻を飾る。

※ブドウエビは、2の下処理をしてから冷蔵庫で1～2日おくと、旨みが増す。

（モロトゲアカエビ〈シマエビ〉）

しま海老とあまおうのサラダ　柑橘の香り
繊細な食感のシマエビは、甘エビほど甘みが強くなく、酸味と相性がいい。
あまりいじりすぎると持ち味が活きないので、
シンプルに同じ季節のイチゴと合わせてアミューズに。
カラマンシーのヴィネガーで軽い酸味を加え、濃厚な根セロリのピュレと、
マイクロセロリでアクセントを加えた。

モロトゲアカエビ

縞海老冬瓜翡翠煮
さっぱりした冬瓜に、
ねっとりしたシマエビを組み合わせて。

縞海老と柿の白和え
柿と湯葉のやさしい味わいが、
シマエビの甘みと食感によく合う。

縞海老とフカヒレ煮こごり
猛者海老とフグ皮煮こごり
2種類の煮こごりと、2種類のエビの組み合わせ。

えび・かに・いか・たこ料理バリエーション

しま海老とあまおうのサラダ
柑橘の香り
シンシア　石井

材料(1人分)
シマエビ(モロトゲアカエビ)…1本
イチゴ(あまおう)…1個
根セロリのピュレ(作りやすい量)
├ 根セロリ(皮をむいて、スライスしたもの)…500g
├ 生クリーム(乳脂肪分38%)…300g
├ 牛乳…100g
└ 塩、白コショウ…各適量
A(作りやすい量)
├ カラマンシーヴィネガー…90cc
├ E.V.オリーブ油…30cc
└ エシャロット(みじん切り)…60g
塩、オリーブ油…各適量
マイクロセロリ…少量
ビーツパウダー(作りやすい量)
├ ビーツ…1kg
└ ジャガイモ(皮をむく)…100g
＊ビーツは皮をむいて乱切りにし、水をひたひたに加えてゆでた後、ゆで汁ごとミキサーに入れ、生のジャガイモを加えて撹拌する。できたピュレをオーブンシートに薄くのばし、120℃のオーブンで20分火を入れ、ミルでまわす。

1　根セロリのピュレ：根セロリ、生クリーム、牛乳を鍋に合わせて火にかけ、30分ほどコトコトとゆっくり火を入れる。やわらかくなったらミキサーでピュレにし、塩、コショウで味を調え、冷やしておく。

2　Aは合わせておく。

3　シマエビは、頭と尾を残して殻をむく。塩とオリーブ油をふる。

4　イチゴは、1個を4枚にスライスする。

5　**4**を2枚ずつ左右に分けて皿に並べ、中央に**1**の根セロリのピュレを、15gほど敷く。その上に**3**のシマエビを盛り、**2**を少量かけて、マイクロセロリをのせる。まわりにビーツパウダーをふる。

縞海老冬瓜翡翠煮
うぶか　加藤

材料(1人分)
シマエビ(モロトゲアカエビ。活)…2本(1本30g)
塩…適量
冬瓜翡翠煮(作りやすい量)
├ 冬瓜…1個
├ だし(羅臼昆布と鮪節でとったもの)…2500cc
├ 薄口醤油…200cc
├ みりん…100cc
├ 塩…適量
└ ・重曹
新生姜(すりおろし)…少量

※シマエビは、卵入りのメスを使用している。シマエビの卵はクセがなくとてもおいしい。

1　シマエビは頭をはずし、殻をむいて身と卵をとり出す。身は切り開いて背ワタをとり、塩でさっともみ、流水で洗ってよく水気をとる。

2　冬瓜翡翠煮：冬瓜は1個を32等分(5cm角程度)に切り、青い部分を少し残して外皮をむき、細かく隠し包丁を入れ、重曹と塩をまぶして10分おく。

3　塩を加えた湯で**2**の冬瓜をゆで、火が入ったら氷水に落として冷やす。

4　だしに薄口醤油、塩、みりんを加えて味を調え、**3**の冬瓜を入れてさっと煮て、そのまま冷まして味を含ませる。冷やしておく。

5　**4**の冬瓜1個を器に盛って、**1**のエビの身とその卵を盛り付け、おろした新生姜を添えて、**4**の地をはる。

※シマエビは、**1**の下処理をしてから冷蔵庫で1〜2日おくと、旨みが増す(次頁も同じ)。

縞海老と柿の白和え

うぶか　加藤

材料(1人分)
シマエビ(モロトゲアカエビ)…2本
柿…1/4個
湯葉(引き上げ湯葉。1cm角に切る)…5g
マカダミアナッツ(粗みじん切り)…少量
白和え衣(作りやすい量)
├ 絹漉し豆腐(水切りしたもの)…100g
├ 白ゴマ(すりゴマにする)…10g
└ 薄口醤油…5cc
塩…適量
ミツバ(茎。小口切り)…少量

1 シマエビは頭をはずし、殻をむいて身と卵をとり出す。身は切り開いて背ワタをとり、塩でさっともみ、流水で洗ってよく水気をとる。

2 柿は皮をむいて1cm角に切り、塩水に浸けて、水気を切る。

3 白和え衣を作る。水切りした豆腐を裏漉しし、すりゴマを加えて混ぜ、薄口醤油で味を調える。

4 3を1人分(10g)とって2の柿、湯葉、マカダミアナッツと合わせる。

5 4を器に盛り、食べやすく切った1のシマエビの身をのせ、シマエビの卵をのせる。ミツバを添える。

縞海老とフカヒレ煮こごり
猛者海老とフグ皮煮こごり

うぶか　加藤

材料(10人分)
<u>シマエビとフカヒレの煮こごり</u>
├ シマエビ(モロトゲアカエビ)…20本
├ 塩…適量
├ 二番だし(羅臼昆布と鮪節でとったもの)…適量
└ フカヒレ(下処理をしたもの)…75g
<u>モサエビとフグ皮の煮こごり</u>
├ モサエビ(クロザコエビ)…20本
├ 塩…適量
├ 二番だし(羅臼昆布と鮪節でとったもの)…適量
└ フグ皮(下処理をし、細切りにしたもの)…75g

1 <u>シマエビとフカヒレの煮こごり</u>：シマエビは頭をはずし、殻をむいて身と卵をとり出す。身は切り開いて背ワタをとり、塩でさっともみ、流水で洗ってよく水気をとる。

2 シマエビのだしをとる。1の頭と殻をバットに広げて天火に入れ、中火で焦がさないように焼く。

3 香ばしい香りがしてきたら、鍋に移し、二番だしをひたひたに加えて弱火にかける。エビの味と香りがだしに移ったら漉す。

4 3のだし150ccにフカヒレを入れ、流し缶に流して冷蔵庫で冷やし固める。

5 4を一口大に切って、レンゲにのせ、食べやすい大きさに切ったシマエビの身をのせ、シマエビの卵をのせる。

6 <u>モサエビとフグ皮の煮こごり</u>：**1**〜**3**同様にモサエビをむいて、だしをとる。

7 6のだし150ccにフグ皮を入れ、流し缶に流して冷蔵庫で冷やし固める。

8 7を一口大に切って、レンゲにのせ、食べやすい大きさに切ったモサエビの身をのせ、モサエビの卵をのせる。

(ウチワエビ・セミエビ)

うちわ海老とセップ茸

出回る時期が短いウチワエビを、
旨みの強いセップ茸と合わせて楽しむ。
ジャガイモのチップスで食感のアクセントを添えた。

セミエビ、トマト、アボカドのカクテル ブラッディーメアリー

アボカドのディップ、カクテルソース、
フレッシュトマトのソース。
セミエビを、いろいろな味と合わせて。

うちわ海老とセップ茸

Hiroya　福嶌

材料（1人分）
ウチワエビ … 1本
セップ茸 … 1本
紫のジャガイモ（シャドークイーン）… 適量
赤いジャガイモ（ノーザンルビー）… 適量
ニンニク … 適量
オリーブ油 … 適量
無塩バター … 適量
塩、コショウ … 各適量
ブランデー … 適量
ジュ・ド・ヴィアンド（右記参照）… 適量
生クリーム … 適量
揚げ油 … 適量
セリ … 少量

1　ウチワエビは頭をはずし、殻から身をとり出す（頭はソースに使用する）。

2　セップ茸は水洗いし、沸いた湯に入れてゆでて、水気をとる。食べやすい大きさに切る。

3　フライパンにオリーブ油とニンニクを入れて熱し、香りが出たら**2**を入れて、ゆっくり火を入れる。ある程度焼けてきたら、バターを加えてこんがり焼き上げ、塩をする。

4　ソースを作る。鍋にオリーブ油をひき、ウチワエビの頭を入れて、焼き目がつくまでしっかり炒める。ブランデーを加えてデグラッセした後、水を適量加えて煮出す。漉して鍋に戻し、ある程度煮詰めたら、ジュ・ド・ヴィアンドと生クリームを加え、塩、コショウで味を調える。

5　**1**のウチワエビの身は、オリーブ油をひいて強火で熱したフライパンに入れ、塩をしてさっと表面を焼き、オーブンに1分ほど入れる。

6　紫のジャガイモと赤いジャガイモは皮をむき、縦薄切りにして、水にさらし、水気を切る。揚げてチップにする。

7　**4**のソースを器に入れ、**5**のウチワエビの身を食べやすい大きさに切って盛り、**3**のセップ茸と**6**のイモチップを添え、セリを散らす。

ジュ・ド・ヴィアンド

鶏ガラと玉ネギ、ニンニクを天板に合わせてのせ、200℃のオーブンでしっかり色づくまで焼く。すべて鍋に移し、かぶるくらいの水を加え、6時間ほど煮る。これを漉して、鍋に戻し、再び火にかけて濃度がつくまで煮詰める。

セミエビ、トマト、アボカドのカクテル ブラッディーメアリー

ピコローレ・ヨコハマ　佐藤

材料(4人分)
セミエビ … 1本
塩、コショウ、レモン果汁、オリーブ油 … 各適量
アボカドのディップ(作りやすい量)
　┌ マヨネーズ(自家製) … 200g
　│ アボカド(果肉) … 1/2個分
　└ 生クリーム … 大さじ1
カクテルソース(作りやすい量)
　┌ マヨネーズ(自家製) … 200g
　│ ケチャップ … 大さじ1
　│ リーペリンソース … 少量
　└ タバスコ … 少量
フレッシュトマトのソース(※) … 大さじ4
スプラウト … 少量

※フレッシュトマトのソース:皮を湯むきしたトマト、塩、グラニュー糖、セロリ、少量のニンニク、オリーブ油、ジンを合わせてミキサーにかける。

1　アボカドのディップ:マヨネーズにアボカドと生クリームを合わせミキサーにかける。

2　カクテルソース:マヨネーズにケチャップ、リーペリンソース、タバスコを加えて混ぜ合わせる。

3　セミエビは、塩を加えた湯でゆでて、殻から身をとり出し、2cm幅に切る。少量の塩、コショウ、レモン果汁、オリーブ油で和える。

4　グラス1つにつき**1**のアボカドのディップを大さじ2入れ、フレッシュトマトのソースを大さじ1流す。**3**のセミエビを1/4量のせ、**2**のカクテルソースを小さじ1かけて、スプラウトを散らす。

（アカザエビ・オオコシオリエビ〈クモエビ〉）

あかざ海老と白レバー パプリカのソース

おもしろい組み合わせだが、
白レバーがエビによく合った。

手長エビのディアボラ サルサ・アラビアータ

鶏を1枚に開いて焼き上げる料理を、
手長エビ（アカザエビ）でアレンジ。
辛めに仕立てて悪魔風に。

アカザエビ・オオコシオリエビ

手長海老のソテーと
狼桃トマトのガスパチョ

トマトとエビをテーマにした一品。
手長エビ（ラングスティーヌ）は身質がカニに近く、
加熱しても硬くならないため、
他の素材と合わせやすい。

クモエビ、シバエビ、
山菜のフリットミスト

殻ごとすべて食べられるエビのフリット。
山菜で季節感を添えた。

あかざ海老と白レバー　パプリカのソース
Hiroya　福嶌

材料(1人分)

アカザエビ … 1本
鶏レバー(白レバー) … 適量
ニンニク(つぶす) … 1粒
アサリのだし(p.83参照) … 少量
A ┌ グリーンアスパラガス … 1本
　│ スナップエンドウ … 1〜2枚
　│ アマドコロ … 1本
　└ カンゾウ … 1〜2本
パプリカのソース
　┌ パプリカ(赤) … 適量
　│ マスタード … 適量
　│ マヨネーズ … 適量
　│ 長ネギのソース(p.284参照) … 適量
　└ オリーブ油、塩、コショウ、レモン果汁 … 各少量
塩、コショウ、オリーブ油 … 各適量

1　パプリカのソース:パプリカは軽くオリーブ油をまぶし、オーブンで火を入れる。皮と種をとり除き、ミキサーでピュレにする。

2　1にマスタード、マヨネーズ、長ネギのソースを加え、塩、コショウ、レモン果汁で味を調える。

3　アカザエビは頭をはずす。尾を残して殻をむき、身に塩をして、オリーブ油をひいて強火にかけたフライパンで、さっと表面を焼く。オーブンに入れて、ちょうどよく火を入れる。頭は殻をむいてミソの部分をとり出し、バーナーで軽くあぶる。

4　白レバーは塩、コショウをし、オリーブ油を軽くまぶし、高温に熱したフライパンで焼き色がつくようにさっと焼く。軽く刻み、まとめてラップフィルムで包んで、58℃のコンベクションオーブンに入れる。

5　フライパンにごく少量のオリーブ油と、つぶしたニンニクを入れて火にかけ、縦半分に切ったアスパラガスを入れて、少し塩をし、他のAの野菜を入れて再度塩をし、アサリのだしをほんの少量加え、蓋をして蒸し焼きにする。

6　皿に**2**のパプリカのソースを敷き、**3**のアカザエビの身とミソ、**4**の白レバー、**5**の野菜を盛り付ける。エビの頭の殻を飾る。

手長エビのディアボラ　サルサ・アラビアータ
ピコローレ・ヨコハマ　佐藤

材料(2人分)

手長エビ(アカザエビ) … 2本
卵白 … 1個分
A ┌ パン粉 … 100g
　│ パルミジャーノ・レッジャーノ・チーズ(すりおろし)
　│ 　… 100g
　│ イタリアンパセリ(みじん切り) … 小さじ1
　│ ニンニク(みじん切り) … 小さじ1
　└ オリーブ油 … 100cc
オリーブ油 … 適量
ソース
　┌ フルーツトマト(皮を湯むきし、角切り) … 5個分
　│ オリーブ油 … 100cc
B │ 赤唐辛子粉 … 小さじ1
　│ アンチョビフィレ … 2本
　│ ニンニク(みじん切り) … 1粒分
　└ 塩 … 適量
トマトパウダー(市販) … 適量

1　手長エビは、殻付きのまま、背側から半分に切り開き(頭部は切り分け、腹は切り離さない)、背ワタと砂袋をとり除く。

2　卵白を泡立て器で溶いて、ハケで**1**の身側に薄く塗る。

3　Aを混ぜて、**2**にのせる。

4　テフロン加工のフライパンにオリーブ油をひき、**3**のエビを、パン粉をつけた側から入れて焼く。焼き色がついたら裏返してパイ皿にのせ、180℃のオーブンで5分間火を入れる。

5　ソース:鍋にBを合わせて弱火で炒める。ア

ンチョビとニンニクに火が入り香りが出たらトマトを加え、塩をして、水分がなくなるまで弱火で炒める。ミキサーにかけてペースト状にする。

6 **4**のエビにトマトパウダーをふりかけて皿に盛り、**5**をのせる。

手長海老のソテーと狼桃トマトのガスパチョ
シンシア　石井

材料（1人分）
手長エビ（ラングスティーヌ※）…1本
塩、コショウ、カイエンヌペッパー、オリーブ油…各少量
ガスパチョ（作りやすい量）
- トマト（狼桃※）…8個
- トマト（大。熟れたもの）…2個
- セロリ…150g
- キュウリ…100g
- ニンニク…10g
- パプリカ（赤）…150g
- 塩、砂糖…各適量
A（作りやすい量）
- 卵黄（L玉）…1個
- E.V.オリーブ油…100cc
*ボウルに卵黄を入れ、E.V.オリーブ油を少しずつ加えながらハンドブレンダーで混ぜて、マヨネーズ状にする。

トマトウォーターのムース（下記参照）…適量
ミニトマト（薄切り）、クレソンの芽、オクラ（ゆでて薄切り）、ドライトマト（自家製※）…各少量

※ラングスティーヌ：アカザエビの近縁種。ヨーロッパアカザエビ。
※狼桃：高知県産のトマト。4～7月ごろ出回る。味が濃厚。
※ドライトマト：トマトの皮を湯むきし、くし形に切る。種の部分はとり除き、外側だけをクッキングシートに並べて塩、砂糖、コショウをふり、100℃のオーブンで2～3時間加熱する。

トマトウォーターのムース
トマト（切れ端などでよい）をミキサーで攪拌し、クッキングペーパーで、一晩かけて漉す。できた透明なエキスに、10％のエスプーマコールドを加え、エスプーマのサイフォンに入れる。

1 ガスパチョ：トマトは皮付きのまま、ざく切りにする。セロリは皮をむき、薄切りにする。キュウリは皮をむき、種をとり除く。ニンニクは皮をむく。パプリカは種をとり除き、薄切りにする。

2 **1**を塩と砂糖で和えて、一晩おく。

3 **2**をすべて（出た水分も）ミキサーにかける。最後にAを30g加えて攪拌する（クリーミーになる）。

4 手長エビは頭をはずし、尾を残して殻をむく。頭はゆでておく（飾りに使う）。

5 **4**のエビの身に塩、コショウ、カイエンヌペッパーを少量まぶし、オリーブ油をひいたフライパンで、レアにソテーする。

6 器に**3**のガスパチョを入れ、**5**の手長エビを盛り、頭の部分を飾る。脇にトマトウォーターのムースを絞り、ミニトマトをのせ、クレソンの芽を散らす。反対側にはオクラとドライトマトを散らす。

クモエビ、シバエビ、山菜のフリットミスト
ピコローレ・ヨコハマ　佐藤

材料（2人分）
- クモエビ（オオコシオリエビ）…2本
- シバエビ（ヒメアマエビ※）…4本
- 山菜（コゴミ、タラの芽、フキ、根ミツバ）…各適量
- 小麦粉…適量
- 揚げ油…適量
- 塩…適量
- レモン（くし形切り）…適量

1 クモエビは頭の殻をとり、背ワタをとる。シバエビは殻付きのまま背ワタをとる。

2 **1**と山菜に小麦粉をまぶす。水にくぐらせて、180℃の油で揚げる。塩をふり、皿に盛り合わせ、レモンを添える。

※ヒメアマエビ（写真1）は、甘エビに似た甘みのあるタラバエビ科のエビ。鹿児島などで漁獲される。鹿児島県、三重県尾鷲市などでは「シバエビ」と呼ばれる（クルマエビ科のシバエビは別種）。

(伊勢エビ)

伊勢海老のミソ和え　昆布のジュレ
クリスマスの料理として作った一品。伊勢エビはミソがおいしく、
このミソで和えるだけで身のおいしさが更に際立つ。
和食の料理人さんに教わった方法だが、
カリフラワーのエスプーマでフレンチの要素もしっかり加えている。

アルゲーロ風　伊勢エビのカタラナ
サルデーニャ島アルゲーロの名物伊勢エビ料理。
伊勢エビのミソが全体に行き渡った、
旨みたっぷりのサラダ。

**伊勢エビと
アーティチョークのコンフィ
アーティチョークのピュレ添え**
コンフィにした伊勢エビとアーティチョークを、
アーティチョークのピュレにつけながら食べていただく。

えび・かに・いか・たこ料理バリエーション　101

伊勢海老のミソ和え　昆布のジュレ
シンシア　石井

材料（2人分）
伊勢エビ（活）…1本
塩、白コショウ、オリーブ油…各少量
昆布ジュレ
├ 昆布…20g
├ 水…200cc
├ ゼラチン…3g
└ 塩（必要なら）…適量
カリフラワーのエスプーマ
├ ┌ カリフラワー…200g
├ A 牛乳…150cc
├ └ 生クリーム（乳脂肪分38％）…100g
└ エスプーマコールド…煮てピュレにしたAの8％量
ハーブやエディブルフラワー（ソレル、アリッサムなど）
　…各少量

1　伊勢エビは殻ごと縦半分に切り、ミソはとり出す。ミソはあぶって、焼いた香りを少しつけておく。

2　1の身を殻からとり出して、食べやすい大きさに切り、あぶったミソと和える。塩、コショウ、オリーブ油で味を調える。

3　昆布ジュレ：昆布と分量の水を合わせ、50～60℃に温め、20分ほどおいておく。

4　3から昆布をとり出し、ゼラチンを入れて混ぜ、漉す。味をみて、塩気が足りなければ塩を加えて調整し、冷蔵庫で冷やし固める。

5　カリフラワーのエスプーマ：Aを鍋に合わせて火にかけ、ゆっくり煮る。カリフラワーがやわらかくなったら、ミキサーにかけピュレにする。

6　5の重量の8％のエスプーマコールドを加え、エスプーマのサイフォンに入れておく。

7　伊勢エビの半身の殻に、6のエスプーマを絞り入れ、2をのせ、4の昆布ジュレをのせ、ハーブやエディブルフラワーを散らす。

※活けの伊勢エビには、身をかみしめるおいしさがある。殻に盛るのは、伊勢エビ本来の形が見えるようにすることで、命をいただいていることを忘れないようにとの意味もある。

アルゲーロ風　伊勢エビのカタラナ

ピコローレ・ヨコハマ　佐藤

材料(2人分)
伊勢エビ … 1本
塩 … 適量
A ┌ 塩、コショウ … 各適量
　│ レモン果汁 … 1/2個分
　└ オリーブ油 … 100cc
B ┌ トマト(縦に4つ割に切ったもの) … 1/2個分
　│ 赤玉ネギ(薄切りにし、水にさらす) … 1/2個分
　│ レモン(半月切り) … 2枚
　└ ルコラ … 20g

1　大きめの鍋にたっぷりの湯を沸かして1％の塩を加え、伊勢エビを入れ、沸いたら火を止めて、そのまま10分おく。

2　1から伊勢エビをとり出し、頭をはずし、ミソはとり出しておく。胴は殻ごと縦半分に切る。

3　エビのドレッシングを作る。2のエビミソをボウルに入れ、Aを加えて泡立て器で混ぜる。

4　2の伊勢エビは、殻から身をとり出して一口大に切り、Bの野菜とともに3のドレッシングで和え、器に盛り付ける。伊勢エビの頭の殻を飾る。

伊勢エビとアーティチョークのコンフィ　アーティチョークのピュレ添え

ピコローレ・ヨコハマ　佐藤

材料(2人分)
伊勢エビ … 1本
アーティチョーク … 1個
まろみ油(※) … 600cc
オリーブ油 … 200cc
A ┌ タイム … 3本
　│ 赤唐辛子 … 1本
　│ ローリエ … 1枚
　└ 塩 … 適量
アーティチョークのピュレ(※) … 適量

※まろみ油：金田油店のオリジナルブレンド油。綿実油、米油、ゴマ油、オリーブ油の4種のブレンド。
※アーティチョークのピュレ：玉ネギ、ニンニク、掃除したアーティチョークをすべて薄切りにし、オリーブ油で炒めた後、ひたひたの水を加えて煮る。ミキサーにかけて裏漉す。

1　伊勢エビは、殻ごとぶつ切りにする。

2　アーティチョークは掃除し、1個を8つ割に切る。

3　1と2を鍋に入れ、まろみ油とオリーブ油をひたひたに注ぐ。Aを加え、沸かさない程度の火加減で40分ほどゆっくり火を入れる。火からおろし、そのまま一晩浸けておく。

4　3を油ごと温めて、器に盛る。アーティチョークのピュレを添える。

伊勢エビ

伊勢海老葛打ち　殻だしスープ
伊勢エビの殻を、
玉ネギとともに煮出してとったスープに、
シンプルに火を入れた伊勢エビの身を合わせる。

伊勢海老　バター黄身焼き
伊勢エビの身に、卵黄を加えた
溶かしバターを塗りながら、やわらかく火を入れる。

（オマールエビ）

オマールエビと空豆　サフランのソース

オマールエビは部分によってゆで時間を変え、
火の入り方を調整している。
アサリだしをベースにしたサフランソースは
米で濃度をつけ、一体感を出している。

オマールエビとインゲン豆の煮込み

アストゥリアス地方の郷土料理。
スペインでは青っぽい豆は、
魚介とともに煮込むことが多い。

伊勢海老葛打ち　殻だしスープ
賛否両論　笠原

材料（4人分）
伊勢エビ … 2本
玉ネギ … 1個
白菜 … 適量
サラダ油 … 大さじ1
A ┌ 水 … 1ℓ
　│ 酒 … 200cc
　└ だし昆布 … 5g
薄口醤油 … 少量
みりん … 少量
塩 … 少量
片栗粉 … 適量
万能ネギ（小口切り）… 少量
黄柚子 … 少量
黒コショウ … 少量

1　玉ネギは薄切りにし、白菜はざく切りにしておく。

2　伊勢エビはさばき、殻から身をとり出す。殻はぶつ切りにする。

3　鍋にサラダ油をひき、**1**の玉ネギと**2**の殻を入れて炒める。香りが立ってきたらAを入れ、中火で30分煮る。殻を木ベラでつぶす。

4　**3**を漉して鍋に戻し、薄口醤油、みりんで味を調える。**1**の白菜を入れ、さっと煮る。

5　**2**の伊勢エビの身を一口大に切って塩をふり、片栗粉をまぶす。沸いた湯にさっと入れて、引き上げる。

6　**4**を器に入れて、**5**をのせる。万能ネギをのせ、すりおろした柚子皮と黒コショウを散らす。

伊勢海老　バター黄身焼き
賛否両論　笠原

材料（2人分）
伊勢エビ … 1本
グリーンアスパラガス … 2本
シイタケ … 4枚
揚げ油 … 適量
バター … 20g
A ┌ 卵黄 … 2個
　│ 塩 … 少量
　└ みりん … 少量

1　伊勢エビは殻ごと縦半分に切り、殻から身をとり出す。殻はゆでて、火を入れておく。

2　アスパラガス、シイタケは一口大に切り、170℃の油で素揚げする。

3　バターを溶かし、Aを加えて混ぜ合わせる。

4　**1**の伊勢エビの身を一口大に切り、**2**のシイタケとともに**1**の殻に詰め、**3**を途中で2、3回塗りながら、サラマンダーで焼き目がつくまで焼く。

5　器に盛り、**2**のアスパラガスを添える。

オマールエビと空豆 サフランのソース
Hiroya 福嶌

材料(2人分)
オマールエビ(活)…1本
ソラ豆…適量
豆苗…適量
塩、コショウ、レモン果汁…各適量
生姜(みじん切り)、ニンニクのピュレ(p.258参照)…各適量
バター、オリーブ油…各適量
アサリのだし(p.83参照)…適量
ソース
  ┌ エシャロット(みじん切り)…適量
  │ 米…適量
  │ アサリのだし(p.83参照)…適量
  │ サフラン…少量
  └ オリーブ油、塩…各適量

1 ソース：鍋にオリーブ油をひいて、エシャロットを炒める。洗っていない米とサフランを入れて炒め、アサリのだしを加え、米に火が入るまで煮る。ミキサーにかけて、裏漉し、塩で味を調える。

2 ソラ豆は塩ゆでして薄皮をむき、何粒か残して、残りはアサリのだしを少量加えて粗くつぶし、塩、コショウ、生姜、ニンニクのピュレ、オリーブ油で味つける。

3 鍋に多めの湯を沸かし、生きたオマールを入れる。1分経ったら引き上げ、腕(鋏脚)をはずす。腕以外の部分は氷水に浸ける。腕は再び湯に戻して更に1分ゆでて、湯から引き上げ、胴につながっていた節の部分とハサミの部分とに分ける。胴につながっていた節は包丁の背などで軽くたたいた後、氷水に浸ける。ハサミはもう一度湯に戻し、更に1分ゆでて引き上げ、包丁の背などでたたいて、氷水に浸ける。

4 3のオマールの身を、すべて殻からとり出す。頭の部分にあるコライユもとり出しておく。

5 フライパンにオリーブ油とバターを入れて火にかけ、軽い焦がしバターにしたところに、軽く塩をした4のオマールの身を入れてさっと表面を焼き、オーブンに移してまわりの油もかけ、ちょうどよく火を入れる。コライユも別鍋に入れて火にかけ、軽く火を入れておく。

6 豆苗は、オリーブ油で軽く炒め、塩とレモン果汁で味を調える。

7 器に1のソースを入れ、5のオマールの身とコライユ、2のつぶしたソラ豆、粒のままのソラ豆、6の豆苗を盛り付ける。

※腕の節やハサミの部分は、氷水に浸ける前に包丁の背などで軽くたたいておくと、身が殻からきれいにはずせる。そのまま浸けてしまうと、身が殻に付着してしまう。
※ハサミの部分は最初にしっかり火を入れないと、軟骨がとりづらい。

オマールエビとインゲン豆の煮込み
アルドアック 酒井

材料(6〜8人分)
オマールエビ…1本
青インゲン豆(※乾燥)…500g
オリーブ油…10cc
ニンニク(みじん切り)…1粒分
玉ネギ(みじん切り)…150g
ブランデー…適量
ローリエ…1枚
トマトソース(p.231参照)…30g
パプリカパウダー…10g
塩…適量

※青インゲン豆：白インゲン豆の、未熟なもの。普通のインゲン豆より早く火が入る。なければ青大豆などで代用するとよい。

1 青インゲン豆は、水に一晩浸けて戻しておく。オマールエビは腕を切りとり、頭部と胴を切り分けてから、頭部は縦半分に切り、胴はぶつ切りにする。

2 鍋にオリーブ油をひき、ニンニクと玉ネギを炒める。香りが出たら、1のオマールエビを入れて炒め、ブランデーをふる。アルコールが飛んだら1のインゲン豆と、インゲン豆を浸けていた水1.5ℓを加え、ローリエを入れ、蓋をして弱火で煮込む。

3 豆がだいたいやわらかくなったらトマトソース、パプリカパウダー、塩を加えて軽く煮る。

オマールエビの米料理
ガリシア地方の米料理。
少し水分を残すのが特徴。

オマールエビのリゾット風
旨みの強いオマールエビに、
アスパラガスを加えてリゾット風に。

燻製パプリカ風味
オマールエビのグーラッシュ

北イタリアの、肉で作る煮込み料理を
オマールでアレンジ。
燻製パプリカやリンゴを加えて作る、
ソースがおいしい。

オマール海老のパピヨット

身がしっかりとしたオマールエビは、
蒸し焼きなどの長時間加熱にむいている。
縮んだりパサつくこともなく身に味が入り、
また、頭のミソや脚から出た味が
ソースにも移り、味が深まる。

オマールエビの米料理

アルドアック　酒井

材料(2人分)
オマールエビ … 1/2本(縦半分に切り分けたもの)
イカ(※) … 20g
米(洗わずに) … 80g
オリーブ油 … 10cc
ニンニク(みじん切り) … 1/2粒分
玉ネギ(みじん切り) … 20g
A ┌ トマトソース(p.231参照) … 10g
　├ パプリカパウダー … 5g
　├ サフラン … 少量
　└ 魚のスープ(p.214参照) … 750cc
塩 … 4g

※イカは味を出すために加えている。何イカでもよい。

1　パエリア鍋にオリーブ油をひき、ニンニクと玉ネギを炒める。殻ごと食べやすい大きさに切り分けたオマールエビと、イカを加えて炒める。

2　1にAを加えて強火にする。沸いたら米と塩を加え、再び沸いたら中火にして13分煮て、弱火で更に5分煮る。仕上げに蓋をして3分蒸らす。

オマールエビのリゾット風

Hiroya　福嶌

材料(作りやすい量)
オマールエビ(活) … 1本
米 … 適量
オリーブ油 … 適量
ニンニク … 適量
ブランデー … 適量
グリーンアスパラガス(小口切り) … 1/2本分
ホワイトアスパラガス(小口切り) … 1/2本分
サフラン … 少量
無塩バター、塩 … 各適量
レモン果汁 … 少量
パルミジャーノ・レッジャーノ・チーズ(すりおろし)
　… 適量

1　鍋に多めの湯を沸かし、生きたオマールを入れる。1分経ったら引き上げ、腕(鋏脚)をはずす。腕以外の部分は氷水に浸ける。腕は再び湯に戻して更に1分ゆでて、湯から引き上げ、胴につながっていた節の部分とハサミの部分とに分ける。胴につながっていた節は包丁の背などで軽くたたいた後、氷水に浸ける。ハサミはもう一度湯に戻し、更に1分ゆでて引き上げ、包丁の背などでたたいて、氷水に浸ける。

2　1のオマールの身を、すべて殻からとり出す。頭の部分にあるコライユもとり出しておく。コライユは鍋に入れて火にかけ、軽く火を入れておく。

3　2のオマールの殻をハサミで粗く切る。鍋にオリーブ油とニンニクを入れて熱したところに殻を入れ、しっかり炒める。焼き目がついたらブランデーを加え、焼きついた部分をこそげ落とし、水をひたひたに加えて20分ほど煮出し、漉す。

4　別鍋にオリーブ油をひき、米とサフランを入れて炒め、3のだしを加えて煮る。仕上がりぎわにグリーンアスパラガスとホワイトアスパラガスを加える。

5　4の米を煮ている間に、フライパンにバターを溶かし、軽く塩をしたオマールの胴の身、節の身、ハサミの身の順に、時間差をつけて入れ、軽く焦げ目ができるまで火を入れる。仕上げにレモン果汁を少量加えてからめる。

6　4が煮えたら器に盛り付け、2のコライユを散らし、パルミジャーノ・チーズをかけ、5のオマールの身をのせる。

※腕の節やハサミの部分は、氷水に浸ける前に包丁の背などで軽くたたいておくと、身が殻からきれいにはずせる。そのまま浸けてしまうと、身が殻に付着してしまう。
※ハサミの部分は最初にしっかり火を入れないと、軟骨がとりづらい。

燻製パプリカ風味
オマールエビのグーラッシュ

ピコローレ・ヨコハマ　佐藤

材料(2人分)
オマールエビ … 1本
A ┌ ニンニク(みじん切り) … 1/2粒分
　├ ニンジン(薄切り) … 1/2本分
　├ セロリ(薄切り) … 2本分
　├ 玉ネギ(薄切り) … 1/2個分
　└ ローリエ … 1枚
オリーブ油 … 適量
トマトペースト … 小さじ1
燻製パプリカパウダー(市販) … 適量
ビスク(p.284参照) … 適量
無塩バター … 小さじ1
ブランデー … 30cc
リンゴのピュレ(作りやすい量)
　┌ リンゴ(皮をむいて薄切り) … 1個分
　├ グラニュー糖、白ワイン … 各適量
　└ シナモン棒 … 2g
　*鍋にすべてを合わせて煮る。リンゴがやわらかくなったら
　シナモンをとり出し、残りをすべてミキサーにかける。
生クリーム … 少量
カブ(皮をむいて一口大のくし形に切り、ゆでて、
　バターソテーしたもの) … 適量
パプリカパウダー … 適量

1 鍋にオリーブ油をひき、Aを入れて炒める。しんなりしたら、トマトペースト、燻製パプリカパウダーを加えて更に炒める。

2 1にビスクを入れ、10分ほど煮る。ローリエをとり除き、残りをすべてミキサーにかける。

3 オマールエビを、殻付きのままぶつ切りにする。

4 鍋にバターを入れ、3のオマールエビを入れてソテーする。ブランデーをふって香りをつけた後、2を入れ、3分ほど煮る。

5 4からオマールをとり出し、鍋のほうにリンゴのピュレ適量とバター適量(分量外)、生クリーム少量を加えてソースの味を調える。

6 5のオマールとソースを皿に盛り、カブを添え、パプリカパウダーをふりかける。

オマール海老のパピヨット

シンシア　石井

材料(2人分)
オマールエビ(ブルターニュ産) … 1本
野菜
A ┌ タルティーボ、プルロット、菜花、ロマネスコ、
　├ 五郎島金時、オレンジカリフラワー、ニンジン、
　└ 黒大根 … 各適量
塩、コショウ、薄力粉、オリーブ油 … 各適量
無塩バター … 15g
フォンブラン … 150cc
アメリケーヌソース … 50cc
ハーブ(セルフィーユとイタリアンパセリのみじん切り) … 適量
・カルタファタ(耐熱フィルム) … 2枚

1 オマールエビは、殻ごと縦半分に切り、砂袋をとる。身の部分に塩、コショウ、薄力粉をふり、オリーブ油をひいたフライパンに、身側を下にして入れてソテーする。軽く色づいたら裏返し、殻側も少しソテーして、とり出しておく。

2 1のオマールをとり出したあとのフライパンに、バターとAの野菜を入れて熱する。バターがなじんだら、フォンブラン、アメリケーヌソースの順に加え、最後にハーブを加える。

3 1のオマールと2を、1人分ずつ合わせてカルタファタで包み、200℃のオーブンで7分ほど加熱する。

（桜エビ）

桜海老のサブレと白魚
焼いた桜エビを加えた生地でサブレを作り、
桜エビのフリットをのせた。
桜エビの香ばしさとバランスをとるために、
同じ季節に出回る菜の花と白魚も合わせている。

桜エビ

ぎんなん餅、桜海老とからすみ

相性のいいエビとギンナンの組み合わせ。
ギンナンの餅のような食感とよく合う、
からすみも合わせた。

桜海老のエスカルゴバターご飯

人気のある締めのご飯のひとつ。
サクサクの桜エビに、フレンチの要素である
エスカルゴバターを合わせ、
白いご飯にのせている。
食べるときに全体を混ぜ合わせる。

香菜を練り込んだタリオリーニ 桜エビのアーリオ・オーリオ・エ・ペペロンチーノ

桜エビと香菜が、新鮮でおいしい組み合わせ。
唐辛子とニンニクをきかせて。

えび・かに・いか・たこ料理バリエーション

桜海老のサブレと白魚
シンシア　石井

材料
桜エビのサブレ（作りやすい量）
- 桜エビ（生）… 40g
- A
  - 粉糖 … 27g
  - 薄力粉 … 180g
  - 無塩バター … 152g
  - パルミジャーノ・レッジャーノ・チーズ（すりおろし）… 25g

桜エビ、白魚、菜の花 … 各適量
菊の花びら … 適量
セモリナ粉、薄力粉 … 各適量
塩、コショウ … 各適量
揚げ油 … 適量

1 桜エビのサブレ：桜エビはオーブンで焼いて少し水分を飛ばし、香りを出した後、ロボクープで細かく砕く。

2 1にAを加えながら更に攪拌し、生地を作る。

3 2の生地を薄くのばし、小さなタルト型に敷き込む。180℃のオーブンで、5〜8分焼く。型からはずして冷ましておく。

4 上に盛る桜エビは、セモリナ粉をまぶして油で揚げる。

5 菜の花はゆでて、細かく刻む。白魚は薄力粉をつけてさっと揚げ、菜の花と合わせ、塩、コショウで和える。

6 3の中に5を詰めて、4をのせ、菊の花びらを散らす。

ぎんなん餅、桜海老とからすみ
Hiroya　福嶌

材料
ギンナン … 適量
桜エビ … 適量
からすみ（自家製。細切り）… 適量
エンダイブ … 少量
パセリのソース（ローストしたニンニク、ピーナッツ、パセリ、オリーブ油を合わせてミキサーにかけ、裏漉す）… 適量
オリーブ油、塩、黒七味、レモン果汁 … 各適量
揚げ油 … 適量

1 ギンナンは殻をむき、多めのオリーブ油をひいたフライパンで煎る。薄皮をむき、フードプロセッサーにかけて粗く砕く。

2 1をラップフィルムで包んで細長く形を整える。

3 揚げ油を、煙が出るくらいまで高温に熱し、桜エビを入れて揚げ、油を切って塩と黒七味をふる。

4 エンダイブはちぎり、塩、レモン果汁を加えて和える（全体のバランスをとるため、酸味は強めにきかせる）。

5 器にパセリのソースを敷き、2を盛り、3の桜エビとからすみをのせ、塩、黒七味をふる。4のエンダイブを添える。

桜海老のエスカルゴバターご飯
シンシア　石井

材料（1人分）
米（といだもの）… 40g
水 … 48g
桜エビ（生）… 10g
A ┌ セモリナ粉 … 30g
　├ 強力粉 … 30g
　└ ＊合わせておく。
揚げ油 … 適量
タケノコ（ゆでたもの）… 少量
木の芽 … 少量
エスカルゴバター（作りやすい量）
┌ パセリ（葉のみ）… 50g
├ 無塩バター（常温に戻しておく）… 450g
├ ニンニク（みじん切り）… 20g
├ エシャロット（みじん切り）… 50g
├ オリーブ油 … 適量
│ B ┌ アーモンドプードル … 20g
│ 　├ 塩 … 10g
└ 　└ 白コショウ … 3g

1 エスカルゴバター：①鍋にオリーブ油をひき、ニンニクとエシャロットを入れて、ゆっくり火を入れ、冷やしておく。②ロボクープにパセリを入れてまわし、緑色の色素がにじみ出てきたら①を加え、バターを加えて更にまわし、Bを加える。

2 といだ米と分量の水を、小さなストウブ鍋に入れて30分ほどおいた後、火にかける。沸いたら、180℃のオーブンに入れて11分加熱し、オーブンからとり出して5分ほど蒸らす。

3 桜エビはAの粉で和えて、180℃の油で3分ほど揚げる。

4 タケノコは薄切りにして、バーナーであぶる。

5 **2**のご飯の上に、**3**の桜エビ、**1**のエスカルゴバター適量をのせ、**4**のタケノコと木の芽を散らす。

香菜を練り込んだタリオリーニ 桜エビのアーリオ・オーリオ・エ・ペペロンチーノ
ピコローレ・ヨコハマ　佐藤

材料（1人分）
タリオリーニ（作りやすい量。約15人分）※1人分60gを使用。
┌ 小麦粉（ルルロッソ。北海道産）… 600g
│ A ┌ 香菜 … 90g
│ 　├ 全卵 … 2個（107g）
│ 　├ 水 … 100g
│ 　├ 塩 … 適量
└ 　└ オリーブ油 … 適量
ニンニク（みじん切り）… 小さじ1/5
赤唐辛子（粗みじん切り）… ひとつまみ
桜エビ（生）… 30g
香菜（みじん切り）… 10g
パン粉（オリーブ油で炒めておく）… 50g
塩、オリーブ油 … 各適量

1 タリオリーニ：①Aを合わせてミキサーにかける。②①をボウルに移し、小麦粉を加えて練り、生地を作る。真空用袋に入れて真空にし、冷蔵庫で一晩おく。③パスタマシーンでのばし、タリオリーニの幅に切る。

2 塩を入れた湯で、**1**を60gゆでる。

3 フライパンにオリーブ油をひき、ニンニク、赤唐辛子を入れて火にかける。軽く色づいたら生の桜エビを入れて炒める。

4 **3**に、ゆで上がった**2**のタリオリーニとゆで汁を適量加え、ソースが乳化するように和える。途中で香菜を加える。器に盛り、香菜（分量外）をのせる。炒めたパン粉を散らす。

さくら海老　春巻きおこげ
（天下第一菜）
<small>ティンシャーディ イーツァイ</small>

香ばしく揚げた春巻きの皮に、桜エビとソラ豆、
うるいを合わせて熱したあんを、ジュッとかけて。

桜海老とせりの炊き込みご飯

ご飯は昆布だしと薄口醤油、酒で炊き、
蒸らしのときに桜エビを加える。

さくら海老醤　青菜炒め
(櫻虾醤炒青菜)

エビ油で、桜エビと生姜を香ばしく炒めて醤を作った。
シンプルな炒め物に使うと、旨みが活きる。

桜海老とにんじんのかき揚げ

揚げると香ばしさが加わって、
おいしさが増す桜エビに、
ニンジンの甘みをプラス。

さくら海老　春巻きおこげ（天下第一菜ティンシャーディイーツァイ）

麻布長江 香福筵　田村

材料（2人分）
桜エビ（生）… 40g
A ┌ 清湯チンタン（中国料理の澄んだスープ）… 300cc
　├ 酒 … 大さじ1
　├ 塩 … 2g
　└ 醤油 … 8g
ソラ豆（むき実）… 12粒
うるい（4cm幅に切る）… 40g
水溶き片栗粉 … 大さじ2
酢 … 小さじ1
春巻きおこげ（下記参照）… 春巻きの皮4枚分
揚げ油 … 適量

1　生桜エビをさっとゆでる。

2　鍋にAとソラ豆、うるい、**1**の桜エビを入れて軽く煮る。

3　**2**に水溶き片栗粉を入れ、とろみをつける。最後に酢を加え、深い器に注ぐ。

4　春巻きおこげを180℃の油で香ばしく揚げ、熱しておいた土鍋に入れる。

5　客前に**4**の土鍋を運び、**3**の桜エビあんを注ぎ入れ、ジュッと音を立たせる。

春巻きおこげ

1　春巻きの皮（四角）を、16等分の小さな正方形に切り分ける。

2　**1**の小さな正方形の角を手前にしておき、くるくると巻いて、縁に溶き卵をつけてとめる。

桜海老とせりの炊き込みご飯

賛否両論　笠原

材料（作りやすい量）
米 … 3合
A ┌ 昆布だし … 450cc
　├ 薄口醤油 … 45cc
　└ 酒 … 45cc
桜エビ（生）… 150g
セリ … 5本
白ゴマ … 少量

1　米はといで、ザルに上げておく。

2　桜エビは、水をはったボウルに入れ、箸でかき混ぜてヒゲをとる。水気をふきとる。

3　セリは小口切りにする。

4　土鍋に**1**の米とAを入れて炊く。最後の蒸らしのときに、**2**を散らして火を入れる。

5　仕上げに**3**のセリと白ゴマをふる。

さくら海老醤　青菜炒め（櫻蝦醬炒青菜）

麻布長江 香福筵　田村

材料（2人分）
青菜（好みのもの）… 100g
桜エビ（生）… 15g
コーンスターチ… 適量
揚げ油… 適量
桜エビ醤（写真1）… 25g
┌ エビ油（※）… 適量
│ 桜エビ（生）… 適量
└ 生姜（みじん切り）… 少量
┌ 清湯（中国料理の澄んだスープ）… 40cc
A│ 酒… 大さじ1
└ 塩… 少量
塩、サラダ油… 各少量
エビ油（※）… 大さじ1

※エビ油：エビの殻と米油（サラダ油や大豆油でもよい）を鍋に合わせ、弱火で煮て、エビの香りと旨みを移したもの。

1　青菜を4〜5cm幅に切る。

2　桜エビ醤を作る。エビ油を鍋に入れて火にかけ、生桜エビと生姜を入れて香ばしく炒める。フードプロセッサーにかけてペースト状にする。

3　たっぷりの湯に塩、サラダ油を少量加え、青菜を入れてさっとゆでて、水気を切る。

4　鍋に少量のサラダ油と**2**の桜エビ醤25gを入れ、弱火で炒める。Aを加えて沸騰させ、**3**の青菜を入れて強火で炒める。仕上げにエビ油大さじ1を加え、器に盛る。

5　生桜エビにコーンスターチをまぶし、160℃の油でカリッと揚げる。**4**の青菜の上に散らす。

桜海老とにんじんのかき揚げ

賛否両論　笠原

材料（4人分）
桜エビ（生）… 150g
ニンジン… 1/2本
ミツバ… 3本
薄力粉… 適量
┌ 卵黄… 2個
A│ 水… 100cc
└ ＊混ぜ合わせる。
揚げ油… 適量
塩… 少量
スダチ（半分に切る）… 1個分

1　桜エビは、水をはったボウルに入れ、箸でかき混ぜてヒゲをとる。水気をふきとる。

2　ニンジンはマッチ棒状に切る。ミツバは3cm長さに切る。

3　**1**、**2**をボウルに入れ、薄力粉を加え、全体をほぐしながら混ぜる。

4　**3**にAを少しずつ加え、まとまる固さにする。

5　**4**を適量ずつとり、170℃に熱した油に、形を整えながら入れて揚げる。器に盛り、塩、スダチを添える。

（川エビ）

川海老強火炒め　杭州伝統式
（油爆虾）
　　ヨウバオシャー

高温の油で揚げた川エビを、
調味料とともに強火で炒めながら、
甘辛い味をからめる。
杭州の伝統料理。

川エビ

川海老　とろける白菜煮込み
（虾仁烂煳白菜）
シャーレンランフーパイツァイ

毛湯と白湯を合わせた中で、
白菜をとろとろになるまで煮込み、
川エビを加える。

川海老　餅団子　酒醸煮込み
（酒醸圓子焼河虾）
ジュウニャンユアンズシャオフーシャー
　　　　　　　　　　チューニャン

日本の甘酒に似た、中国の発酵調味料である酒醸の、
コクのある甘みがきいた炒め物。

川海老強火炒め 杭州伝統式（油爆虾 ヨウバオシャー）

麻布長江 香福筵 田村

材料（8人分）
川エビ（テナガエビ※写真1）… 400g
揚げ油 … 適量
A ┌ サラダ油 … 大さじ1
  │ 花椒ホワジャオ（中国山椒）… 大さじ1/2
  └ タカノツメ（輪切り）… 大さじ1
B ┌ 紹興酒 … 大さじ4
  │ 毛湯マオタン（中国・四川料理のガラスープ）… 100cc
  │ 醤油 … 大さじ2
  └ 三温糖 … 大さじ1

※ここで使用した川エビは、テナガエビ科のエビ。淡水に生息し、鋏脚（第2歩脚）がひじょうに長いのが特徴。

1　川エビの長いヒゲをとり除く。

2　1を200℃の油で30秒ほど揚げる。

3　油をあけた鍋にAを入れ、弱火で熱して香りを出す。Bを加える。

4　2の川エビを3の鍋に戻し入れ、強火で水分がなくなるまで炒める。

5　完全に水分がなくなったら、器に盛り付ける。

川海老 とろける白菜煮込み
（虾仁烂糊白菜）
シャーレンランフーパイツァイ

麻布長江 香福筵　田村

材料（4人分）
川エビ（テナガエビ。p.122参照）… 400g
白菜（繊維を断ち切るように細切りにする）… 100g
豚バラ肉（細切り）… 60g
サラダ油 … 少量
A ┌ 毛湯（中国・四川料理のガラスープ）… 400cc
　└ 白湯（中国料理の白濁スープ）… 100cc
紹興酒 … 大さじ1
B ┌ 塩 … 少量
　│ 酒 … 少量
　│ 卵白 … 1/2個分
　└ 片栗粉 … 少量
大豆油またはサラダ油（油通し用）… 適量
C ┌ エビ油（※）… 大さじ1
　└ 長ネギ（みじん切り）… 大さじ1
毛湯 … 50cc
塩 … 1g
水溶き片栗粉 … 大さじ1+大さじ2

※エビ油：エビの殻と米油（サラダ油や大豆油でもよい）を鍋に合わせ、弱火で煮て、エビの香りと旨みを移したもの。

1 鍋にサラダ油を少量ひき、豚肉を炒める。Aと白菜、紹興酒大さじ1を入れ、蓋をして弱火で煮込む（白菜がとろけるくらいまで）。

2 殻をむいた川エビに、Bで下味をつける。

3 2の川エビをさっと油通しする。

4 油をあけた鍋にCを入れて炒め、毛湯50ccを注ぎ、3の川エビを戻し入れる。塩1gで調味し、水溶き片栗粉大さじ1でまとめる。

5 1の白菜煮を少量の塩（分量外）で調味し、水溶き片栗粉大さじ2でとろみをつける。

6 5を器に盛り、中央に4の川エビを盛る。

川海老 餅団子 酒醸煮込み
（酒醸圓子焼河虾）
ジュウニャンユアンズ シャオフォーシャー

麻布長江 香福筵　田村

材料（4人分）
川エビ（テナガエビ。p.122参照）… 200g
金針菜 … 10本
餅団子
　┌ 白玉粉 … 40g
　└ 水 … 40g
A ┌ エビ油（※）… 大さじ2
　└ 長ネギ（みじん切り）… 大さじ1
B ┌ 毛湯（中国・四川料理のガラスープ）… 150cc
　│ 酒醸（※）… 50g
　│ 三温糖 … 15g
　│ 塩 … 4g
　└ 米酢 … 30g
揚げ油 … 適量

※エビ油：エビの殻と米油（サラダ油や大豆油でもよい）を鍋に合わせ、弱火で煮て、エビの香りと旨みを移したもの。
※酒醸：もち米と麹を発酵させて作る、中国の天然調味料。

1 餅団子：白玉粉に同量の水を加えて練り、小指の爪ほどの大きさに丸める。沸騰湯に入れてゆでる。

2 川エビの長いヒゲをとり除き、200℃の油で揚げる。

3 油をあけた鍋にAを入れ、弱火で炒める。香りが出たら、Bを加える。

4 3に2の川エビを戻し入れ、軽く煮詰める。1の餅団子と金針菜を入れて炒める。

(エビ卵〈虾子〉)

海老卵　和え麺（虾子拌面）
エビの卵を乾燥させた中華食材虾子は、
料理に旨みを加える優秀な調味料。

海老卵　豆腐煮込み
（虾子锅塌豆腐）
こちらは虾子をシンプルな豆腐煮込みに使い、
旨みを加えた。

かに（ズワイガニ）

ズワイ蟹団子のスープ仕立て
（清湯綉球蟹）
<small>チンタンシュウチュウシェ</small>

エビのすり身のまわりに、
カニのほぐし身をたっぷりとつけて団子にし、
カニだしを加えたスープを合わせて。

蟹真薯椀

味つけやつなぎは最小限にし、
カニの味と食感を活かす。

海老卵 和え麺 (虾子拌面)
麻布長江 香福筵　田村

材料(1玉分)
中華細麺 … 1玉
A ┌ 葱油(ネギの香りを移した香味油) … 大さじ3
　├ 生姜(みじん切り) … 小さじ1
　└ 虾子(※エビ卵) … 10g
B ┌ 塩 … 1g
　├ 醤油 … 7g
　└ 酢 … 4g
万能ネギ(みじん切り) … 適量
※虾子:エビの卵を乾燥させた、中国料理食材。

1 中華細麺をゆでる。しっかりと水気を切り、ボウルに入れる。

2 鍋にAを入れて弱火で炒め、香りを出す。油ごと1のボウルに入れ、更にBを加えて和える。

3 器に盛り、万能ネギを散らす。

海老卵 豆腐煮込み (虾子锅塌豆腐)
麻布長江 香福筵　田村

材料(2〜3人分)
木綿豆腐 … 1丁
卵 … 1個
薄力粉 … 50g
揚げ油 … 適量
A ┌ 葱油(ネギの香りを移した香味油) … 大さじ2
　├ 生姜(みじん切り) … 小さじ1
　└ 虾子(※エビ卵) … 8g
B ┌ 紹興酒 … 大さじ2
　└ 清湯(中国料理の澄んだスープ) … 200cc
C ┌ 塩 … 1g
　├ 三温糖 … 2g
　└ 醤油 … 2g
水溶き片栗粉 … 少量
※虾子:エビの卵を乾燥させた、中国料理食材。

1 木綿豆腐を4cm×4cm×1.5cm厚さに切る。

2 割りほぐした卵と薄力粉を、それぞれバットなどに入れておく。

3 1の豆腐を2の薄力粉、卵の順につけ、160℃の油に入れて表面を揚げ固める。

4 すべての豆腐を揚げたら油をあけて鍋をきれいにし、Aを入れて、弱火で焦がさないように炒め、香りを出す。Bを注ぎ、揚げた豆腐を戻し入れる。

5 4にCを加え、弱火で3分煮る。水溶き片栗粉を少量入れてからめ、仕上げる。

ズワイ蟹団子のスープ仕立て（清汤绣球蟹 チンタンシュウチュウシェ）

麻布長江 香福筵　田村

材料（8人分）
ズワイガニ（塩ゆでし、殻からとり出してほぐした身）… 200g
エビのすり身
├ エビ（むき身）… 125g
├A┬ 豚背脂（ミンチ）… 50g
│ └ 卵白 … 1/3個分
├ ┬ 紹興酒 … 5g
│ │ 日本酒 … 5g
│ │ コショウ … 少量
├B┤ 塩 … 1g
│ │ 砂糖 … 1g
│ │ 醤油 … 2g
│ │ 清湯（中国料理の澄んだスープ チンタン）… 10cc
│ └ エビ油（※）… 5g
└ 片栗粉 … 3g
C┬ 清湯 … 600cc
 └ カニだし（p.131参照）… 600cc
塩 … 少量

※エビ油：エビの殻と米油（サラダ油や大豆油でもよい）を鍋に合わせ、弱火で煮て、エビの香りと旨みを移したもの。

1　エビのすり身を作る。むきエビは包丁の背でたたき、粗みじん切りにする。ボウルに入れ、AとBを入れて一定方向に練る。ある程度まとまったら片栗粉を加え、粘りが出るまでしっかりと練る。冷蔵庫に入れて、締めておく。

2　**1**のすり身を8等分して丸める。まわりにカニのほぐし身をまぶし、5分ほど蒸す。

3　Cを合わせて鍋に入れ、少量の塩で味を調える。

4　器に**2**を1個ずつ入れ、**3**のスープを適量注ぐ。

蟹真薯椀

賛否両論　笠原

材料（8人分）
ズワイガニ … 1パイ
片栗粉 … 少量
真薯地（作りやすい量）
├ 白身魚のすり身 … 1kg
├ 煮切り酒 … 450cc
├ 卵白 … 1個分
└ 塩 … 少量
＊すり鉢（またはフードプロセッサー）で、すり混ぜる。

ウド … 50g
黄柚子皮 … 少量
九条ネギ … 1本
吸い地（※）… 適量

※吸い地：一番だし1ℓ、酒大さじ2、薄口醤油小さじ2、粗塩小さじ1/2を合わせてひと煮立ちさせる。

1　カニは蒸す。殻から身をとり出してほぐし、片栗粉を少量まぶして、適量の真薯地と合わせ、適当な大きさの丸にとる。蒸して火を入れる。

2　ウドは針ウドにして、水にさらす。黄柚子皮はあられに切る。

3　九条ネギは5cm長さに切り、吸い地でさっと炊いておく。

4　椀に**1**を1個ずつ入れて**3**の九条ネギを添え、吸い地を注ぎ、**2**をのせる。

ずわい蟹の昆布締め
生のカニの身に、
ほんのりと昆布の風味をのせて。

蛍烏賊と独活、
ずわい蟹の木の芽酢味噌掛け
春先が旬の北海道のズワイガニに、同じ
春の素材で相性のいいホタルイカとウドを合わせた。

蟹玉子豆腐　蟹だしジュレ
カニの身をたっぷり加えて作る玉子豆腐に、
カニだしで作ったジュレをかけて。

ズワイ蟹　紹興酒風味の卵蒸し
（花雕芙蓉蒸蟹）
ファーディオ フーロン ジョンシェ

紹興酒を加えたカニだしを使って作る、
なめらかな茶碗蒸し。

芳蟹と翡翠銀杏豆腐
しっとりとした豆腐とカニの身に、
ギンナンのもちもちとした食感が、
いいアクセント。

ずわい蟹の昆布締め
うぶか　加藤

材料(作りやすい量)
ズワイガニ(活)…1パイ
昆布…適量
塩…少量
酒…少量
マイクロクレソン…少量

1　ズワイガニの身を殻からとり出し、塩と酒をふる。
2　1を昆布で挟み、軽く重しをして冷蔵庫に半日おく。
3　ズワイガニの甲羅に戻した昆布を敷いて2のカニの身をのせ、マイクロクレソンをのせる。

※カニの甲羅は、カニミソ入りで蒸し、カニミソをとり出したあとに、洗って乾かしたもの。

蛍烏賊と独活、ずわい蟹の木の芽酢味噌掛け
うぶか　加藤

材料(1人分)
ズワイガニ(ミソが入った甲羅をはずして残りの部分を塩ゆでし、殻からとり出した身※)…30g
ホタルイカ…2ハイ
ウド…30g
木の芽味噌(※)…5g
米酢、塩、甘酢…各適量
ウドの葉(素揚げしたもの)…少量

※「うぶか」では、大きなカニは身とミソを分けて火入れしている。
※木の芽味噌:木の芽をすり鉢ですり、玉味噌を少しずつ加えながら、すり混ぜる。

1　ホタルイカは塩ゆでし、目、口、軟骨を掃除する。
2　ウドは皮をむき、酢水に浸けた後、酢と塩を少量加えた湯でゆでる。水気を切り、甘酢に浸けておく。
3　ズワイガニの身、1のホタルイカ、2のウドを器に盛り、木の芽味噌をかけ、素揚げしたウドの葉を添える。

蟹玉子豆腐　蟹だしジュレ
賛否両論　笠原

材料(8人分)
ズワイガニ…1パイ
塩…適量
A［水…800cc／酒…100cc／だし昆布…5g／薄口醤油…大さじ2／長ネギ(青い部分)…1本分／みりん…大さじ2／塩…少量］
ゼラチン…4.5g
卵…3個
B［だし…150cc／薄口醤油…少量／みりん…少量］
生姜(すりおろし)…10g
芽ネギ…少量

1　カニは塩ゆでし、殻から身をとり出してほぐす。
2　1の殻とAを鍋に入れて火にかけ、中火で30分煮て漉し、カニだしをとる。
3　2のだし360ccに、ふやかしたゼラチンを入れて煮溶かし、鍋底を氷水にあてて冷やし固める。
4　卵を溶き、Bと混ぜ合わせてザルで漉す。

5 1のカニの身と4を合わせて流し缶に入れ、蒸し器に入れて、弱火で15分ほど蒸して固める。冷蔵庫で冷やしておく。

6 5を食べやすい大きさに切り分けて、器に盛り、3のジュレをかけ、おろし生姜と芽ネギをのせる。

ズワイ蟹　紹興酒風味の卵蒸し
（花雕芙蓉蒸蟹）

麻布長江　香福筵　田村

材料（2人分）

ズワイガニ（脚。まるごと塩ゆでしたカニから脚を切りとり、殻から身をとり出しておく）… 2本分

卵 … 100g

A ┌ カニだし（下記参照）… 200cc
　│ 清湯（中国料理の澄んだスープ）… 80cc
　│ 紹興酒 … 20cc
　└ 塩 … 1.5g

ズワイガニのカニミソ（塩ゆでしたカニからとり出したもの）
　… 適量

キャビア … 適量

1 ボウルにAを入れ、漉した溶き卵を加え、泡立てないようによく混ぜる。

2 器に1の卵液を流し入れ、弱火で10分ほど蒸す。卵液が固まったら、上にカニの脚の身をのせ、温まる程度に再度蒸す。

3 カニミソ、キャビアを添える。

カニだし（作りやすい量）

水 … 1ℓ
酒 … 500cc
ズワイガニの殻 … 1パイ分
生姜 … 少量

すべての材料を鍋に入れ、弱火で40〜50分ほど煮出し、漉す。

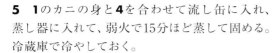

芳蟹と翡翠銀杏豆腐

うぶか　加藤

材料（1人分）

芳ガニ（ズワイガニ。ミソが入った甲羅をはずして残りの部分を塩ゆでし、殻からとり出した身※）… 30g

芳ガニのカニミソ
　（甲羅に入ったまま蒸し、とり出したもの※）… 10g

豆腐（重しをして水切りしたもの）… 1/6丁

ギンナン（素揚げする）… 7個

煎りだし（※）… 20cc

※「芳ガニ」は、山形県庄内浜で水揚げされたズワイガニの呼び名。
※「うぶか」では、大きなカニは身とミソを分けて火入れしている。
※煎りだし：一番だし（羅臼昆布と鮪節でとったもの）50cc、みりん10cc、薄口醬油10ccを合わせる。

1 水切りした豆腐を天火で香ばしく焼く。

2 器に1の豆腐を盛り、芳ガニの身とミソをのせて天火で軽く焼く。ギンナンを散らし、煎りだしをはる。

松葉蟹とフォアグラのフラン
松葉ガニのだしとフォアグラを加えて作ったフランに、
カニの身をのせ、チーズとパセリのソースを合わせた。
濃厚で、贅沢な一品。

若松葉蟹と地蛤
水分を多く含む若松葉ガニは、
その水分もむだにせずに使い切る。
ハマグリのだしと合わせて使うと
ちょうどよい塩加減に。

ズワイガニ

松葉蟹の蕪蒸し
冬の定番。
カニの身は上にのせて、存在感を出した。

蟹飯 蟹みそあん添え
ユリ根を加えて炊いたご飯にカニの身をのせ、
更にカニミソで作ったあんをかける。

えび・かに・いか・たこ料理バリエーション

松葉蟹とフォアグラのフラン
Hiroya 福嶌

材料
松葉ガニ（ズワイガニ）… 適量
卵地（4人分）
　┌ 松葉ガニのだし（※）… 200cc
　│ フォアグラ（血管を掃除したもの）… 30g
　│ 卵 … 1個
　└ 塩、コショウ … 各適量
黒七味 … 少量
ソース
　┌ ブルサン・チーズ … 適量
　│ パルミジャーノ・レッジャーノ・チーズ（すりおろし）… 適量
　│ パセリのソース（ローストしたニンニク、ピーナッツ、パセリ、
A│ 　オリーブ油を合わせてミキサーにかけ、裏漉す）… 適量
　│ 長ネギのソース（p.284参照）… 適量
　│ アイオリソース（※）… 適量
　└ 黒コショウ、マスタード … 各少量
米のフリット（米をゆでてから、室温で乾燥させ、
　高温の油でさっと揚げたもの）… 適量
黄柚子の皮（細切り）… 少量

※松葉ガニのだし：松葉ガニの殻を鍋に入れ、日本酒と水をひたひたに加えて煮出し、漉す。
※アイオリソース：ボウルに卵黄を入れ、すりおろしたニンニク、水、レモン果汁、サフラン、マスタードを適量加えて泡立て器で混ぜ合わせ、オリーブ油を少量ずつ加えながら、マヨネーズ状にする。

1　カニは蒸してさばき、殻から身とカニミソをとり出す（殻は卵地のだしに使用する）。

2　松葉ガニのだしとフォアグラ、卵を合わせてミキサーにかけ、塩、コショウで味を調えて卵地を作り、器に適量入れて蒸す。

3　**1**の形のいい脚以外の身はほぐし、カニミソと和え、少量の黒七味で味を締める（甘みがもう少しほしければ、ロースト玉ネギのピュレなどを加えたり、酸味が欲しければ、レモン果汁を加えるなどの調整をするとよい）。

4　カニの脚の身は、炭火でさっと焼く。

5　**2**のフランの上に**3**と**4**の脚の身をのせ、Aを混ぜ合わせたソースを入れ、米のフリットをのせる。カニの上に黄柚子の皮をのせる。

若松葉蟹と地蛤
うぶか　加藤

材料（1人分）
若松葉ガニ（ズワイガニ。ミソが入った甲羅をはずして残りの部
　分を塩ゆでし、殻からとり出した身※）… 30g
若松葉ガニの汁（さばいたときに出た汁）… 適量
地ハマグリのだし（※）… 適量
地ハマグリ（だしをとる際に使ったもの）… 1個
若松葉ガニのカニミソペースト（若松葉ガニのカニミソに
　卵黄を加え、火にかけて練ったもの。p.28参照）… 少量
吉野葛 … 適量

※「若松葉ガニ」は、脱皮後まだ殻が硬くなっていないズワイガニの、鳥取県での呼び名。
※「うぶか」では、大きなカニは身とミソを分けて火入れしている。
※カニの身をとり出す際に出た汁は、とりおく。
※地ハマグリのだし：地ハマグリ適量を、同量の水とともに鍋に入れ、蓋をして火にかける。殻が開いたらハマグリは鍋からとり出す。

1　地ハマグリのだしと、カニから出た汁を同量ずつ合わせて鍋に入れて（塩分が強ければ水を加えて調整する）熱し、水溶き葛で薄くとろみをつける。

2　地ハマグリの身を、殻からとり出して掃除する。

3　若松葉ガニの身を器に盛って、カニミソペーストをのせ、**2**のハマグリの身を添え、**1**を30ccほど注ぐ。

松葉蟹の蕪蒸し
うぶか 加藤

蟹飯　蟹みそあん添え
賛否両論 笠原

材料（1人分）
松葉ガニ（ズワイガニ。ミソが入った甲羅をはずして残りの部
　　分を塩ゆでし、殻からとり出した身※）… 50g
松葉ガニのカニミソ（甲羅に入ったまま蒸し、
　　とり出したもの※）… 適量
聖護院カブ … 1/4個
卵白（泡立てる）… 5g
銀あん（※）… 30cc
道明寺粉、塩、だし、わさび（すりおろし）… 各適量

※「うぶか」では、大きなカニは身とミソを分けて火入れしている。
※銀あん：一番だし（羅臼昆布と鮪節でとったもの）50ccを熱し、塩と薄口醬
油各少量で味を調え、水溶き葛少量でとろみをつける。

1　聖護院カブは皮をむき、半分をすりおろし、余分な水分を切る。
2　少量の道明寺粉と塩、泡立てた卵白を**1**に加え、切るようにして混ぜる。
3　残りの聖護院カブは5mm角に切り、さっとだしで炊いておく。
4　**2**と**3**を器に入れ、松葉ガニの身とミソをのせて蒸す。
5　蒸し上がった**4**に銀あんをかけ、おろしわさびを添える。

材料（作りやすい量）
ズワイガニ … 1パイ
米 … 3合（といで、ザルに上げておく）
ユリ根 … 50g
A ┌ 昆布だし … 450cc
　├ 薄口醤油 … 45cc
　└ 酒 … 45cc
B ┌ だし … 150cc
　├ 薄口醤油 … 10cc
　└ みりん … 10cc
水溶き片栗粉 … 適量
ミツバ（茎）… 5本
生姜 … 10g

1　ズワイガニは蒸して、殻から身をとり出し、ほぐす。カニミソは別にとり分けておく。
2　ユリ根は掃除してばらす。ミツバの茎は小口切りにし、生姜は針生姜にする。
3　米、**2**のユリ根、Aを土鍋に合わせて炊く。蒸らしのときに、**1**のカニの身をのせる。
4　カニミソとBを鍋に合わせて温め、水溶き片栗粉でとろみをつける。
5　**3**を器に盛り、**4**をかけ、**2**のミツバと針生姜をのせる。

蟹ご飯
セリ、菜の花、大根で青い風味を加えた。
具材を炊き込まず、
食べるときに混ぜ合わせることにより、
それぞれの素材の味や食感が味わえる。

黄金蟹の炊き込みご飯
味がよく、身もしっかりとした黄金ガニを主役にし、
よけいなものは何も加えずに作る。

ズワイガニ

黄金蟹と白魚の小鍋仕立て
春先に出回る黄金ガニと、
相性のいい白魚を合わせた。

松葉蟹とチシャトウの葛煮
チシャトウのシャキシャキとした食感と、
松葉ガニの食感の違いが楽しく、
食べ飽きない。

桃蟹ともって菊のお椀
モモガニともって菊。
山形県産の旬の素材を合わせた。

蟹ご飯
Hiroya　福嶌

材料（作りやすい量）
米 … 210cc
松葉ガニ（ズワイガニ）… 1/2パイ
松葉ガニのだし（※）… 210cc
A ┌ セリ … 適量
　├ 菜の花（塩ゆでしたもの）… 適量
　├ 生姜 … 適量
　├ 長ネギ … 適量
　├ 大根 … 適量
　└ 黄柚子の皮 … 少量
塩、醤油 … 各少量
だし … 適量

※松葉ガニのだし：松葉ガニの殻を鍋に入れ、日本酒と水をひたひたに加えて煮出し、漉す。
※鍋は鉄鍋、または土鍋を使用する。

1 米はしっかり洗って吸水させた後、水気を切る。鉄鍋（または土鍋）に入れ、松葉ガニのだしを加えてご飯を炊く。

2 カニは蒸してさばき、殻から身とカニミソをとり出す（1/2パイ分を使用する）。

3 Aの野菜は小さく切る。合わせて塩と醤油各少量を加えてもみ、味を調える。

4 脚以外のカニの身はほぐし、カニミソと和える。

5 1のご飯が炊き上がったら、鍋肌にだしを適量まわしかけて蓋をし、軽く蒸す（厚みのある鉄鍋、または土鍋での作り方。他の鍋で作る場合は水分の調整が必要である）。

6 5のご飯の上に、3をのせ、4をのせ、最後にカニの脚の身をのせる。

※食べるときに、全体を混ぜ合わせる。

黄金蟹の炊き込みご飯
うぶか　加藤

材料（5人分）
黄金ガニ（p.27参照。福井県産。ミソが入った甲羅をはずして残りの部分を塩ゆでし、殻からとり出した身※）… 1パイ分
黄金ガニのカニミソ（甲羅に入ったまま蒸し、とり出したもの※）… 1パイ分
黄金ガニのだし（※）… 900cc
米（といで水に浸け、ザルに上げておく）… 1kg
塩 … 9g

※「うぶか」では、大きなカニは身とミソを分けて火入れしている。
※甲羅は蒸した後、洗って乾かしておく。
※黄金ガニのだし：身をとり出したあとの黄金ガニの殻を鍋に入れ、水を1.5ℓ加えて火にかける。沸騰したらアクをすくい、火を弱めて20分加熱し、漉す。

1 塩で味を調えた黄金ガニのだしと米を、釜に合わせて炊く。

2 炊き上がったら、カニの身とミソをのせ、甲羅を飾る。

黄金蟹と白魚の小鍋仕立て
うぶか　加藤

材料（1人分）
黄金ガニ（p.27参照。ミソが入った甲羅をはずして残りの部分を塩ゆでし、殻からとり出した身※）… 40g
黄金ガニのカニミソ
　（甲羅に入ったまま蒸し、とり出したもの※）… 15g
ホウレン草（塩ゆでしたもの）… 10g
白魚 … 20g
ワカメ（生）… 10g
鍋だし（※）… 50cc

※「うぶか」では、大きなカニは身とミソを分けて火入れしている。
※鍋だし：一番だし（羅臼昆布と鮪節でとったもの）12：薄口醬油1：みりん1の割合で合わせる。

小鍋に黄金ガニの身、ホウレン草、白魚、ワカメを入れ、鍋だしをはって火にかける。カニの上に、黄金ガニのカニミソをのせる。

松葉蟹とチシャトウの葛煮
うぶか　加藤

材料（1人分）
松葉ガニ（ズワイガニ。ミソが入った甲羅をはずして残りの部分を塩ゆでし、殻からとり出した身※）… 30g
チシャトウ … 30g
米油 … 少量
一番だし（羅臼昆布と鮪節でとったもの）… 30cc
塩、みりん、吉野葛 … 各適量

※「うぶか」では、大きなカニは身とミソを分けて火入れしている。

1　チシャトウは皮をむき、厚めの斜め切りにする。

2　鍋に米油をひき、**1**を入れてさっと炒める。青い色が出てきたら一番だし、塩、少量のみりんで、吸い地よりやや濃いめに味を調える。

3　水溶きの葛で**2**にとろみをつけ、ほぐした松葉ガニの身を加えて器に盛る。

桃蟹ともって菊のお椀
うぶか　加藤

材料（1人分）
モモガニ（ズワイガニ。p.26参照。ミソが入った甲羅をはずして残りの部分を塩ゆでし、殻からとり出した身※）… 30g
もって菊 … 5g
吸い地（※）… 100cc
吉野葛 … 適量
黄柚子皮（細切り）… 適量
酢 … 適量

※「うぶか」では、大きなカニは身とミソを分けて火入れしている。
※吸い地：一番だし（羅臼昆布と鮪節でとったもの）に酒、薄口醬油、塩各少量で味つける。

1　もって菊は酢を加えた湯でゆでて、水気を切る。

2　吸い地を温め、水溶きの葛を加えてとろみをつける。

3　椀にカニの身を盛り、**2**に**1**を加えて注ぐ。カニの上に柚子皮をのせる。

［セイコガニ］ ※ズワイガニのメス。

せいこ蟹とカリフラワーのコンソメジュレ

プチプチした卵の食感がおいしいセイコガニに、
濃厚なカリフラワーのムースと、コンソメの塩気を加えた。
石を敷き詰めたプレートにのせて提供し、
お客様の前でとり分ける。

セイコガニ

せいこ蟹、なす、わけぎの温サラダ パセリとニンニクとチーズのソース

ワケギのお浸しと焼きナスを、セイコガニの身、内子、外子と和えて、ニンニクとチーズの風味をきかせたパセリのソースを合わせた。

セイコ蟹の紹興酒漬け（花雕酔蟹〈ファーディオズイシェ〉）

通常は上海ガニで作ることの多い紹興酒漬け「酔っ払い蟹」を、セイコガニで作った。

えび・かに・いか・たこ料理バリエーション

せいこ蟹とカリフラワーのコンソメジュレ
シンシア　石井

材料（1個分）
<u>セイコガニ</u>（身、内子、外子を合わせて）… 18g
<u>塩</u>… 適量
<u>カリフラワーのムース</u>（作りやすい量）
A ┌ カリフラワー（花蕾の部分のみ）… 600g
　├ 生クリーム（乳脂肪分38%）… 250g
　├ 牛乳 … 150cc
　├ 砂糖 … 2g
　└ 塩 … 2g
└ 生クリーム（八分立て）… 煮たAの10%量
コンソメジュレ … 15g
B ┌ 花穂紫蘇、マイクロ赤紫蘇、芽ネギ、
　└ ペンタスの花 … 各少量

1　セイコガニは塩を加えた湯で10分ゆでてさばき、身と内子、外子をとり出し、合わせて和えておく。

2　<u>カリフラワーのムース</u>：Aを鍋に合わせて火にかけ、コトコトと20〜30分ほど火を入れる。カリフラワーがやわらかくなったら、ミキサーにかける。

3　**2**の10%量の生クリームを八分立てにし、**2**に加える。

4　セイコガニの殻1個につき、**3**を20g入れ、**1**をのせる。コンソメジュレをのせ、Bを散らす。

せいこ蟹、なす、わけぎの温サラダ パセリとニンニクとチーズのソース

Hiroya　福嶌

材料(1人分)
セイコガニ … 1パイ
ワケギ(お浸し。ゆでて、アサリのだし〈p.83参照〉に浸けておいたもの) … 適量
焼きナス(※) … 1/2個分
玉ネギのピュレ(※) … 適量
塩、オリーブ油、レモン果汁 … 各適量
ソース
├ パルミジャーノ・レッジャーノ・チーズ(すりおろし)
│ 　 … 適量
├ アイオリソース(※) … 適量
├ パセリのソース(ローストしたニンニク、ピーナッツ、パセリ、
│ 　オリーブ油を合わせてミキサーにかけ、裏漉す) … 適量
│ ＊混ぜ合わせ、バランスをみながら塩、コショウ、レモン果汁で味を
│ 　調える。
イクラ(※) … 適量

※焼きナス:ナスを網にのせて炭火で焼き、ラップフィルムで包んでしばらくおいて香りを移した後、皮をむき、一口大に切る。
※玉ネギのピュレ:玉ネギを、皮付きのまま丸ごとオーブンでローストし、皮をむいてミキサーにかけ、ピュレにしたもの。
※アイオリソース:ボウルに卵黄を入れ、すりおろしたニンニク、水、レモン果汁、サフラン、マスタードを適量加えて泡立て器で混ぜ合わせ、オリーブ油を少量ずつ加えながら、マヨネーズ状にする。
※イクラ:スジコをボウルに入れ、沸騰した湯をたっぷり注いで箸でかき混ぜた後、水にさらして汚れをとる。

1　セイコガニは蒸して、殻から身をとり出してほぐす。内子と外子もとり出し、軽く塩で味を調える。

2　ワケギのお浸しと焼きナスは、食べやすい大きさに切る。

3　1のカニの身、内子、外子、2のワケギと焼きナス、玉ネギのピュレを合わせ、塩、オリーブ油、レモン果汁で味を調える。

4　皿にソースを流し、3を盛り付け、イクラを添える。セイコガニの甲羅を飾る。

セイコ蟹の紹興酒漬け(花雕醉蟹 ファーディオズイシェ)

麻布長江 香福筵　田村

材料(3パイ分)
セイコガニ(活) … 3パイ
漬け地
├ 紹興酒 … 600cc
├ 日本酒 … 300cc
├ 醤油 … 200cc
├ 砂糖 … 180g
├ 長ネギ、生姜 … 各少量
└ 陳皮 … 少量
スダチ(薄切り) … 3枚

1　漬け地の材料をすべて合わせ、砂糖が溶けるまでしっかりと混ぜる。

2　活セイコガニを水洗いし、水気をしっかりとふきとり、1の漬け地に漬ける(かならず、カニが調味料液の中に浸るようにする。落とし蓋などをして、カニが浮かないようにするとよい)。

3　4～5日漬けたら、食べやすいようにカットして内子、外子もとり出し、器に盛る。漬け汁も適量注ぎ、スダチを添える。

セイコガニ

せいこ蟹の昆布蒸し
セイコガニの身、外子、内子、ミソをすべて詰め込んで。

せいこ蟹のグラタン
セイコガニを丸ごと使った贅沢なグラタン

（タラバガニ）

たらば蟹とポワローのチュイル

クラシックなタラバガニとポロネギの
組み合わせで作った、フィンガーフード。
カニはあらかじめ焼いて、香ばしい香りを出す。
タラバガニは、焼くことでおいしさが増すカニだと思う。

せいこ蟹の昆布蒸し
うぶか　加藤

材料（1人分）
セイコガニ … 1パイ
羅臼昆布（5cm×5cm）… 1枚
セイコガニのだし（※）… 適量
塩、吉野葛 … 各少量

※セイコガニのだし：身をとり出したあとのセイコガニの殻（何パイ分かまとめて）を、バットに広げて天火で焼いて香りを出し、鍋に入れて羅臼昆布を入れ、水をひたひたに加えて火にかける。沸騰したらアクをすくい、火を弱めて20分加熱し、漉す。

1 セイコガニを塩ゆでし、殻から身、外子、内子とカニミソをとり出す。外子はザルに入れて、ボウルにはった水に浸け、ザルの中で混ぜて余分なものをとり除く（p.29参照）。

2 セイコガニのだしを温めて塩で味を調え、水溶き葛で軽くとろみをつける。

3 セイコガニの甲羅に戻した羅臼昆布を敷き、**1**の身、内子とミソ、外子を盛り付ける。

4 **3**を蒸気の立った蒸し器に入れて5分蒸し、熱々のところに**2**のあんをかける。

せいこ蟹のグラタン
うぶか　加藤

材料（1人分）
ベシャメルソース … 50g
セイコガニ（塩ゆでし、殻からとり出した身）… 40g
セイコガニの外子、内子とカニミソ（塩ゆでしたセイコガニからとり出したもの。外子は下処理をする〈p.29参照〉）… 20g
ミモレット・チーズ（すりおろし）… 3g

1 ベシャメルソースに、ほぐしたセイコガニの身を合わせる。

2 **1**をセイコガニの殻に入れ、内子とカニミソ、外子をのせ、ミモレット・チーズをかける。天火で香りが出る程度に焼く。

たらば蟹とポワローのチュイル
シンシア　石井

材料（作りやすい量）
タラバガニ（焼いたほぐし身※）…1本につき約5g
ポロネギ（薄切り）…4本分
生クリーム（乳脂肪分38％）…400g
オリーブ油、塩、白コショウ…各適量
春巻きの皮…1枚
マヨネーズ…少量
マイクロ春菊…少量
カマンベールパウダー…少量

※タラバガニ（脚）を殻のまま網で炭火焼きにし、身をとり出してほぐす。

1　ポロネギは、オリーブ油をひいた鍋で軽くソテーする。生クリームを加え、コトコトとゆっくり火を入れる。ポロネギがやわらかくなったら塩、コショウをし、ミキサーで攪拌する。粗目のシノワで漉し、エスプーマのサイフォンに入れておく。

2　春巻きのコルネを作る。春巻きの皮を4cm×20cmに切り、オリーブ油をひいたバットに入れて、オリーブ油を皮にからませる。

3　直径3cmほどのアルミの筒に**2**を巻きつけて、4cm長さの筒状になるようにし、180℃のオーブンで10分ほど焼く。冷やしておく。

4　筒状になった**3**のコルネの中央にカニの身を入れ、両側から**1**のムースを絞り入れて詰める。

5　**4**の上にマヨネーズとマイクロ春菊をのせ、カマンベールパウダーをふる。

焼きたらば蟹の実山椒餡掛け
しっかりとした身質と味をもつ
タラバガニのおいしさを引き立てる、
山椒のきいたあん。

たらば蟹　からすみ焼きと磯辺焼き
焼きガニにすると、持ち味が活きるタラバガニ。
からすみと、青海苔。2つの風味で。

タラバガニ

たらば蟹と鱈白子　銀餡　生姜

タラの漁場に生息していることが、
名の由来というタラバガニ。
味の相性もとてもよい。

たらば蟹湯引き
グレープフルーツみぞれ和え

湯引きして、軽く火を入れたタラバガニに、
グレープフルーツのやさしい酸味がよく合う。

えび・かに・いか・たこ料理バリエーション

焼きたらば蟹の実山椒餡掛け
うぶか　加藤

材料（1人分）
タラバガニ（活。脚）… 1本（100g）
二番だし（羅臼昆布と鮪節でとったもの）… 50cc
実山椒、吉野葛、塩、薄口醤油 … 各適量

1　実山椒は掃除してよく洗い、塩を加えた湯でさっとゆがき、ボウルにかけたザルに入れて流水に1時間あて、アクを抜く。
2　活タラバガニの脚の身を殻からとり出し、塩をふって天火でさっと焼く。
3　二番だしを熱して刻んだ**1**の実山椒を加え、塩、薄口醤油で吸い地よりやや濃いめに味を調え、水溶きの葛でとろみをつける。
4　**2**を器に盛り、**3**をかける。

たらば蟹　からすみ焼きと磯辺焼き
賛否両論　笠原

材料（2人分）
タラバガニ（脚）… 4本
からすみ … 50g
卵白 … 1個分
塩 … 少量
生青海苔 … 大さじ1
太白ゴマ油 … 大さじ1
スダチ（半分に切る）… 1個分

1　タラバガニの脚は、太い部分の殻を、半分切りとってはずす。
2　からすみはみじん切りにする。卵白は泡立てて、塩を少量加える。
3　生青海苔は、太白ゴマ油を加えて和える。
4　**1**をサラマンダーで焼く。8割ほど火が入ったら、2本には**2**の卵白を塗り、からすみをまぶす。もう2本には**3**をのせる。
5　**4**をサラマンダーで焼き色がつくまで焼く。器に盛り、スダチを添える。

たらば蟹と鱈白子　銀餡　生姜
うぶか　加藤

材料（1人分）
タラバガニ（ミソが入った甲羅をはずして残りの部分を塩ゆでし、殻からとり出した身※）… 30g
タラの白子 … 20g
銀あん（※）… 15cc
生姜（すりおろし）… 適量
塩 … 適量

※「うぶか」では、大きなカニは身とミソを分けて火入れしている。
※銀あん：一番だし（羅臼昆布と鮪節でとったもの）50ccを熱し、塩と薄口醬油各少量で味を調え、水溶き葛少量でとろみをつける。

1　タラの白子は掃除して、さっと塩ゆでする。
2　カニの身と**1**の白子を交互に重ねて器に盛り、銀あんをかけ、おろし生姜をのせる。

たらば蟹湯引き　グレープフルーツみぞれ和え
賛否両論　笠原

材料（4人分）
タラバガニ（脚）… 4本
グレープフルーツ … 1個
大根 … 150g
A ┌ 太白ゴマ油 … 大さじ2
　│ 酢 … 大さじ3
　│ ハチミツ … 大さじ1
　└ 塩 … 小さじ1/2
　＊混ぜ合わせる。
大葉 … 5枚

1　グレープフルーツは皮をむき、房から果肉を切り出す。大根は皮をむき、すりおろして水気を切る。
2　**1**とAを混ぜ合わせる。
3　大葉はせん切りにする。
4　湯を沸かし、殻をむいたタラバガニの足をさっと湯引きし、氷水に落とす。水気をふきとり、一口大に切る。
5　**4**を**2**で和えて、器に盛り、**3**をのせる。

焼きたらば蟹とアオサの清汁仕立て 木の芽

カニの味がしっかりと楽しめるお椀。
だしはすっきりとした一番だしで。

たらば蟹かぶら蒸し

カニの身に、春菊とエノキも加え、
ふんわりとしたかぶら蒸しに。

鱈白子とたらば蟹の小鍋仕立て
相性のいいタラバガニとタラの白子を合わせて、小鍋仕立てに。

たらば蟹と松茸、舞茸の炊き込みご飯
カニとキノコを合わせた、秋のご飯。

焼きたらば蟹とアオサの清汁仕立て 木の芽

うぶか　加藤

材料(1人分)

タラバガニ(ミソが入った甲羅をはずして残りの部分を塩ゆでし、殻からとり出した身※) … 30g
アオサ … 2g
吸い地(※) … 100cc
吉野葛 … 少量
木の芽 … 少量

※「うぶか」では、大きなカニは身とミソを分けて火入れしている。
※吸い地：一番だし(羅臼昆布と鮪節でとったもの)に酒、薄口醤油、塩各少量で味つける。

1 吸い地を熱し、水溶き葛でとろみをつけて、アオサを入れる。

2 タラバガニの身を天火で軽く焼いて椀に盛り、**1**を注ぎ、木の芽をのせる。

たらば蟹かぶら蒸し

賛否両論　笠原

材料(4人分)

タラバガニ … 1/2パイ
カブ … 2個
春菊 … 1/3把
山エノキ … 1/2パック
卵白 … 1個分
塩 … 適量
A ┌ だし … 300cc
　│ 薄口醤油 … 20cc
　└ みりん … 20cc
水溶き片栗粉 … 適量
生姜(すりおろし) … 10g

1 タラバガニは塩ゆでし、殻から身をとり出す。

2 春菊は葉だけを摘み、さっと塩ゆでする。ざく切りにする。

3 山エノキは3cm長さに切る。

4 カブは皮をむいてすりおろし、軽く水気を切る。泡立てた卵白とさっくり混ぜ合わせ、塩少量で味つけする。

5 **1**、**2**、**3**に**4**を加えてさっくりと和え、適当な大きさの丸にとり、器に入れて、蒸気の立った蒸し器に入れ、弱火で15分ほど蒸す。

6 Aを鍋に入れて火にかけ、水溶き片栗粉でとろみをつける。

7 蒸し上がった**5**に**6**をかけ、おろし生姜をのせる。

鱈白子とたらば蟹の小鍋仕立て
うぶか　加藤

材料(1人分)
タラバガニ(ミソが入った甲羅をはずして残りの部分を塩ゆでし、殻からとり出した身※) … 30g
タラの白子 … 30g
菜の花(塩ゆでしたもの) … 少量
吸い地(※) … 50cc
吉野葛 … 少量
大根おろし … 20g
黄柚子皮(細切り) … 少量
塩 … 適量

※「うぶか」では、大きなカニは身とミソを分けて火入れしている。
※吸い地：一番だし(羅臼昆布と鮪節でとったもの)に酒、薄口醤油、塩各少量で味つける。

1　タラの白子は掃除して、さっと塩ゆでする。
2　吸い地を熱して水溶き葛でとろみをつけ、大根おろしを加える。
3　小鍋にタラバガニの身と**1**の白子、塩ゆでした菜の花を入れて**2**の地をはり、カニの上に柚子皮をのせ、火にかける。

たらば蟹と松茸、舞茸の炊き込みご飯
うぶか　加藤

材料(5人分)
タラバガニ(ミソが入った甲羅をはずして残りの部分を塩ゆでし、殻からとり出した身※) … 250g
タラバガニのだし(※) … 900cc
米(といで水に浸け、ザルに上げておく) … 1kg
マツタケ … 2本
マイタケ … 1房
カブの葉(塩ゆでして小口切りにしたもの) … 適量
薄口醤油、塩 … 各適量

※「うぶか」では、大きなカニは身とミソを分けて火入れしている。
※タラバガニのだし：身をとり出したあとのタラバガニの殻(何バイ分かまとめて)を、バットに広げて天火で焼いて香りを出し、鍋に入れて二番だし(羅臼昆布と鮪節でとったもの)1.5ℓを加えて火にかける。沸騰したらアクをすくい、火を弱めて20分加熱し、漉す。

1　マツタケ、マイタケは掃除し、食べやすい大きさに切る。分量のタラバガニのだしでさっと煮て、とり出しておく。
2　**1**のだしに薄口醤油と塩を加えて味を調え、冷ます。
3　米と**2**を釜に合わせて炊く。炊き上がりに、**1**のキノコとタラバガニの身を加える。カブの葉を散らす。

タラバ蟹　唐辛子、四川花椒炒め
（炸溜帝王蟹）
ジャーリュウティワンシェ

唐辛子と山椒の風味をしっかりときかせて。

**タラバ蟹、オレンジ白菜、
新生姜泡菜煮込み麺**
（泡子姜白菜蟹煨面）
パオズゥジャンバイツァイシェウェイミェン

清湯にカニだしを合わせてカニの風味を強調。
泡子姜（新生姜のピクルス）が味つけのポイント。

（タカアシガニ）

タカアシガニとサフランのリゾット
しっかりとした旨みをもつタカアシガニを、
あますところなく使ってリゾットに。

（サワガニ）

沢蟹のクロケット
殻ごと揚げたサワガニを、
ホタテと合わせて一口クロケットに。
素揚げしたサワガニを添えて、
川の中を再現した楽しい盛り付けで。

タラバ蟹　唐辛子、四川花椒炒め
（炸溜帝王蟹）
ジャーリュウティワンシェ

麻布長江 香福筵　田村

材料（2人分）
タラバガニ（脚。蒸したもの）… 2本
片栗粉 … 大さじ2
ギンナン（殻と薄皮をむく）… 6粒
揚げ油 … 適量
サラダ油 … 大さじ1
朝天唐辛子（朝天辣椒※）… 20g
チョウテンラージャオ
花椒（中国山椒）… 2g
ホワジォオ
A ┌ タケノコ（5mm角切り）… 20g
　├ マコモダケ（5mm角切り）… 15g
　└ 紅芯大根（5mm角切りにし、さっとゆでる）… 15g
B ┌ 三温糖 … 10g
　├ 醤油 … 15g
　├ 酢 … 15g
　├ 酒 … 10g
　├ 酒醸（※）… 20g
チューニャン
　├ 水溶き片栗粉 … 8g
　├ ニンニク（すりおろし）… 5g
　├ 毛湯（中国・四川料理のガラスープ）… 25g
マオタン
　└ ＊すべてを合わせておく。
香菜 … 適量

※朝天唐辛子（朝天辣椒）：四川省の赤唐辛子。丸みのある形が特徴。
チョウテンラージャオ
※酒醸：もち米と麹を発酵させて作る、中国の天然調味料。

1　蒸したタラバガニの、太い脚の殻を半分（内側）切りとる。身に片栗粉大さじ2をしっかりとまぶす。

2　低温に熱した油にギンナンを入れ、温度を上げる。火が通ったら、油からとり出す。

3　**1**のタラバガニの脚を、160℃に熱した油に入れ、表面が固まったらとり出す。

4　鍋に大さじ1のサラダ油と朝天唐辛子を入れ、弱火で炒めて香りを出し、辛みを油に移す。花椒とAの野菜類を加えて炒め、香りが出たら、**3**のタラバガニの脚と**2**のギンナンを入れる。Bの調味料を全体に注ぎ入れ、強火にして炒め、全体にからまったら器に盛り付ける。香菜を添える。

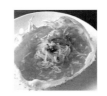

タラバ蟹、オレンジ白菜、新生姜泡菜煮込み麺
（泡子姜白菜蟹煨面）
パオズジャンバイツァイシェウェイミェン

麻布長江 香福筵　田村

材料（1人分）
白菜 … 100g
泡子姜（新生姜のピクルス）… 20g
パオズジャン
A ┌ 清湯（中国料理の澄んだスープ）… 300cc
チンタン
　└ カニだし（p.131参照。タラバガニの殻でとったもの）… 300cc
タラバガニ（蒸して、殻からとり出した身）… 80g
中華麺 … 1玉
塩 … 少量
水溶き片栗粉 … 大さじ2
酢 … 大さじ1
万能ネギ（小口切り）… 適量

※タラバガニの甲羅は、蒸したものを洗っておく。

1　白菜は繊維と直角方向に、1cm幅に切る。泡子姜は細切りにする。

2　Aと**1**の白菜を鍋に入れ、弱火で10分ほど煮込む。白菜がやわらかくなったら泡子姜、タラバガニの身を加える。

3　別鍋で中華麺をゆでて5割ほど火を通し、水気を切って**2**に加え、煮込む。全体がなじんでカニの旨みが出てきたら、足りない塩分を少量の塩で補い、水溶き片栗粉で薄いとろみをつける。

4　仕上げに酢を加え、タラバガニの甲羅に盛り付ける。万能ネギを散らす。

タカアシガニとサフランのリゾット
ピコローレ・ヨコハマ　佐藤

材料（2人分）
タカアシガニ … 1パイ
サフランのリゾット
- カルナローリ米（洗わない）… 60g
- タカアシガニの蒸し汁 … 300〜500cc
- サフラン … 0.3g
- 無塩バター … 10g+20g
- エシャロット（みじん切り）… 5g
- 白ワイン … 20g

1　二段蒸し器の下に3ℓほどの湯を沸かし、上の段にタカアシガニを丸ごと入れて蒸す。身と外子、内子を殻からとり出す。下段の湯に流れ落ちた、旨みの出た蒸し汁はとりおく（リゾットに使う）。外子はオーブンで乾燥させ、パウダーにしておく。

2　<u>サフランのリゾット</u>を作る。**1**の蒸し汁500ccに、サフランを加えて沸かしておく。

3　鍋にバター10gとエシャロットを入れて弱火で炒める。しんなりしたら、米を入れて炒める。艶が出てきたら、白ワインを加える。アルコールが飛んだら**2**を加える。米の固さと塩分の加減を調整しながら、湯を適量足していく。

4　米がアルデンテになったら、カニの身（上にのせる分は残しておく）を加え、バター20gでつなぐ。

5　**4**を皿に盛り、残しておいたタカアシガニの身と内子を散らし、外子のパウダーをふる。

沢蟹のクロケット
シンシア　石井

材料（作りやすい量）
クロケット
- サワガニ … 5ハイ
- A
  - ホタテ貝柱 … 10個
  - 生クリーム（乳脂肪分38%）… 40g
  - 卵白 … 60g
- 塩、コショウ … 各適量
- 薄力粉、溶き卵、パン粉（細かいもの）… 各適量
- 揚げ油 … 適量

トマトソース（※）… 適量
シープソレル … 少量
アリッサムの花 … 少量

※トマトソース：残ったミニトマトの切れ端などを、オリーブ油でくたくたに炒めた後、ミキサーにかけ、塩、コショウで味を調え、冷やしたもの。

1　<u>クロケット</u>を作る。サワガニは、180℃の油で4分ほど揚げて、包丁で細かくざく切りにする。

2　Aを合わせてロボクープにかける。塩、コショウで味を調え、**1**を入れて混ぜる。

3　**2**を一口大の俵形にし、薄力粉、溶き卵、パン粉の順につけて、揚げる。

4　**3**を器に盛り、トマトソース、シープソレル、アリッサムの花をのせる。素揚げしたサワガニ（分量外）を添える。

（花咲ガニ・イバラガニモドキ）

旬の柑橘と花咲蟹
相性のいい、花咲ガニと柑橘の組み合わせ。
柑橘は、いくつかの種類を組み合わせると、
変化があって楽しい。

いばら蟹もどきの外子一本焼き
カニの身に外子の塩分だけを加え、さっと焼く。
味が濃く、身質のしっかりとしたカニは
これだけでおいしい。

（毛ガニ）

春キャベツと毛蟹の炊き込みご飯
春キャベツと、旬の毛ガニを組み合わせてご飯に。
カニミソは最高の調味料。

旬の柑橘と花咲蟹
うぶか　加藤

材料(1人分)
花咲ガニ（ミソが入った甲羅をはずして残りの部分を塩ゆでし、
　殻からとり出した身※）… 40g
デコポン、イヨカン … 各1/4個
キンカン（完熟）… 2個
土佐酢ジュレ（※）… 30cc

※「うぶか」では、大きなカニは身とミソを分けて火入れしている。
※土佐酢ジュレ（作りやすい量）：一番だし（羅臼昆布と鮪節でとったもの）300cc、米酢100cc、薄口醬油50ccを合わせて熱し、粉寒天5gを加えて煮溶かし、冷蔵庫で冷やし固める。

1　デコポン、イヨカンは、包丁で薄皮ごと皮をむき、一口大に切る。キンカンは半分に切り、種をとる。

2　1と土佐酢ジュレを合わせ、カニの身とともに器に盛り付ける。

いばら蟹もどきの外子一本焼き
うぶか　加藤

材料(1人分)
イバラガニモドキ（活。脚）… 1本
イバラガニモドキの外子 … 適量
塩 … 適量
スダチ … 1/2個

1　カニの脚は、殻の一部（内側）を包丁で削いで、天火でさっと焼く。

2　外子は塩水に10分ほど浸けておき、水気を切る。

3　1の身をとり出し、食べやすい大きさに切って殻に戻す。身に2の外子をのせ、再び天火に入れて、色が変わるまでさっと焼く。

4　器に盛り、スダチを添える。

春キャベツと毛蟹の炊き込みご飯
うぶか　加藤

材料（5人分）

毛ガニ（ミソが入った甲羅をはずして残りの部分を塩ゆでし、殻からとり出した身※）…250g

毛ガニのカニミソ（甲羅に入ったまま蒸し、とり出したもの※）…100g

毛ガニのだし（※）…900cc

米（といで水に浸け、ザルに上げておく）…1kg

春キャベツ…150g

フキノトウ…30g

米油、塩、日本酒…各適量

※「うぶか」では、大きなカニは身とミソを分けて火入れしている。
※甲羅は蒸した後、洗って乾かしておく。
※毛ガニのだし：身をとり出したあとの毛ガニの殻（何バイ分かまとめて）を、バットに広げて天火で焼いて香りを出し、鍋に入れて水1.5ℓ、日本酒20cc、昆布5cm角を入れて火にかける。沸騰したらアクをすくい、火を弱めて20分加熱し、漉す。

1　毛ガニのだしと米を、釜に合わせて炊く。

2　春キャベツは塩ゆでし、水気を切ってせん切りにする。

3　フキノトウは細かく刻んで、米油で炒める。

4　炊き上がった**1**の上に**2**と**3**を散らしてのせ、その上に毛ガニの身とカニミソをのせ、殻を飾る。

毛蟹と九条ねぎのサラダ
白味噌と酢、みりん、
太白ゴマ油で作るドレッシングで和えた、
和のサラダ。

毛蟹の共和え
身とミソを分けて火入れすることにより、
カニの食感と香りが引き出される。
シンプルな料理ほど火入れの差が出る。

毛蟹　海藻ジュレ掛け
北海道の昆布森沖で獲れた毛ガニに、
羅臼昆布でとった昆布だしのジュレを合わせた。

毛蟹とじゃがいものすり流し茶碗蒸し
カニの身を入れた茶碗蒸しに、
カニだしを加えて作ったジャガイモのすり流しと、
カニの身をのせて。

毛蟹と九条ねぎのサラダ
賛否両論　笠原

材料（4人分）
毛ガニ … 1パイ
九条ネギ … 1把
塩 … 適量
A ┌ 太白ゴマ油 … 大さじ2
　├ 白味噌 … 大さじ2
　├ 酢 … 大さじ3
　└ みりん … 大さじ1
とんぶり … 10g
黄柚子 … 少量

1 毛ガニは塩ゆでし、身を殻からとり出してほぐす。
2 九条ネギは、塩を入れた湯でゆがいて火を通し、おか上げして冷ます。ぬめりをしごきとり、3cm長さに切る。
3 Aを混ぜ合わせ、1、2を加えてさっと和える。
4 3を器に盛り、とんぶりをのせて、黄柚子の皮をすりおろして散らす。

毛蟹の共和え
うぶか　加藤

材料（1人分）
毛ガニ（ミソが入った甲羅をはずして残りの部分を塩ゆでし、殻からとり出した身※）… 40g
毛ガニのカニミソ（甲羅に入ったまま蒸し、とり出したもの※）… 10g
花穂紫蘇 … 適量

※「うぶか」では、大きなカニは身とミソを分けて火入れしている。

毛ガニの身とカニミソを和えて、器に盛り、花穂紫蘇を散らす。

毛蟹　海藻ジュレ掛け
うぶか　加藤

材料（1人分）
毛ガニ（ミソが入った甲羅をはずして残りの部分を塩ゆでし、
　殻からとり出した身※）… 60g
毛ガニのカニミソ（甲羅に入ったまま蒸し、とり出したもの※）
　… 15g
海藻ジュレ（作りやすい量）
　┌ 昆布だし（※）… 1ℓ
　│ 塩 … 10g
　└ 粉寒天 … 20g

※「うぶか」では、大きなカニは身とミソを分けて火入れしている。
※甲羅は蒸した後、洗って乾かしておく。
※昆布だし：羅臼昆布30gを1ℓの水に1日浸けてとる。

1　海藻ジュレ：昆布だしに塩を加えて熱し、粉寒天を加えて煮溶かし、冷蔵庫で冷やし固める。
2　毛ガニの甲羅に昆布（昆布だしをとったあとのものでよい）を敷き、毛ガニの身とミソをのせ、**1**のジュレをかける。

毛蟹とじゃがいものすり流し茶碗蒸し
賛否両論　笠原

材料（4人分）
毛ガニ … 1パイ
　┌ 水 … 800cc
A │ 酒 … 100cc
　└ だし昆布 … 5g
ジャガイモ（男爵）… 2個
玉ネギ … 1/2個
バター … 20g
塩 … 少量
卵 … 1個
　┌ だし … 180cc
B │ 薄口醤油 … 小さじ1
　└ みりん … 小さじ1
黒コショウ … 少量

1　毛ガニは塩ゆでし、さばいて、身とカニミソ、殻に分ける。
2　**1**の殻と**A**を鍋に入れて火にかけ、中火で30分煮てから漉し、カニだしをとる。
3　ジャガイモと玉ネギは皮をむいて薄切りにし、バターを溶かした鍋に入れ、塩をふってしんなりするまで炒める。
4　**3**に**2**のカニだしを注ぎ、ジャガイモが煮崩れるまで煮る。ミキサーにかけてすり流しにし、塩で味を調える。
5　卵を溶き、**B**を加えて混ぜ合わせ、漉す。
6　器に**1**のカニの身適量（上にのせる分として、形のいいものを残しておく）と**5**の卵地を入れ、蒸気の立った蒸し器に入れて、弱火で15分蒸して火を入れる。
7　**6**の上に**4**のすり流しを注いで、とりおいたカニの身とカニミソをのせ、黒コショウをふる。

白芋茎と毛蟹　銀餡　柚子
毛ガニのしっとりした食感にアクセントを加える、
ズイキのシャキシャキ感がおいしい。

冷製毛蟹のクリームコロッケ
暑い季節に食べたい、冷たいクリームコロッケ。
揚げずに、まわりに揚げたパン粉をまぶしている。

毛蟹とクラゲ、ホウレン草の和え物
紅酢ジュレ（马卡龙毛蟹菠菜）
<small>マ カ ロン マオ シェ ボウ ツァイ</small>

クラゲの食感がきいている。
紅酢ジュレのやわらかい酸味が、全体をまとめる。

毛蟹と極細切り豆腐のスープ
（文思豆腐羹）
<small>ウェンスゥ ドウ フ ゴン</small>

極細切りにした絹漉し豆腐、ほぐした毛ガニの身、髪菜。
具材を細長い形状に揃え、きれいな渦を作る。

白芋茎と毛蟹　銀餡　柚子
うぶか　加藤

材料(1人分)

毛ガニ(ミソが入った甲羅をはずして残りの部分を塩ゆでし、
　殻からとり出した身※)…30g

毛ガニのカニミソ(甲羅に入ったまま蒸し、とり出したもの※)
　…適量

白ズイキ…20g

銀あん(※)…50cc

大根おろし…適量

八方だし(※)…適量

ツルムラサキ(塩ゆでしたもの)…少量

黄柚子皮…少量

※「うぶか」では、大きなカニは身とミソを分けて火入れしている。
※銀あん：一番だし(羅臼昆布と鮪節でとったもの)50ccを熱し、塩と薄口醬油各少量で味を調え、水溶き葛少量でとろみをつける。
※八方だし(作りやすい量)：一番だし(羅臼昆布と鮪節でとったもの)800ccをひと煮立ちさせ、薄口醬油80cc、みりん80ccを加える。

1　ズイキは大根おろしを入れた湯でゆでて、氷水にさらし、水気を切る。

2　**1**を八方だしで煮て、3cm長さに切る。

3　毛ガニの身と**2**のズイキを器に盛り、カニの上にカニミソをのせ、ズイキの上にツルムラサキをのせる。温めた銀あんをかけ、すりおろした柚子皮を散らす。

冷製毛蟹のクリームコロッケ
うぶか　加藤

材料(1人分)

ベシャメルソース…25g

毛ガニ(ミソが入った甲羅をはずして残りの部分を塩ゆでし、
　殻からとり出した身※)…25g

毛ガニのカニミソ(甲羅に入ったまま蒸し、とり出したもの※)
　…10g

パン粉…適量

揚げ油…適量

レタス(せん切り)…適量

※「うぶか」では、大きなカニは身とミソを分けて火入れしている。

1　パン粉は油で揚げて、冷やしておく。

2　ベシャメルソースに、毛ガニの身を合わせる。

3　**2**を俵形に形作り、**1**のパン粉をまぶしつける。

4　皿にレタスを敷いて、**3**を盛り付け、コロッケの上にカニミソをのせる。

毛蟹とクラゲ、ホウレン草の和え物 紅酢ジュレ（马卡龙毛蟹菠菜）

麻布長江 香福筵　田村

材料（4～5個分）

毛ガニ … 1/2パイ
ホウレンソウ … 230g
クラゲ（湯で戻し、塩抜きしたもの）… 40g
塩 … 適量
米酢 … 7g
醤油 … 適量
太白ゴマ油 … 小さじ1

紅酢ジュレ
清湯（中国料理の澄んだスープ）… 175cc
薄口醤油 … 20cc
みりん … 20cc
板ゼラチン … 4g
紅酢 … 8cc
食用菊（黄・紫）… 各少量

1 紅酢ジュレ：鍋に清湯、薄口醤油、みりんを入れて沸騰させ、火を止め、水で戻した板ゼラチンを加える。ゼラチンが溶けたら保存容器に移し、冷蔵庫で冷やし固める。

2 **1**が固まったらスプーンなどで崩し、紅酢を加え、菊の花びらを加える。

3 毛ガニは20分ほど塩ゆでする。殻から身をとり出す。軟骨はとり除く。

4 ホウレン草はゆでて、氷水に落として色どめし、水気を絞り、みじん切りにする。

5 クラゲは1cm長さに切り、塩を少量まぶし、水分を出しておく。

6 ボウルに**3**の毛ガニの身、**5**のクラゲ、米酢を入れて和える。

7 別のボウルに**4**のホウレン草、少量の塩と醤油、太白ゴマ油を入れて和える。

8 セルクル型に**7**を1cmほど敷き込み、その上に**6**を1cm敷く、再度**7**を1cm敷き、ラップフィルムをかぶせて冷蔵庫で冷やす。

9 **8**を器にのせて型から抜き、上に**2**の紅酢ジュレを添える。

毛蟹と極細切り豆腐のスープ（文思豆腐羹）

麻布長江 香福筵　田村

材料（2人分）

絹漉し豆腐 … 120g（1/2丁）
清湯（中国料理の澄んだスープ）… 100cc
カニだし（p.131参照。毛ガニの殻でとったもの）… 200cc
毛ガニ（塩ゆでして殻から身をとり出し、ほぐしたもの）… 20g
髪菜（※水に浸けて戻し、ゆでたもの）… 5g
塩 … 少量
水溶き片栗粉 … 大さじ1½
太白ゴマ油 … 大さじ1

※髪菜：中国料理に使われる藍藻の一種。乾燥地に群生し、髪の毛状になる。

1 絹漉し豆腐を横半分に切り、豆腐と包丁にしっかりと水をつけてくっつかないようにし、絶えず豆腐の上に水を打ちながら、端から極薄切りにする。豆腐が崩れないように、静かに斜めに倒し、端から極細切りにする。水を入れたボウルに、静かに移しておく。

2 鍋に清湯、カニだし、毛ガニの身、髪菜を入れて火にかける。少量の塩で調味し、水溶き片栗粉で薄くとろみをつける。

3 **1**の豆腐を、崩れないように注意しながら水を切ってとり出す。別鍋で湯を沸かし、豆腐の上にやさしくかける。

4 **2**の鍋に**3**の豆腐を入れ、太白ゴマ油を加え、器に注ぐ。

5 箸を入れて円を描くように動かし、渦が巻くようにする。

※豆腐は横半分に切って高さを低くしてから切ったほうが、崩れにくい。中華包丁がなければなるべく刃の薄い、幅の広い包丁を使うとよい。

毛蟹とホワイトアスパラガス、蟹のジュレ

食べ進めるうちに少しずつ味の変化が楽しめるよう、積み重ねるように盛り付ける。

毛ガニのバスク風グラタン

サン・セバスチャンでよく作られる料理。スペインではチャングロというカニで作る。

毛ガニ

ヴェネツィア風 毛ガニのサラダ

カニミソで作るヴィネグレットが、
シンプルながらリッチな味わいに。

毛蟹と塩水ウニのウフブルイエ

クラシックなウフブルイエ(スクランブルエッグ)に、
相性のいいカニとウニ、カプチーノ仕立てにした
アメリケーヌソースを合わせた。
毛ガニは身が詰まって繊維が細かい。
独特の味の濃さと香りがあり、
他の強い味と合わせても負けない。

毛蟹とホワイトアスパラガス、蟹のジュレ

Hiroya 福嶌

材料
毛ガニ … 適量
ホワイトアスパラガス … 適量
オリーブ油、塩 … 各適量
ホワイトアスパラガスのピュレ
  ┌ ホワイトアスパラガス … 適量
  │ 塩豚(※) … 適量
  │ 牛乳 … 適量
  │ 生クリーム … 適量
  │ パルミジャーノ・レッジャーノ・チーズ(すりおろし)
  └   … 適量
カニだしのジュレ(作りやすい量)
  ┌ カニだし(カニの殻を鍋に入れ、日本酒と水をひたひたに
  │   加えて煮出し、漉す) … 200g
  │ 生姜(すりおろし) … 少量
  │ レモン果汁 … 少量
  └ 板ゼラチン … 1枚(3.5g)
米のフリット(米をゆでてから、室温で乾燥させ、高温の油
    でさっと揚げたもの) … 適量
シブレット … 少量

※塩豚:塊の豚バラ肉(脂の多い部分)に岩塩をまぶして6〜8時間ほどおいた後、塩を洗い流し、コショウ、ニンニクで表面を覆い、冷蔵庫に入れて、いい状態になるまで乾燥させる(時間は肉の大きさによる)。

1 ホワイトアスパラガスのピュレ:鍋にアスパラガスと塩豚、牛乳を入れて煮る。ほどよく煮詰めた後、ミキサーにかけてピュレにし、裏漉す。

2 1にパルミジャーノ・チーズと生クリームを適量加える。

3 毛ガニは蒸して、殻から身をとり出す。

4 別のホワイトアスパラガスを、オリーブ油をひいた鍋で炒める。塩をして蓋をし、色づけないように火を入れる。2cm幅程度に切り、しっかり冷やす。

5 カニだしのジュレ:カニだしを熱し、おろし生姜とレモン果汁で味を調える。水に浸けて戻したゼラチンを加えて溶かし、冷蔵庫で冷やし固めて、ごくゆるめのジュレにする。

6 グラスの底に、2のピュレを入れ、4のアスパラガス、5のジュレ、3のカニの身を入れ、シブレットをのせ、米のフリットを散らす。

毛ガニのバスク風グラタン

アルドアック 酒井

材料(1人分)
毛ガニ … 1パイ
オリーブ油 … 適量
ニンニク(みじん切り) … 1/2粒分
玉ネギ(みじん切り) … 100g
ブランデー … 適量
トマトソース(p.231参照) … 20g
塩 … 適量
A ┌ 無塩バター … 5g
  │ パン粉 … 10g
  └ イタリアンパセリ(みじん切り) … 適量
  *パン粉にイタリアンパセリを加え、バターで軽く炒める。
イタリアンパセリ … 適量

1 毛ガニは塩ゆでし、身とミソを殻からとり出す。

2 鍋にオリーブ油をひいてニンニクと玉ネギを炒め、香りが出たら1のカニの身とカニミソを加えて軽く炒める。ブランデーをふり、アルコールが飛んだらトマトソースを加えて軽く煮込む。

3 2を毛ガニの甲羅に詰めて、Aをかけ、200℃のオーブンで10分焼く。

4 器に盛り、イタリアンパセリを飾る。

ヴェネツィア風　毛ガニのサラダ
ピコローレ・ヨコハマ　佐藤

材料（1人分）
毛ガニ … 1パイ
サラダ（ミックスリーフ） … 適量
塩 … 適量
A [米酢、まろみ油（※）、塩、コショウ … 各適量
B [塩、コショウ、米酢、オリーブ油、まろみ油
　　… 各適量
卵（ゆでて黄身と白身に分け、それぞれ裏漉しておく）
　… 1個分
イタリアンパセリ（粗みじん切り） … 少量

※まろみ油：金田油店のオリジナルブレンド油。綿実油、米油、ゴマ油、オリーブ油の4種のブレンド。

1　毛ガニは、塩を加えた湯でゆでる。身は殻からとり出し、ほぐしておく。カニミソはとり出し、Aと合わせてヴィネグレットを作る。

2　サラダをBで和え、毛ガニの甲羅に盛る。上に**1**のカニの身を盛り、カニミソのヴィネグレットをかける。裏漉したゆで卵の黄身と白身、イタリアンパセリを散らす。

毛蟹と塩水ウニのウフブルイエ
シンシア　石井

材料（4個分）
A [全卵（L玉） … 1個
　　卵黄（L玉） … 1個
　　トリュフ（みじん切り） … 5g
　　無塩バター … 8g
　　塩、白コショウ … 各適量
　　生クリーム（乳脂肪分38%） … 適量
　　毛ガニ（ゆでて殻からとり出した身） … 48g
アメリケーヌソース … 24g
牛乳 … 適量
ウニ（生。塩水バフンウニ） … 12～20粒

1　Aをボウルに合わせる。湯煎にかけ、ゴムベラで底を返しながら、ゆっくり少しずつ火を入れる（グラスに入れるので、仕上がりはやわらかめでよい。ソースと一体化するようとろりとさせたいので、火を入れすぎないように注意する）。

2　アメリケーヌソースを小鍋に入れ、火にかけて軽く温める。

3　別の小鍋に牛乳を入れて45℃に温め、ブレンダーで攪拌してきめ細かな泡を作る。できた泡の上の部分をすくい、**2**の鍋に移してさっくりと合わせる。

4　グラスの底に**1**を入れ、ウニを1人分につき3～5粒のせ、**3**を注ぐ。

※底からすくって、全体を合わせて食べていただく。

（ガザミ〈ワタリガニ〉・ノコギリガザミ）

渡り蟹の酔っ払い
上海ガニの紹興酒漬けを、
ワタリガニと日本酒で作った。
とろとろになった身を、
吸うように食べていただく。

渡り蟹、乾燥キノコの土鍋仕立て
（砂鍋蘑菇青蟹）
カニの旨みとキノコの旨みを吸い込んだ、
春雨のおいしさが格別。

ガザミ・ノコギリガザミ

渡り蟹、発酵唐辛子、お餅の四川炒め
（泡椒年糕霸王蟹）
<small>パオジャオニェンガオバアワンシェ</small>

殻ごと切り分けたワタリガニに、味を入れながら炒める。
発酵唐辛子の奥深い風味が食欲をそそる。
食感の異なるトック（餅）がまたおいしい。

渡り蟹　和え素麺

ワタリガニの旨みが全体に広がって、
贅沢なおいしさ。

えび・かに・いか・たこ料理バリエーション

渡り蟹の酔っ払い
うぶか 加藤

材料（3人分）
ワタリガニ（活）… 1パイ（350g）
漬け地
- 日本酒 … 800cc
- 三温糖 … 80g
- 塩 … 25g
- 濃口醤油 … 50cc
- 生姜（薄切り）、長ネギ（青い部分）、粒山椒（乾燥）
   … 各適量
- 赤唐辛子 … 2本

＊混ぜ合わせる。

1 活ワタリガニをよく洗い、胸側に包丁を入れて縦半分に切ってはずし、甲羅と分ける（甲羅は切り分けず、ミソや内子をつけたまま）。掃除をして水気を切る。

2 漬け地に**1**をすべて漬け込む（皿などで落とし蓋をし、カニが完全に液体に浸っている状態にする。写真1、2）。1週間後から食べられる（熟成が進むと旨みが増し、身がとろけるようになる）。

3 **2**のカニの脚を付け根で切ってはずし、形を整えて皿に盛る。

※カニは常に液体に浸っているようにする。液面に出ていると、そこから腐敗する。
※手でつかんだときに怪我をしないよう、ハサミのトゲは切っておくとよい。

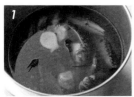

渡り蟹、乾燥キノコの土鍋仕立て
（砂鍋蘑菇青蟹）
麻布長江 香福筵　田村

材料（3人分）
ワタリガニ … 1パイ
乾燥キノコ
- 乾燥マイタケ（水で戻したもの。戻し汁300ccもとりおく）… 30g
- 乾燥夏草花（※水で戻したもの）… 15g
- 乾燥牛肝菌（ヤマドリタケ。水で戻したもの）… 20g
- 乾燥黄耳（黄キクラゲ。水で戻したもの）… 30g

乾燥春雨（水で戻したもの）… 60g
長ネギ … 40g
片栗粉、サラダ油 … 各適量
A
- 葱油（ネギの香りを移した香味油）… 大さじ2
- 生姜（みじん切り）… 大さじ2

B
- 酒 … 大さじ1
- 醤油 … 5g
- オイスターソース … 10g

万能ネギ（小口切り）… 適量

※夏草花：冬虫夏草に似せて作った、人工栽培のキノコ。

1 ワタリガニは口から金串を刺し、締める。ふんどし、甲羅をはずし、ガニ（エラ）をとり除いた後、6〜8切れに切り分ける。ハサミ（ツメ）も食べやすいように切る。それぞれの断面に、片栗粉をしっかりとまぶす。

2 乾燥キノコ類は、大きいものは食べやすい大きさに切る。長ネギは斜め薄切りにする。

3 たっぷりのサラダ油を200℃に熱し、**1**のカニを入れ、表面が固まったらすぐにとり出す。甲羅も油に通し、とり出しておく。

4 乾燥キノコ類と春雨を、沸騰した湯でゆでる。

5 土鍋にAを入れて香りが出るまで炒める。乾燥マイタケの戻し汁300ccと、**4**のすべてのキノコ類と春雨を入れて弱火で煮込み、キノコの旨みを出す。**3**のカニと長ネギを加え、5分ほど煮込む。

6 カニの旨みが出てきたら、Bで調味して仕上げる。器に盛り、甲羅を添え、万能ネギを散らす。

渡り蟹、発酵唐辛子、お餅の四川炒め
（泡椒年糕覇王蟹）

麻布長江 香福筵　田村

材料（2〜3人分）
ワタリガニ … 1パイ（500gほど）
トック（韓国の餅）… 50g
葉ニンニク … 30g
泡朝天椒（朝天唐辛子の漬物）… 16粒
片栗粉、サラダ油 … 各適量
A ┌ 酒醸（※）… 50g
　│ 泡辣椒（※ペースト）… 20g
　│ 生姜（みじん切り）… 15g
　│ ニンニク（すりおろし）… 10g
　└ 豆板老油（四川料理の香味油）… 25g
毛湯（中国・四川料理のガラスープ）… 200cc
長ネギ（みじん切り）… 大さじ4
米酢 … 20cc

※酒醸：もち米と麹を発酵させて作る、中国の天然調味料。
※泡辣椒：四川料理や湖南料理で使われる、唐辛子の発酵調味料。

1 ワタリガニの口から金串を刺し、締める。ふんどし、甲羅をはずし、ガニ（エラ）をとり除いた後、6〜8切れに切り分ける。ツメも食べやすいように切る。それぞれの断面に、片栗粉をしっかりとまぶす。

2 葉ニンニクは、4cm長さの斜め切りにする。

3 たっぷりのサラダ油を200℃に熱し、**1**のカニを入れ、表面が固まったらすぐにとり出す。甲羅も油に通し、とり出しておく。

4 サラダ油を少量ひいた鍋にAを入れ、弱火で炒める。香りが出たら毛湯を注ぎ入れ、**3**のカニを入れる。蓋をして、弱火で3〜4分煮込む（焦げないように絶えず鍋はゆする）。

5 蓋をはずしてトック、葉ニンニク、泡朝天椒を加え、強火にして汁気がなくなるまで炒める。

6 最後に長ネギと米酢を入れ、器に盛り、甲羅を添える。

渡り蟹　和え素麺

賛否両論　笠原

材料（2人分）
ワタリガニ … 1パイ
素麺 … 2把
A ┌ 太白ゴマ油 … 大さじ2
　│ 醤油 … 小さじ2
　│ みりん … 小さじ2
　└ 生姜（すりおろし）… 小さじ1/2
芽ネギ … 1パック
レモン … 1/2個
塩 … 適量

1 ワタリガニは塩ゆでし、身を殻からとり出す。

2 素麺はゆでて、冷水で締め、水気を切る。

3 **1**、**2**を合わせてAで和える。

4 **3**を器に盛り、芽ネギをのせ、レモンを添える。

渡り蟹のスープ　蒸しパン添え
おいしいだしの出るワタリガニの殻と野菜、
昆布を煮出し、味噌や醤油、みりんで味つけた和風スープ。

ガザミ・ノコギリガザミ

**渡り蟹の辛いトマトソース
アラビアータ**

シンプルなアラビアータに、ワタリガニの旨みを加えて。

**渡り蟹の冷製カッペリーニ
フレッシュトマトとアーモンドのソース**

シチリア島トラーパニのアーモンド、トマト、バジル、
ニンニクなどを合わせて作るペーストを、
ワタリガニと合わせて、冷製のパスタに。

のこぎりがざみのハサミフライ　山椒タルタル

カニのハサミ（ツメ）は、
そのまま食べるより揚げたほうがおいしい。
山椒風味のタルタルが相性よし。

のこぎりがざみ　葛豆腐　銀杏

しっかりとした歯応えがあるガザミの食感と、
葛豆腐のもちもち感との相性がいい。

えび・かに・いか・たこ料理バリエーション　181

渡り蟹のスープ　蒸しパン添え
賛否両論　笠原

材料(4人分)

- ワタリガニ … 2ハイ
- 塩 … 適量
- 玉ネギ … 1個
- トマト … 1個
- サラダ油 … 大さじ1
- A ┌ 水 … 1ℓ
    │ 酒 … 200cc
    └ だし昆布 … 5g
- B ┌ 味噌 … 大さじ1
    │ 濃口醬油 … 大さじ1
    └ みりん … 大さじ1

蒸しパン
- 薄力粉 … 350g
- ベーキングパウダー … 大さじ1
- 牛乳 … 150cc
- C ┌ 卵白 … 50g
    └ 砂糖 … 50g
- 太白ゴマ油 … 大さじ1
- 黒コショウ … 少量

1 ワタリガニは塩ゆでし、身を殻からとり出す。殻はぶつ切りにする。

2 玉ネギとトマトは薄切りにする。

3 鍋にサラダ油をひき、**1**の殻と**2**を入れて炒める。香りが立ってきたらAを入れ、中火で30分煮る。

4 **3**にBを加えて味を調え、漉す。

5 蒸しパン：ボウルに薄力粉とベーキングパウダーを入れて、手でざっと混ぜ、Cを加えてこねる。やわらかすぎる場合は、薄力粉(分量外)を加えて調整する。全体がまとまったら太白ゴマ油を加えてこねる。

6 **5**をラップフィルムで包み、30分常温でやすませる。

7 **6**の生地を一口大に丸めてバットに並べ、強火の蒸し器で12分蒸す。

8 **1**のカニの身を器に入れ、**4**を注ぎ、黒コショウをふる。**7**の蒸しパンを添える。

渡り蟹の辛いトマトソース　アラビアータ
ピコローレ・ヨコハマ　佐藤

材料(1人分)

- ペンネ(乾燥) … 70g
- ワタリガニ(活) … 1パイ(350g)
- オリーブ油 … 適量
- ニンニク(みじん切り) … 8g
- 赤唐辛子 … 2g
- ブランデー … 20g
- 白ワイン … 20g
- パッサータ … 300g
- 塩 … 適量

1 ワタリガニは甲羅をはずし、カニミソをとり出しておく。残りはガニ(エラ)などを掃除し、殻ごとぶつ切りにする。脚の殻には、縦に切り込みを入れておく。

2 フライパンにオリーブ油、ニンニク、赤唐辛子を入れて火にかけ、香りが出たら**1**のカニとミソを入れて炒める。香ばしく焼けたら、ブランデーを入れてフランベする。白ワインを加えてアルコールを飛ばし、パッサータを加え、10分ほど煮込む。

3 塩を加えた湯でゆでたペンネを**2**に入れて和え、器に盛る。ゆでた甲羅を添える。

渡り蟹の冷製カッペリーニ
フレッシュトマトとアーモンドのソース
ピコローレ・ヨコハマ　佐藤

材料(4人分)

- カッペリーニ(乾燥) … 240g
- ワタリガニ … 1パイ
- レシチン … 適量
- 塩 … 適量

フレッシュトマトとアーモンドのソース（作りやすい量）
- トマト…2個
- バジル（葉。みじん切り）…5枚分
- ニンニク（芯を抜いてみじん切り）…1/4粒分
- パッサータ…10g
- 塩、E.V.オリーブ油…各適量
- アーモンド（スライス。ローストしたもの）…30g

1 ワタリガニは蒸して、殻から身とカニミソをとり出し、身はほぐしておく（殻、甲羅はとりおく）。

2 フレッシュトマトとアーモンドのソース：トマトは皮を湯むきして軽く塩をし、ペーパータオルの上に1時間ほどおいて、軽く水分を切っておく。包丁でたたいて粗みじんにし、バジル、ニンニク、パッサータを加えて混ぜる。アーモンドを粗めにつぶしながら加え、塩とE.V.オリーブ油で味を調える。

3 1のワタリガニの殻を鍋に入れ、水を加えて火にかけ、カニミソも加えて煮出す。漉してだしをとり、レシチンを加えて、ブレンダーで泡立てる。

4 カッペリーニは塩を加えた湯でゆでて、氷水にとり、水気をとる。

5 2のソース適量に1のカニの身を加え、4を入れて和え、器に盛る。ワタリガニの甲羅と、3の泡を添える。

のこぎりがざみのハサミフライ 山椒タルタル
うぶか　加藤

材料（1人分）
- ノコギリガザミ（ツメ。塩ゆでして、切り離したもの）…2本
- 塩、コショウ…各少量
- 卵…1個
- 小麦粉、パン粉…各適量
- 揚げ油…適量
- 実山椒のタルタル（p.284参照）…20g
- レタス（せん切り）…適量
- スダチ…1/2個

1 ノコギリガザミのツメは、先端を残して包丁で殻をはずし、身にさっと塩、コショウをし、小麦粉、溶き卵、パン粉の順につけて揚げる。

2 1を器に盛り、レタスとスダチ、実山椒のタルタルを添える。

のこぎりがざみ　葛豆腐　銀杏
うぶか　加藤

材料（1人分）
- ノコギリガザミ（ミソが入った甲羅をはずして残りの部分を塩ゆでし、殻からとり出した身※）…20g
- ノコギリガザミのカニミソ（甲羅に入ったまま蒸し、とり出したもの※）…少量
- 葛豆腐（作りやすい量。流し缶1つ分。16人分）
  - 豆乳（北海道産「とよむすめ」のもの）…700cc
  - 水…50cc
  - 吉野葛…80g
- 煎りだし（※）…25g
- ギンナン（素揚げする）…適量

※「うぶか」では、大きなカニは身とミソを分けて火入れしている。
※煎りだし：一番だし（羅臼昆布と鮪節でとったもの）50cc、みりん10cc、薄口醬油10ccを合わせる。

1 葛豆腐：葛と分量の水を合わせてよく混ぜ、混ざったら豆乳を加えて更によく溶き、漉して鍋に入れ、中火にかけて木ベラで練る。固まりだしたら弱火にしてしっかり練る。流し缶に流し、冷蔵庫で冷やし固める。

2 1を1人分切り出して器に盛り、ノコギリガザミの身とミソをのせて天火で軽く焼く。ギンナンを散らし、煎りだしをはる。

［ソフトシェルクラブ］※食材名。

ソフトシェルクラブ　おこげ揚げ
（锅巴炸软売蟹）
<small>ゴーバーザールワンクゥシェ</small>
サフランライスと黒米のおこげをまとわせて、
カリッとした食感と色を加えた。

**カリッと揚げたソフトシェルクラブ
塩漬け卵ソース**（咸蛋软売蟹）
<small>シェンダンルワンクゥシェ</small>
塩漬け卵に、練乳やスパイスを加えて作るソースが、
揚げたカニによく合う。

（カニミソ）

たらば蟹みそ
タラバガニのカニミソの究極の
おいしい食べ方、だと思う。

上海蟹みそと長芋の卵見立て
（賽咸蛋_{サイシェンダン}）
ゆで卵の黄身のように見える部分は、
上海ガニのカニミソと内子を加えたカボチャペースト。
白身のように見える部分は、
長イモベースのペーストである。

えび・かに・いか・たこ料理バリエーション　185

ソフトシェルクラブ おこげ揚げ
（锅巴炸软売蟹）
ゴーパーザールワンクゥシェ

麻布長江 香福筵　田村

材料（2人分）
ソフトシェルクラブ
　（冷凍を解凍）… 2ハイ
乾燥サフランライス（※）
　… 50g
乾燥黒米（※）
　… 10g
揚げ油 … 適量
糊
　┌ 薄力粉 … 10g
　│ 水 … 15g
　└ ＊混ぜ合わせる。

スパイス塩
　┌ 塩 … 大さじ2
　│ 黒コショウ
　│ 　… 小さじ1/2
　│ カレー粉 … 小さじ1
　│ 乾燥パセリ
　│ 　… 大さじ3
　│ 五香粉 … 小さじ1/2
　└ ＊混ぜ合わせる。

※乾燥サフランライス：米に水を加えて煮て、サフランを入れて色を出す。やわらかくなったらバットに薄くのばし、乾燥させる。
※乾燥黒米：黒米に水を加えて煮て、やわらかくなったらバットに薄くのばし、乾燥させる。

1　ソフトシェルクラブはしっかりと水気を切り、糊をまぶした後（写真1）、2種類の乾燥米をしっかりとはりつける（写真2、3）。

2　1を160℃の油に入れ、乾燥米を膨らませながらおこげにし、ソフトシェルクラブに火を入れる。

3　2を器に盛り付け、スパイス塩をふる。

カリッと揚げたソフトシェルクラブ 塩漬け卵ソース（咸蛋软売蟹）
シェンダンルワンクゥシェ

麻布長江 香福筵　田村

材料（2人分）
ソフトシェルクラブ（※冷凍を解凍。写真1）… 2ハイ
コーンスターチ … 適量
揚げ油 … 適量
塩漬け卵ソース（作りやすい量）
　┌ 咸蛋（中国の塩漬け卵）… 2個
　│ 　シェンダン
　│ 無糖練乳 … 60g
　│ カレー粉 … 小さじ1/6
　│ クミンパウダー … 小さじ1/6
　└ ターメリック … 小さじ1/6

＊咸蛋は生の場合は20分ほど蒸し、殻をむく。加熱済みの場合はそのまま殻をむく。すべての材料をミキサーにかけ、ペースト状にする。

※ソフトシェルクラブは特定のカニの名ではなく、脱皮直後の殻のやわらかいカニの、食材としての呼び名。アメリカのブルークラブや東南アジアのマングローブクラブなど、ワタリガニ科のカニが使われる。

1　ソフトシェルクラブはしっかりと水気を切り、コーンスターチを全体にまぶす。

2　1を、160℃の油で表面がカリッとなるまで、しっかりと揚げる。

3　塩漬け卵ソースを適量ボウルにとり、湯煎にする。絶えず混ぜながら軽くとろみがつくまで加熱する。

4　器に3のソースを敷き、2を盛り付ける。

たらば蟹みそ
うぶか　加藤

材料（6人分）
タラバガニのカニミソ（生）… 1パイ分
日本酒（熟成酒）… カニミソの重量の1割
卵 … 1個
薄口醬油 … 適量
七味唐辛子 … 少量

1　タラバガニのカニミソをとり出して鍋に入れ、日本酒（熟成酒）と卵を加え、弱火にかけてヘラで練る。
2　少しずつ固まりはじめ、ヘラについてくるようになったら薄口醬油で味を調え、冷ましておく。
3　器に盛り付け、七味唐辛子をふる。

※弱火で加熱しないと、食感が悪くなる。

上海蟹みそと長芋の卵見立て（賽鹹蛋）
麻布長江 香福筵　田村

材料（8〜10個分）

[卵白部分]
- 長イモ … 400g
- 無糖練乳 … 30g
- グラニュー糖 … 10g
- 塩 … 2g
- 板ゼラチン … 10g

[卵黄部分]
- カボチャペースト（※）… 60g
- 上海ガニのカニミソと内子（蒸した上海ガニからとり出したもの）… 80g
- 板ゼラチン … 5g

※カボチャペースト：カボチャを丸ごと、150℃のオーブンに1時間30分ほど入れる。水分が抜けて甘みが凝縮したら、種、皮をとり除き、裏漉す。

[卵白部分]
1　長イモは皮をむき、20分蒸す。板ゼラチンは水に浸しておく。
2　フードプロセッサーに**1**の長イモ、無糖練乳、グラニュー糖、塩を入れ、攪拌してペースト状にする。
3　水気を切った板ゼラチンを湯煎にして溶かし、**2**のフードプロセッサーに加え、混ぜ合わせる。

[卵黄部分]
4　板ゼラチンは水に浸しておいた後、水気をしっかり切り、湯煎にして溶かす。
5　ボウルにカボチャペーストと上海ガニのカニミソと内子を入れ、**4**のゼラチンを加えよく混ぜる。
6　**5**を卵黄ほどの大きさに丸め（8〜10個ほどになる）、冷蔵庫で冷やし固める。

[仕上げ]
7　卵型に**3**を流し込み、真ん中に**6**を入れ、型を合わせてとじ、冷蔵庫で一日冷やし固める。
8　**7**が固まったら、ぬるま湯に卵型をさっと浸けて、中身をとり出し、縦半分に切り分ける。

ずわい蟹のミソのバーニャカウダ

カニミソのおいしさで野菜を食べる。
「バカール」時代のスペシャリテ。
今でも常連のお客様から
リクエストがあったときに作る。

カニミソ

上海蟹みそと香りを味わう土鍋菊ご飯
（禿黄油菊花饭）
_{トゥファンジュウフアファン}

中国には、「菊黄蟹肥（菊の花が咲くころ、
カニが太って食べごろになる）」という言葉があり、
カニと菊の組み合わせは定番。ここでは、
菊の花を散らしたご飯を、上海ガニ風味の油、
カニミソと内子、カニ酢で食べていただく。

上海蟹みその中国パイ
（蟹黄酥饼）
_{シェファンスーピン}

上海ガニのカニミソと内子で作る
あんを包んだ、小さなパイ。

えび・かに・いか・たこ料理バリエーション

ずわい蟹のミソのバーニャカウダ

シンシア 石井

材料（作りやすい量）
カニミソソース
- カニミソ（缶詰）… 10缶（1缶100gのもの）
- ニンニク（皮をむいたもの）… 1.5kg
- E.V.オリーブ油 … 350g
- 生クリーム（乳脂肪分38％）… 250g
- 塩、白コショウ … 各適量

野菜（好みのものでよい）
- オレンジカリフラワー、花ズッキーニ、ツボミナ、ラーパロッサ、タルティーボ、マイクロラディッシュ、ロマネスコ、ピサンリ、黒大根、五郎島金時、カブなど … 各適量

ズワイガニ（塩ゆでして殻からとり出した身）… 適量

1 カニミソソースを作る。鍋にニンニクを入れ、牛乳（分量外）をひたひたに注ぐ。火にかけて、沸騰させない火加減で、1時間ほどコトコトと火を入れる（臭みが消え、味がまろやかになる）。

2 1をザルにあけ、水で洗い流す。

3 2のニンニクを大きめの鍋に移し、E.V.オリーブ油、生クリーム、カニミソを入れて火にかける。軽く沸いたらミキサーにかけ、塩、コショウで味を調える。

4 野菜は、生、揚げる、焼く、ゆでるなど、それぞれに合った調理をする。

5 氷を敷いた器に4の野菜を盛り、温かい3のカニミソソースを小さめの器に入れ、カニの身をのせて添える。

※野菜は調理法に変化をつけ、コントラストをつけるとよい。

上海蟹みそと香りを味わう土鍋菊ご飯
（禿黄油菊花饭）

麻布長江 香福筳 田村

材料（2〜3人分）
- 米（といでおく）… 2合
- 食用菊 … 15g
- 上海ガニ油（※）… 40cc
- 塩 … 小さじ1/2
- 上海ガニのカニミソと内子（蒸した上海ガニからとり出したもの）… 30g
- カニ酢（醤油1：鎮江黒酢3の割合で合わせたもの）… 20cc
- 生姜（細切り）… 少量

※上海ガニ油：上海ガニの殻と米油（サラダ油や大豆油でもよい）を鍋に合わせて弱火で煮て、カニの香りと旨みを移して漉す。

1 沸騰した湯400ccに食用菊を入れ、火を止めて蓋をする。そのまま15分ほどおいて菊の香りを移し、漉して菊だしとする。

2 冷めた1の菊だしと米を土鍋に入れ、ご飯を炊く。炊き上がったら、菊の花びら（分量外）を散らしておく。

3 上海ガニ油を小鍋に入れ、塩小さじ1/2を加えて温める。器に注ぎ入れる。

4 上海ガニのカニミソと内子、カニ酢もそれぞれ器に入れる。カニ酢には生姜を加えておく。

5 2のご飯に3、4を添える。よそったご飯に好みで3、4を加え、混ぜて食べる（写真1）。

上海蟹みその中国パイ（蟹黄酥餅/シェファンスーピン）

麻布長江 香福筵　田村

材料（10個分）

生地
- 水油皮
  - A
    - 薄力粉 … 36g
    - 強力粉 … 36g
    - ラード … 22g
    - グラニュー糖 … 9g
    - 水 … 35g
- 油皮
  - 薄力粉 … 50g
  - ラード … 25g

上海カニミソあん
- 上海ガニのカニミソと内子（蒸した上海ガニからとり出したもの）… 120g
- ニンジン（すりおろし）… 60g
- 塩 … 4g
- 清湯（チンタン/中国料理の澄んだスープ）… 50cc
- トレハロース … 6g
- コーンスターチ … 17g

揚げ油 … 適量

[生地]

1　水油皮：薄力粉、強力粉はふるっておく。ボウルにAを入れて混ぜ込み、まとまるようになったら麺台にとり出し、こするようにして練る。

2　1をひとつにまとめ、麺台にたたきつけるようにして練る。生地の表面がなめらかになったらビニール袋に入れて、冷蔵庫で30分やすませる。

3　油皮：薄力粉はふるっておく。ボウルに薄力粉と冷えたラードを入れ、塊ができないように手のひらでおしつぶすように練る。

4　2の水油皮を軽くのばし、3の油皮を中心に置き、包む。麺台に打ち粉をして、包んだ生地を置き、麺棒で長方形にのばす。打ち粉をはらい、三つ折りにする。

5　4の生地を90度回転させ、再度長方形にのばし、三つ折りにして90度回転させ、薄い正方形にのばす。打ち粉をし、霧吹きで表面を湿らせる。

6　5を手前からロール状に巻く、ラップフィルムで包み、冷蔵庫に1時間ほどおいて締める。

7　カッターを使い、6の生地を端から15gずつ切る（断面をつぶさないように）。切った生地を常温に戻し、手のひらで軽くつぶしてから、麺棒で直径6～7cmにのばす。

[上海カニミソあん]

8　あんの材料をすべて混ぜ合わせて鍋に入れ、弱火にかける。絶えず混ぜながら加熱し、沸騰したら、とり出して冷やす。冷えたら20gずつ丸めておく。

[包む]

9　7でのばした生地の中央に、8をのせ、口をすぼませながら丸く包む。

10　包み口を下にして、両手で生地をまわしながら、丸く成形する。

[揚げる]

11　ザーレンに10のパイをのせ、160℃の油に入れ、表面を固める。その後、温度を下げ、ゆっくりと火を入れる。

12　パイの層がはっきりとしてきたら温度を上げて、とり出す。

13　200℃のオーブンに2～3分ほど入れて、油を落としてから提供する。

えび・かにに似たもの（シャコ）

子持ちシャコと蓴菜の酢の物
もっちりとした子持ちのシャコを、
みずみずしいジュンサイと合わせ、
さっぱりとした土佐酢風味で。

子持ちシャコの飯蒸し
子持ちシャコに、飯蒸しの食感がよく合う。

シャコと天然山菜のサラダ（沙拉野菜瀬尿虾）
<small>シャラァイェヅァイライニォシャァ</small>

シャコに季節の山菜を合わせ、
山椒風味のドレッシングで。

シャコ春巻き（脆皮瀬尿虾）
<small>ツイピーライニォシャー</small>

極細切りにして、油で揚げた春巻きの皮を、
シャコのまわりにはりつけて作る、
簡単春巻き。

えび・かに・いか・たこ料理バリエーション

子持ちシャコと蓴菜の酢の物
うぶか　加藤

材料(1人分)
子持ちシャコ … 1本
ジュンサイ … 50g
土佐酢(※) … 適量
花穂紫蘇 … 1本分
塩 … 適量

※土佐酢(作りやすい量):一番だし(羅臼昆布と鮪節でとったもの)300cc、米酢100cc、薄口醬油50ccを合わせる。

1　子持ちシャコは、2%の塩を加えた湯で5分ゆでる。ザルに上げ、2%の塩を加えた氷水に入れて冷やす。水気を切り、殻から身をとり出す。背側に縦の切り目を入れる。

2　ジュンサイは水気を切り、塩を少量加えた湯でゆで、鮮やかな緑色になったら氷水に落とす。冷えたら水気を切る。

3　器に**2**のジュンサイを入れ、**1**のシャコを半分に切ってのせ、土佐酢をかけて、花穂紫蘇を散らす。

子持ちシャコの飯蒸し
うぶか　加藤

材料(1人分)
子持ちシャコ … 1本
道明寺粉 … 30g
シャコのだし(※) … 適量
塩 … 適量
薄口醬油 … 少量
みりん … 少量
吉野葛 … 適量
木の芽 … 適量

※シャコのだし:塩ゆでして身をとり出したあとのシャコの頭と殻を適量鍋に入れ、水をひたひたに注ぎ、日本酒を少量加えて火にかける。沸騰したらアクをすくい、火を弱めて20分加熱し、漉す。

1　子持ちシャコは、2%の塩を加えた湯で5分ゆでる。ザルに上げ、2%の塩を加えた氷水に入れて冷やす。水気を切り、殻から身をとり出す。背側に縦の切り目を入れる。

2　ボウルに道明寺粉を入れ、同量のシャコのだしを加え、ラップをしておく。

3　**2**がだしを吸って膨らんできたら、俵状にまとめて器に入れ、上に**1**のシャコの身をのせ、蒸し器で10分蒸す。

4　シャコのだしを鍋に入れ、塩、薄口醬油、みりんで味を調え、水溶きの葛でとろみをつける。

5　**3**の蒸し上がりに**4**をかけ、木の芽をのせる。

シャコと天然山菜のサラダ
（沙立野菜瀬尿虾）

麻布長江 香福筵　田村

材料（2人分）

シャコ（ゆでて殻からとり出したもの）… 6本

A ┌ クレソン … 10g
　├ イヌガラシ … 5g
　├ ヤブニンジン … 3g
　└ 田ゼリ … 5g

菜の花（開いた花の部分）… 適量

ドレッシング
　┌ 塩 … 6g
　├ 醤油 … 6g
　├ 紹興酒 … 20g
　├ 黒酢 … 6g
　├ 太白ゴマ油 … 40g
　├ 藤椒油（※）… 30g
　└ 花椒粉（中国山椒の粉）… 少量

※藤椒油：生の青山椒（藤椒）を菜種油に入れて低温でじっくりと煮詰め、香りを移したオイル。四川料理でよく使われる。

1　Aの天然山菜類は、すべて食べやすい大きさに切り、水洗いしてしっかりと水気を切る。

2　ドレッシングの材料を、混ぜ合わせる。

3　ボウルに**1**とシャコを入れ、**2**のドレッシングで和える。

4　**3**を器に盛り、菜の花を散らす。

シャコ春巻き（脆皮瀬尿虾）

麻布長江 香福筵　田村

材料（4本分）

シャコ（ゆでて殻からとり出したもの）… 4本

春巻きの皮（極細切りにする）… 2枚分

A ┌ ガリ（生姜の甘酢漬け。細切り）… 4g
　├ らっきょう（細切り）… 6g
　├ みょうが（細切り）… 2g
　└ 生姜（細切り）… 2g

B ┌ 醤油 … 4g
　├ 酢 … 8g
　└ 芝麻醤（ジーマージャン）… 4g

揚げ油 … 適量

1　極細切りにした春巻きの皮を、160℃の油で香ばしく揚げる。

2　シャコにA、Bを加えて和える（写真1）。

3　**2**のシャコのまわりに、**1**をやさしくまぶしつけて（写真2、3）、器に盛り付ける。

いか（ヤリイカ）

ヤリイカとグリーンピースの煮込み
イカの旨みを吸い込んだ、
グリーンピースやジャガイモがおいしい。

ヤリイカのフリートスのボカディージョ
イカリングのバゲットサンド。
マドリードに専門店があり、大学生に人気。

ヤリイカ

いかの香り野菜詰め
香りに個性のある野菜を、イカに詰めて焼く。
中に野菜がある分、しっとりと焼き上がる。

ヤリイカのパスタ仕立て　イカスミソース
イカを細切りにしてパスタ仕立てに。
イカは、熱して火からおろしたニンニクオイルに入れて、
余熱でやわらかく火を入れる。

ヤリイカとグリーンピースの煮込み

アルドアック　酒井

材料（1皿分）
ヤリイカ（内臓を掃除して、食べやすい大きさに切る）
　　…1パイ
ジャガイモ（皮をむいて一口大に切る）…150g
グリーンピース（むき実）…100g
オリーブ油…15cc
ニンニク（みじん切り）…1粒分
玉ネギ（みじん切り）…100g
魚のスープ（p.214参照）…100cc
グリーンピースのだし（※）…100cc
ローリエ…1枚
トマトソース（p.231参照）…30g
パプリカパウダー…5g
塩…適量

※グリーンピースのだし：グリーンピースのサヤ（100gの実をとり出したあとのサヤすべて）と水1ℓを合わせ、30分煮出して漉したもの。

1　鍋にオリーブ油をひいてニンニクと玉ネギを炒め、香りが出たらイカとジャガイモを加えてさっと炒める。
2　1に魚のスープとグリーンピースのだし、ローリエを加え、15分ほど煮込む。
3　2にグリーンピースの実を入れ、トマトソース、パプリカパウダー、塩を加えて更に15分ほど煮込む。

ヤリイカのフリートスのボカディージョ

アルドアック　酒井

材料（4人分）
ヤリイカ…500g
塩…適量
レモン果汁…適量
衣
　卵…2個
　牛乳…100cc
　薄力粉…125g
　＊混ぜ合わせる。
揚げ油（オリーブ油）…適量
パン…適量

1　イカは足をはずして（足は別の料理に使う）内臓を掃除し、胴の皮をむき、輪切りにする。
2　1のイカの胴に塩とレモン果汁をふり、衣をつけて、180℃の油で揚げる。
3　2をパンに挟む。

いかの香り野菜詰め

Hiroya　福嶌

材料（1人分）
ヤリイカ … 1パイ
A ┌ 長ネギ … 適量
　├ シイタケ … 適量
　├ セリ（ざく切り）… 適量
　├ 菜の花（ざく切り）… 適量
　└ 玉ネギのピュレ（※）… 適量
オリーブ油 … 適量
塩、コショウ … 各適量
シェリーヴィネガー … 適量
ブランデー … 適量
エンダイブ … 適量
プチヴェール（高温の油で揚げたもの）… 適量
塩豚（※）… 適量

※玉ネギのピュレ：玉ネギを、皮付きのまま丸ごとオーブンでローストし、皮をむいてミキサーにかけ、ピュレにする。
※塩豚：塊の豚バラ肉（脂の多い部分）に岩塩をまぶして6〜8時間ほどおいた後、塩を洗い流し、コショウ、ニンニクで表面を覆い、冷蔵庫に入れて、いい状態になるまで乾燥させる（時間は肉の大きさによる）。

1　Aの長ネギとシイタケは適宜に切り、オリーブ油をひいたフライパンでさっと炒め、塩、コショウをし、シェリーヴィネガーで酸味を少し加える。他のAの材料と合わせておく。

2　イカは内臓を掃除し（ワタはとりおく）、ミミ（エンペラ）の付いた胴と足に分ける。

3　2の胴に1を詰め、足とともに軽く塩をふり、オリーブ油をまとわせて、強火で熱したフライパンに入れてさっと表面を焼きつける。ブランデーとオリーブ油をかけ、オーブンに4分ほど（イカの大きさによる）入れて火を通す。

4　イカのワタは、オリーブ油で軽く炒め、細かく切って、生のエンダイブと和える。3で出た焼き汁を加えて混ぜ合わせる。

5　器に4を敷く。3のイカを胴とミミ部分に切り分けて、足とともに盛り付ける。揚げたプチヴェールと、薄切りにした塩豚を散らす。

ヤリイカのパスタ仕立て　イカスミソース

アルドアック　酒井

材料（1人分）
ヤリイカ（掃除して皮をむいた胴の身）… 60g
A ┌ ニンニク（みじん切り）… 1/2粒分
　├ オリーブ油 … 10cc
　├ 白ワイン … 10cc
　└ 塩 … 適量

イカスミソース（作りやすい量）
┌ 玉ネギ（みじん切り）… 600g
├ ニンニク（みじん切り）… 2粒分
├ トマトホール（缶詰）… 200g
├ イカスミ … 100g
├ 白ワイン … 300cc
└ オリーブ油 … 20cc

ミント … 適量

アイオリソース（作りやすい量）
┌ ニンニク … 1粒
├ オリーブ油 … 50cc
└ マヨネーズ … 100g
＊ニンニクをたたいてつぶし、すり鉢に入れ、オリーブ油を少しずつ入れながらすりこ木で混ぜて乳化させた後、マヨネーズと合わせる。

1　イカスミソース：鍋にオリーブ油をひいて、ニンニクと玉ネギを入れて炒め、香りが出たらトマトホールとイカスミ、白ワインを加えて30分ほど煮込み、ピュレ状にする。

2　イカは、細切りにする。

3　鍋にAのニンニクとオリーブ油を入れて火にかけ、香りが出てきたら白ワインと塩を加えて混ぜて乳化させる。2のイカを加えて火からおろして混ぜ、余熱で火を入れる。

4　器に1のイカスミソースを敷いて、3のイカを盛り、ミントを散らし、アイオリソースを適量添える。

ヤリイカ和え麺　キャビア
（鱿鱼须拌面）
ヨウユィスゥパンミェン

味つけは香り醤油とネギソース。
全体を混ぜ合わせて、味が完成する。

炙りいか　海苔醤油

焼き海苔で簡単に作れる海苔醤油。
レアに火を通したイカによく合う。

ヤリイカ

ヤリイカさっと煮　香味野菜と
（香味炝中巻）
<small>シャンウェイチャンジョンジュワン</small>

オイスターソースベースのたれと、香り野菜、
みかんの甘みがイカを引き立てる。
イカは火を通しすぎないように。

いか筍
2つの素材で作る、
さまざまな食感と味わいを楽しむ。

ヤリイカ和え麺　キャビア
（魷魚須拌面）
<small>ヨウユィスゥパンミェン</small>

麻布長江 香福筵　田村

材料（1皿分）
ヤリイカ … 1パイ
中華麺 … 1玉
香り醤油（作りやすい量）
　┌ 砂糖 … 5g
　│ 水 … 175cc
　│ 醤油 … 50g
　│ 香菜の茎 … 4g
　│ 干しエビ … 4g
　└ 鮎魚醤 … 15g
ネギソース
　┌ 長ネギ（みじん切り） … 大さじ3
　│ 生姜（みじん切り） … 小さじ1
　│ 葱油（ネギの香りを移した香味油） … 大さじ2
　└ 塩、醤油、酢 … 各少量
キャビア … 適量

1　香り醤油：砂糖、分量の水、醤油を合わせて沸騰させ、火を止めて香菜の茎、干しエビを加える。冷めたら鮎魚醤を加えて一晩おき、漉す。

2　ネギソース：耐熱のボウルに長ネギと生姜を入れておく。鍋で葱油を180℃に熱してボウルに加え、香りを出す。塩、醤油、酢で味つける。

3　ヤリイカは足をとりはずし、内臓を掃除する。胴の皮をむいて水洗いし、水気をふきとる。

4　**3**のイカを、素麺状に細く切る。

5　中華麺をゆでる。水気を切ってボウルに入れ、**1**の香り醤油を大さじ3加えて和える。

6　**5**を器に盛り、**4**のイカ、**2**のネギソース、キャビアをのせる。食べるときに、全体をよく混ぜ合わせる。

炙りいか　海苔醤油

賛否両論　笠原

材料（2人分）
ヤリイカ … 1パイ
みょうが … 2個
万能ネギ … 3本
大葉 … 5枚
カイワレ菜 … 1/3パック
海苔醤油
　┌ 焼き海苔 … 2枚
　│　┌ 酒 … 60cc
　│ A│ だし … 60cc
　│　│ 濃口醤油 … 80cc
　│　└ みりん … 20cc
わさび（すりおろし） … 少量
スダチ … 1個

1　海苔醤油：海苔をちぎって鍋に入れ、Aを加え、10分ほど浸けてふやかす。

2　**1**を火にかけて弱火で5分ほど煮詰め、冷ましておく。

3　みょうが、万能ネギは小口切りにし、大葉はせん切りに、カイワレ菜は1cm長さに切る。すべて合わせて水にさらしてシャキッとさせ、水気を切る。

4　ヤリイカはさばいて掃除する。胴は皮をむいて切り開く。

5　**4**を直火であぶってレアに火を通し、一口大に切る。

6　**5**を器に盛り、**3**、おろしわさび、スダチ、**2**の海苔醤油を添える。

ヤリイカさっと煮　香味野菜と
（香味熗中巻）
_{シャンウェイチャンジョンジュワン}

麻布長江　香福筵　田村

材料（2～3人分）
ヤリイカ … 3バイ
A ┌ 葱油（ネギの香りを移した香味油）… 大さじ1/2
　└ オイスターソース … 大さじ1
B ┌ 清湯（中国料理の澄んだスープ）… 200cc
　│ 酒 … 大さじ1
　└ 醤油 … 大さじ1
C ┌ クレソン（太い茎から細い茎と葉を摘みとる）… 1束分
　│ 香菜（4cm幅のざく切り）… 5g
　│ セリ（4cm幅のざく切り）… 5g
　└ 生姜（細切り）… 2g
塩、酢 … 各少量
葱油 … 大さじ1
みかん（房からとり出した実）… 1/2個分

1　ヤリイカは足をとりはずし、内臓を掃除する。胴は皮をむき（ミミは付けたまま）、1.5cm幅の輪切りにする。足は吸盤をしごきながら水洗いし、一口大に切る。

2　沸騰した湯で**1**の足と胴の身をさっとゆでる。

3　鍋にAを入れて弱火で炒める。香りが出たら、Bと**2**のイカを入れ、弱火で3分煮込む。

4　ボウルにCを入れる。少量の塩と酢を加えて和える。鍋に葱油大さじ1を入れて180℃に熱し、ボウルの野菜類にかけて、香りを出す。全体をさっと和え、みかんを加える。

5　**3**を器に盛り、**4**をのせる。

いか筍

賛否両論　笠原

材料（4人分）
ヤリイカ … 1パイ
新タケノコ … 2本
A ┌ だし … 600cc
　│ 酒 … 50cc
　│ 薄口醤油 … 50cc
　└ みりん … 50cc
　　太白ゴマ油 … 大さじ3
B ┌ 濃口醤油 … 大さじ1
　└ みりん … 大さじ1
木の芽 … 適量
塩 … 適量

1　タケノコは、アク抜きした後、Aで炊いて、味を含ませておく。

2　ヤリイカはさばいて掃除し、胴は皮をむいて斜めに細かい切り目を入れ、食べやすく切る。足は塩ゆでしておく。

3　**1**の穂先部分はくし形に切り、根元部分はBとともにミキサーにかけてピュレ状にする。

4　**2**と**3**を器に盛り合わせ、木の芽を添える。

ヤリイカ

月冠飯蒸し
小ヤリイカに詰めた、上品な飯蒸し。
柚子を散らして、香りよく。

やりいかの山菜詰めソテー
師である「ラ・ブランシュ」の田代シェフの、
小ヤリイカのズッキーニ詰めを、山菜を使ってアレンジ。
山菜の香りや苦みがおいしく、ラヴィゴットの酸味もイカによく合う。
ヤリイカは生でも食べられるので、レアに火を通す。

（ケンサキイカ）

ケンサキイカの肉詰め
ヴィネガーソース
海のものと山のものを合わせるのに
抵抗のないスペインでは、イカにも肉を詰める。

お米を詰めたダルマイカの
トマト煮込み
イタリア版いか飯。ケッパー入りのトマトソースを
たっぷり添えて。

月冠飯蒸し
賛否両論　笠原

材料(4人分)
小ヤリイカ … 4ハイ
もち米 … 3合
A ┌ 酒 … 240cc
　└ 粗塩 … 小さじ1½
B ┌ 水 … 1ℓ
　│ だし昆布 … 5g
　│ 薄口醤油 … 大さじ3
　└ みりん … 大さじ3
　＊合わせる。
黄柚子皮 … 少量

1 もち米は、洗って3時間以上浸水させ、ザルに上げて水気を切る。

2 さらしを敷いたザルに**1**を入れ、蒸気の上がった蒸し器に入れて、中火で30分蒸す。

3 **2**をいったん蒸し器からとり出し、Aを加えて混ぜ合わせ、再び蒸し器に入れて15分蒸す。

4 ヤリイカは足と内臓をはずして掃除し、胴をBに30分浸ける。

5 **4**の水気をふきとり、中に**3**を詰め、蒸し器に入れて10分蒸す。

6 **5**を一口大に切って器に盛り、すりおろした柚子皮を散らす。

やりいかの山菜詰めソテー
シンシア　石井

材料(2人分)
小ヤリイカ … 2ハイ
<u>山菜</u>
┌ コゴミ、コシアブラ、タケノコ、タラの芽(それぞれ
│ ゆでて、細かく切ったもの。他の料理に使った残りでもよ
└ い) … 計60g
オリーブ油、塩、白コショウ … 各適量
<u>ラヴィゴット</u>
┌ エシャロット(みじん切り) … 20g
│ トマト(小角切り) … 20g
│ ニンニク(みじん切り) … 5g
│ シェリーヴィネガー … 10cc
│ オリーブ油、E.V.オリーブ油 … 各適量
│ ケッパー(酢漬け) … 10g
│ ハーブ(セルフィーユ、イタリアンパセリ〈各みじん切り〉)
└ 　… 適量
フルーツトマト(薄切り) … 4枚
コシアブラ(フリットにしたもの) … 適量

1 イカは内臓を掃除して、胴の皮をむく。足は細かく切り、オリーブ油でさっと炒める。

2 **1**の足と<u>山菜</u>を合わせ、塩、コショウで味を調える。

3 **1**のイカの胴の中に**2**を詰め、楊枝でとじる。

4 <u>ラヴィゴット</u>：オリーブ油とニンニクをフライパンに入れて火にかける。ニンニクが少し色づいたらエシャロットとトマトを加える。エシャロットがしんなりして、トマトが砕けてきたら、シェリーヴィネガーを入れ、沸かす。ボウルに移し、E.V.オリーブ油、ケッパー、ハーブを加えて和える。冷やしておく。

5 **3**に塩、コショウをし、オリーブ油をひいたフライパンに入れ、強火で両面をさっと焼く(中が軽く温まればよい)。

6 器にフルーツトマトを2枚ずつ敷き、**5**をのせ、コシアブラのフリットをのせて、**4**のラヴィゴットを添える。

ケンサキイカ

ケンサキイカの肉詰め　ヴィネガーソース

アルドアック　酒井

材料（作りやすい量）
ケンサキイカ … 1パイ
詰め物
　┌ 豚挽き肉 … 80g
　│ イタリアンパセリ（みじん切り） … 適量
　│ ニンニク（みじん切り） … 1/2粒分
　│ 塩 … 1g
　└ コショウ … 適量
オリーブ油 … 5cc
塩 … 適量
　┌ ニンニク … 1/2粒
A│ 玉ネギ（小角切り） … 20g
　└ ローリエ … 1枚
白ワインヴィネガー … 100cc
　┌ ミニトマト … 4個
B│ ピキージョピーマン（※短冊切り） … 10g
　└ タイム … 少量

※ピキージョピーマン：スペイン産赤ピーマン。炭火焼き水煮瓶詰または缶詰。

1 イカは内臓を抜いて、胴と足に分ける（胴の皮はつけたまま）。

2 詰め物の材料は、練り合わせる。

3 1のイカの胴に2を詰めて、オリーブ油をひいたフライパンで焼き、塩をする。途中でイカの足とAを加える。イカの皮がフライパンについて焦げてきたら、白ワインヴィネガーを3回ほどに分けて加えながら、旨みをこそげとる。

4 ヴィネガーが煮詰まってきたら、Bを加える。トマトが煮崩れてきたらでき上り。

※切り分けて皿に盛り、パセリオイル（p.218参照）をかけてもよい。

お米を詰めたダルマイカのトマト煮込み

ピコローレ・ヨコハマ　佐藤

材料（4人分）
ダルマイカ（※ケンサキイカ） … 2ハイ（1パイ340g）
詰め物
　┌ イタリア米 … 120g
　│ 塩 … 適量
　│ ダルマイカの足（刻んでたたいておく） … 2ハイ分
　│ 卵白 … 20g
　│ パン粉 … 10g
　└ ニンニク（みじん切り） … 少量
オリーブ油 … 適量
白ワイン … 少量
　┌ トマトホール（缶詰。裏後しておく） … 540cc
A│ ケッパー（酢漬け） … 30g
　└ オレガノ … 少量

※「ダルマイカ」（写真1）は、ずんぐりとしたタイプのケンサキイカの呼び名のひとつ（ダルマイカ科のダルマイカは別種）。

1 詰め物作る。米は塩を加えた湯で、固めにゆでて冷水にとり、水気をとる。その他の材料と混ぜ合わせる。

2 イカは足と内臓を抜いて、掃除する（胴の皮はむかない）。

3 イカの胴に1を詰め、口を楊枝でとじる。

4 鍋にオリーブ油をひき、3をソテーする。白ワインを少量入れ、アルコールを飛ばした後Aを入れ、蓋をして弱火で20分ほど煮る。

※輪切りにして盛り付に、ソラ豆（ゆでて薄皮をむき、オリーブ油、塩、コショウで和えたもの）を添えてもよい。

1

ダルマイカのタルターラ
焼きナスのピュレ
イカ墨のクロッカンテと小ナスのマリネ添え

イカとナスを、いろいろな形にして
合わせた楽しい一皿。

ダルマイカのイカスミフリット

イカの足、エンペラなどを使用して団子を作り、
イカスミを加えた真っ黒な衣をつけて揚げた。

ケンサキイカ

トロフィエ　赤イカ、インゲンのジェノヴェーゼ

リグーリア州のパスタ、トロフィエは、インゲンとジャガイモ、バジルのソースが定番だが、ここにアカイカのやわらかい食感を加えてみた。

カラマレッティ　カラマーリ　カヴォルフィオーレ

輪切りのイカに形が似ているパスタ、カラマレッティと、本当のイカ（カラマーリ）とカリフラワーのソースを合わせ、白づくめの一皿に。

ダルマイカのタルターラ 焼きナスのピュレ イカ墨のクロッカンテと小ナスのマリネ添え

ピコローレ・ヨコハマ　佐藤

材料

ダルマイカ（ケンサキイカ。p.207参照。掃除して皮をむいた胴の身）… 適量

A ┌ 塩、コショウ、レモン果汁、オリーブ油 … 各適量
　├ エシャロット（みじん切り）… 適量
　└ ケッパー（酢漬け。みじん切り）… 適量

イカ墨のクロッカンテ（作りやすい量）
┌ 薄力粉 … 100g
├ 牛乳 … 290cc
├ 卵 … 3個
├ イカ墨ソース（p.242参照）… 80cc
└ オリーブ油 … 30cc

小ナス … 適量
揚げ油、塩、バルサミコ酢 … 各適量

焼きナスのピュレ（作りやすい量）
┌ ナス … 3本
├ 玉ネギ（薄切り）… 1/2個分
├ ニンニク（薄切り）… 1/2粒分
├ オリーブ油 … 適量
├ オレガノ … 適量
└ 白ワインヴィネガー … 適量

オリーブ油 … 適量

1 イカ墨のクロッカンテ：材料を泡立て器で混ぜ合わせ、漉して、しばらくやすませた後、薄いクレープを焼く。好みの型で抜き、150℃のオーブンで乾燥させる。

2 小ナスは縦半分に切り、素揚げして、塩をふる。真空用の袋に入れてバルサミコ酢を加え、真空パックにする。

3 焼きナスのピュレ：①ナスはグリルパンで焼く。まわりが焦げて火が入ったら、ヘタをとり除き、焦げをとらずに1cm厚さに切る。②鍋にオリーブ油をひき、玉ネギとニンニクを入れて弱火で炒める。③②に①を入れる。水をひたひたに加え、オレガノを入れて蓋をして煮る。水分がなくなったら、ミキサーにかける。白ワインヴィネガーとオリーブ油を加え、味と濃度を調整する。

4 ダルマイカは3～5mm角に切り、Aで和える。

5 皿に**3**のピュレを敷き、**4**のタルタルをスプーンでクネルにして添え、上に**1**のイカ墨のクロッカンテを添える。**2**の小ナスのマリネを添え、オリーブ油をまわしかける。

ダルマイカのイカスミフリット

ピコローレ・ヨコハマ　佐藤

材料（4人分）

ダルマイカ（ケンサキイカ。p.207参照。足、ロウト〈※〉、エンペラ） … 2ハイ分

塩、コショウ … 各適量

ニンニク（みじん切り）、イタリアンパセリ（みじん切り） … 各少量

衣（作りやすい量）
A ┌ 卵黄 … 2個
　├ ビール … 50g
　├ 小麦粉 … 100g
　├ オリーブ油 … 20g
　└ イカ墨ソース（p.242参照）… 30g
　卵白（八分立てにする）… 2個分

揚げ油 … 適量

レモン（くし形切り）… 適量

※「ロウト（漏斗）」は、イカの頭部についている、筋肉でできた管状の器官。
※イカの胴は他の料理に使い、ここでは残りの部分を使用した。

1 ダルマイカは1cm角程度に切り、塩、コショウをし、ニンニク、イタリアンパセリを加えてロボクープで粘りが出るまでまわす。

2 衣はAの材料を混ぜ、泡立てた卵白を加えてさっくり混ぜる。ラップをして温かいところに置いておく。

3 **1**をスプーンで丸くとり、**2**の衣をつけて、180℃の油で揚げる。軽く塩をして器に盛り、レモンを添える。

トロフィエ 赤イカ、インゲンのジェノヴェーゼ

ビコローレ・ヨコハマ 佐藤

材料(2人分)
アカイカ(ケンサキイカ※)…60g
インゲン…30g
塩…適量
トロフィエ(作りやすい量)
- 00粉(※)…250g
- 水…110g
- 塩…1g
- オリーブ油…2g

ジェノヴェーゼ(作りやすい量)
- バジル…100g
- 松の実…20g
- パルミジャーノ・レジャーノ・チーズ(すりおろし)…35g
- ニンニク…1粒(5g)
- まろみ油(※)…300g
- オリーブ油…120g
- 塩…少量

※「アカイカ」はケンサキイカの呼び名のひとつ。
※00粉:精度度の高い、イタリアの軟質小麦粉。
※まろみ油:金田油店のオリジナルブレンド油。綿実油、米油、ゴマ油、オリーブ油の4種のブレンド。

1 トロフィエ:材料を合わせてフードプロセッサーで練り、まとまったら真空用の袋に入れて、真空パックにし、冷蔵庫で1時間ほどやすませる。生地を棒状にのばして1cm幅に切り出し、手の側面を使ってうせん状にねじる。

2 ジェノヴェーゼ:まろみ油とオリーブ油は、合わせて冷凍しておく。冷凍庫で冷やしておいたミキサーに、すべての材料を入れてまわす。

3 イカは掃除し、胴の皮はむく。塩入りの湯で軽くゆでて氷水にとり、水分を切り、トロフィエの太さに合わせて短冊に切る。

4 インゲンは塩ゆでして冷水にとり、トロフィエの長さに揃えて切る。

5 トロフィエ(2人分で120g)を、塩を加えた湯でゆでる。ゆで上がる直前に**4**のインゲンも加え、一緒にゆでる。ゆで上がったら水気を切って鍋に移し、**3**のイカを加え、ゆで汁を適量加えて混ぜながら乳化させる。火を止めて、最後にジェノヴェーゼ大さじ2を加え、香りが立ったら皿に盛る。

カラマレッティ カラマーリ カヴォルフィオーレ

ビコローレ・ヨコハマ 佐藤

材料(5人分)
カリフラワー…1個
玉ネギ…1/2個
無塩バター…適量
ローリエ…1枚
牛乳…少量
ダルマイカ(ケンサキイカ。p.207参照。胴)…1パイ
生クリーム…適量
パスタ(カラマレッティ)…適量
パルミジャーノ・レッジャーノ・チーズ(すりおろし)、黒コショウ…各適量

1 カリフラワーは小房に分け、縦5mm幅に切る。玉ネギは厚めにスライスする。

2 鍋にバターを入れ、**1**のカリフラワーと玉ネギ、ローリエを入れて炒める。ひたひたの水と少量の牛乳を加え、蓋をして10分ほど蒸し煮する。ローリエをとり除き、ミキサーにかける。

3 イカは掃除して皮をむき、1cm幅の輪切りにする。

4 鍋にバターを入れ、**3**のイカをソテーする。半生の状態でとり出す。

5 **4**の鍋に生クリームを入れて煮詰める。濃度がついたら**2**のピュレ大さじ2、ゆでたパスタ、**4**のイカを入れて和え、皿に盛る。すりおろしたパルミジャーノ・チーズと黒コショウをふる。

（スルメイカ）

麦イカと押し麦のサラダ
麦イカは、春から初夏にかけて獲れる
スルメイカの子供（若イカ）の呼び名。
身がやわらかい。名前から発想して、
押し麦と合わせてサラダ仕立てにした。

スルメイカのフィデウア（パエリア）
パスタで作るパエリア。
イカは身とともに肝も加えて味わい深く。

するめいか　肝みそ　朴葉焼き

朴葉味噌にイカの肝を加えることで、
全体のまとまりがよくなる。

自家製いか塩辛

自家製は、やはりおいしい。
イカは、肝の大きなスルメイカで。

麦イカと押し麦のサラダ
ピコローレ・ヨコハマ　佐藤

材料（4人分）
麦イカ（スルメイカの若イカ）… 95gのもの2ハイ
押し麦 … 100g
パプリカ（赤・黄）、ズッキーニ、赤玉ネギ … 各25g
ケッパー（酢漬け）… 15g
塩、コショウ、白ワインヴィネガー、オリーブ油
　… 各適量

1　押し麦は、15分ほど水に浸けた後、塩を少量加えた湯で10分ほどゆでる。ザルにあけて水気を切り、そのまま冷ましておく。
2　パプリカ、ズッキーニ、赤玉ネギは5mm幅に切り、ケッパーは軽くつぶしておく。
3　イカは胴と足に分け、内臓を掃除して塩ゆでし、冷水にとって水気を切る。胴は1cm幅に、足は食べやすい大きさに切る。
4　塩、コショウ、白ワインヴィネガー、オリーブ油を合わせてドレッシングを作り、**1**、**2**、**3**を和えて器に盛る。

スルメイカのフィデウア（パエリア）
アルドアック　酒井

材料（2人分）
スルメイカ（掃除した胴と足）… 50g
スルメイカの肝 … 1/2パイ分
オリーブ油 … 15cc
A ┌ ニンニク（みじん切り）… 1/2粒分
　│ 玉ネギ（みじん切り）… 15g
　└ ピーマン（みじん切り）… 1個分
B ┌ パスタ（1.4mmスパゲッティを1〜2cm長さに折る）… 80g
　│ トマトソース（p.231参照）… 20g
　│ パプリカパウダー … 4g
　│ 魚のスープ（下記参照）… 250cc
　│ 塩 … 適量
　└ サフラン … 適量

1　パエリア鍋にオリーブ油をひき、Aを炒める。
2　**1**に、1cm角ほどに切ったイカの胴の身と足、イカの肝を加え、肝臭さがなくなるまでよく炒める。
3　**2**にBを加え、沸騰したら220℃のオーブンに入れて7分加熱する。

※アイオリソース（p.199参照）やレモンを添えて供する。

魚のスープ（作りやすい量）

魚のアラ … 1尾分
水 … 1ℓ
白ワイン … 100cc
ニンニク（薄切り）… 1粒分
玉ネギ（薄切り）… 1個分
ローリエ … 1枚
オリーブ油 … 適量

鍋にオリーブ油をひいて、魚のアラを焼きつける。残りの材料をすべて加えて1時間煮出し、漉す。

するめいか　肝みそ　朴葉焼き
賛否両論　笠原

材料（4人分）
スルメイカ…2ハイ
長ネギ…1/2本
マイタケ…1パック
ギンナン…8個
バター…20g
A ┌ 酒…100cc
　├ 赤味噌…大さじ3
　├ 信州味噌…大さじ1
　└ 砂糖…大さじ1
スダチ…適量

1 スルメイカはさばいて胴、足、肝に分け、掃除する。肝から墨袋をとり除いておく。

2 1のイカの胴と足は、食べやすく切る。

3 長ネギは1cm幅に切る。マイタケは一口大に裂く。ギンナンは殻をむき、ゆでて火を通し、薄皮をとる。

4 鍋にバターと1の肝を入れて火にかけ、木ベラでつぶしながら火を入れる。薄皮はとり除く。

5 4にAを加えて混ぜ合わせ、焦がさないように火を入れる。

6 朴葉に5を塗り、2、3を散らしてのせる。網にのせ、炭火にかけて焼く。スダチを添える。

自家製いか塩辛
賛否両論　笠原

材料（作りやすい量）
スルメイカ…2ハイ
塩…大さじ2
酒…大さじ2
A ┌ 濃口醤油…大さじ1
　└ みりん…大さじ1
黄柚子皮（細切り）…少量

1 イカはさばいて掃除する（胴の身と肝を使用する）。肝から墨袋をとり除いておく。

2 1の肝に塩をまぶし、冷蔵庫で半日おく。

3 1の胴の皮をむいて酒で洗い、細切りにする。

4 2をザルで漉して、Aと混ぜ合わせる。

5 4に3を入れて混ぜ、冷蔵庫で半日おく。器に盛り、柚子皮をのせる。

（ジンドウイカ〈ヒイカ〉）

ヒイカのプランチャとソブラサーダ はちみつソース

マジョルカ島特産のソブラサーダ
（チョリソー風味のパテ）をイカと合わせ、
相性のいいハチミツのソースを合わせた。

ヒイカの詰め物　マジョルカ風
マジョルカ島の郷土料理。
詰め物に、松の実やレーズンが入る。

ヒイカの墨煮
イカスミのおいしさが、たっぷり味わえる墨煮。
こちらはイカの詰め物に
レーズンや松の実が入らない。

ヒイカのプランチャとソブラサーダ はちみつソース

アルドアック　酒井

材料（1〜2人分）

ヒイカ（ジンドウイカ※）… 5ハイ
ナス（直火で焼いて、皮をむいたもの）… 1/2本
ソブラサーダ（※）… 20g
パセリオイル（※）… 適量
ハーブ（セルフィーユ、ミント、ディル）… 適量
オリーブ油 … 適量

ソース
- オリーブ油 … 10cc
- ハチミツ … 10g
- トマト（粗みじん切り）… 20g
- 赤ワインヴィネガー … 5cc

※「ヒイカ」は、外套長（胴長）10cm程度の小型のイカで、標準和名は「ジンドウイカ」。関東の市場ではヒイカ、小イカなどと呼ばれることが多い。
※ソブラサーダ：チョリソー風味のパテ。マジョルカ島の特産。甘いソースを合わせたり、パンにのせてハチミツや砂糖をかけて食べたりする（**写真1**）。
※パセリオイル：イタリアンパセリ10gとオリーブ油100ccを、ミキサーにかけたもの。

1 ヒイカは胴と足に分け、掃除する。熱してオリーブ油をひいた鉄板でさっと焼く。焼きナスは一口大に切り、ソブラサーダは2cm角程度に切り、どちらもオーブンで軽く温める。

2 ソース：オリーブ油にハチミツを入れて火にかける。ハチミツがキャラメル状になったらトマトと赤ワインヴィネガーを加え、ひと煮立ちさせる。

3 1を器に盛り、2のソースとパセリオイルをかけ、ハーブを散らす。

1

ヒイカの詰め物　マジョルカ風

アルドアック　酒井

材料（作りやすい量）

ヒイカ（ジンドウイカ。左記参照）… 30パイ

詰め物
- ヒイカの足（みじん切り）… 30パイ分
- 生ハム（みじん切り）… 20g
- ニンニク（みじん切り）… 1粒分
- 玉ネギ（みじん切り）… 100g
- 松の実 … 10g
- レーズン … 10g
- イタリアンパセリ（みじん切り）… 10g
- パン粉 … 50g
- 白ワイン … 50cc
- 塩 … 適量
- オリーブ油 … 適量

ソース
- ニンニク（みじん切り）… 1粒分
- 玉ネギ（みじん切り）… 400g
- 松の実 … 10g
- トマト（粗みじん切り）… 10g
- レーズン … 10g
- 魚のスープ（p.214参照）… 500cc
- オリーブ油 … 適量

1 ヒイカは胴と足に分け、掃除する。足は詰め物に使う。

2 詰め物を作る。フライパンにオリーブ油をひいて、ニンニク、玉ネギ、松の実を入れて炒め、しんなりしたらヒイカの足を加えて炒める。足に火が通ったら生ハム、レーズン、イタリアンパセリ、パン粉を加えて軽く炒め、白ワインと塩を加えて炒める。冷ましておく。

3 2の粗熱がとれたら、イカの胴に詰めて、楊枝でとめる。

4 ソースを作る。鍋にオリーブ油をひいてニンニク、玉ネギ、松の実を入れて炒める。玉ネギがしんなりしたらトマト、レーズンを加え、トマトが

ソース状になるまで煮込む。
5 **4**に魚のスープを加え、沸いたら**3**を入れて5分ほど煮込む。

ヒイカの墨煮
アルドアック　酒井

材料（作りやすい量）
ヒイカ（ジンドウイカ。p.218参照）…30パイ
<u>詰め物</u>
┌ ヒイカの足（みじん切り）…30パイ分
│ 生ハム（みじん切り）…20g
│ ニンニク（みじん切り）…1粒分
│ 玉ネギ（みじん切り）…100g
│ パン粉…50g
│ イタリアンパセリ（みじん切り）…10g
│ 白ワイン…50cc
│ 塩…適量
│ ゆで卵…3個
└ オリーブ油…適量
イカスミソース（p.199参照）…600cc

1　ヒイカは胴と足に分け、掃除する。足は詰め物に使う。

2　詰め物を作る。フライパンにオリーブ油をひいて、ニンニクと玉ネギを入れて炒め、しんなりしたらヒイカの足を加えて炒める。足に火が通ったら生ハム、パン粉、イタリアンパセリを加えて軽く炒め、白ワインと塩を加えて炒める。冷ましておく。

3　**2**の粗熱がとれたら、刻んだゆで卵を加えて混ぜる。

4　**3**をイカの胴に詰めて、楊枝でとめる。

5　イカスミソースを温め、**4**を入れて5分ほど煮込む。

（ホタルイカ）

ほたるいかと岩海苔
旨みの強いホタルイカは、いろいろな素材と
組み合わせて楽しめる。
ここでは、岩海苔風味のやわらかいスポンジを合わせて、
フィンガーフードに。

ホタルイカ

ホタルイカ、ブティファラ、ヒヨコ豆の炒め物

バルセロナの市場にあるバルの、定番料理。
スペインでは、ヒイカなどで作る。

ホタルイカの玉ネギまみれ

カラメリゼした玉ネギの甘みが、
ホタルイカの肝と合わさってコクのある味わいに。

ほたるいかと岩海苔

シンシア 石井

材料
ホタルイカ（塩ゆでして目、口、軟骨をとり除く）
　… 適量
岩海苔のスポンジ（作りやすい量）
- 卵（L玉）… 3個
- 砂糖 … 8g
- オリーブ油 … 30cc
- 塩 … 3g
- 薄力粉 … 40g
- 岩海苔（乾燥）… 20g

岩海苔（素揚げしたもの）、菊の花びら … 各少量

1 岩海苔のスポンジ：材料を合わせてミキサーで攪拌し、エスプーマのサイフォンに入れる。紙コップに半分の高さまで絞り入れ、600Wの電子レンジで1分ほど加熱する。

2 1を適当な大きさに切り、ゆでたホタルイカをのせ、揚げた岩海苔と菊の花びらを散らす。

※器として使ったのは、溶岩。スポンジ生地の断面と感じが似ていておもしろい。

ホタルイカ、ブティファラ、ヒヨコ豆の炒め物

アルドアック　酒井

材料（1〜2人分）
ホタルイカ（塩ゆでして目、口、軟骨をとり除く）
　…8パイ
ブティファラ（豚の腸詰め。自家製。ホタルイカの大きさに
　合わせてちぎる）…50g
ヒヨコ豆（やわらかくゆでたもの）…60g
オリーブ油‥5cc
イタリアンパセリ（粗みじん切り）…少量
塩…適量
バルサミコソース（バルサミコ酢を煮詰めたもの）…適量

1　フライパンにオリーブ油をひき、ブティファラを炒める。8割がた火が通ったら、ホタルイカとヒヨコ豆を加えて炒める。イタリアンパセリを加え、塩で味つける。

2　1を器に盛り、バルサミコソースをかける。

ホタルイカの玉ネギまみれ

アルドアック　酒井

材料（2人分）
ホタルイカ（塩ゆでして目、口、軟骨をとり除く）
　…15ハイ
ニンニク（みじん切り）…1粒分
玉ネギ（薄切り）…180g
オリーブ油…10cc
塩…少量
イタリアンパセリ（粗みじん切り）…少量

1　鍋にオリーブ油とニンニクを入れて熱し、香りが出たら玉ネギを加え、茶色くなるまで炒めておく。

2　オリーブ油（分量外）をひいたフライパンで、ホタルイカをさっと炒めて塩を軽くふり、**1**の玉ネギを加えて加熱しながら和える。

3　器に盛り、イタリアンパセリを散らす。

ほたるいかと筍　2種類のソースで

海の春と、山の春の組み合わせ。
2種のソースは、
黒ニンニクのソースと木の芽のソース。

蛍烏賊アイスと皮蛋　豆乳チーズ
8年熟成黒酢ゼリー（香醋蛍魷皮蛋）

ホタルイカを丸ごと使ったアイスクリームに、
黒酢のゼリーやピータン、
豆乳チーズを添えた、驚きの前菜！

ほたるいかとうるいのぬた
辛子酢味噌に、ホタルイカの肝の旨みが加わり、
深い味わいに。

スパゲッティ　生ホタルイカ、フキノトウ、フレッシュトマトのソース
春になると毎年作る、人気のパスタ。
フキノトウの苦みがおいしい。
ホタルイカの身が崩れているのは、
新鮮な生を使っている証拠。
ホタルイカの旨みが流れ出る。

ほたるいかと筍　2種類のソースで
Hiroya　福嶌

材料（1人分）
ホタルイカ（生）… 5ハイ
タケノコ … 1/2本
花山椒（生）… 適量
オリーブ油、塩、醤油、黒七味、レモン果汁 … 各適量
黒ニンニクのソース
　┌ 黒ニンニク（自家製※）… 適量
　└ 塩 … 適量
木の芽のソース
　┌ 木の芽 … 適量
　├ 味噌 … 適量
　└ 長ネギのソース（p.284参照）… 適量

※黒ニンニク：皮付きのニンニクを、60℃で1週間ほど加熱して作る（電気炊飯器の保温設定を利用している）。作る際は、においが出るので注意。

1　黒ニンニクのソース：黒ニンニクの皮をむき、少量の水を加えてミキサーにかけ、塩で味を調える。

2　木の芽のソース：材料を合わせてミキサーにかける。

3　タケノコは、皮付きのままアルミホイルで包んでオーブンで火を入れた後、皮をむき、食べやすい大きさに切ってオリーブ油と塩をまぶし、炭火で焼く。

4　生のホタルイカは、目、口、軟骨をとる。高温に熱したフライパンに少量のオリーブ油をひいたところに入れ、塩、少量の醤油、黒七味をふって強火で炒め、仕上げにレモン果汁を加える。

5　器に**1**のソースをひいて**3**、**4**を盛り付け、**2**のソースを添え、花山椒をのせる。

※生のホタルイカはきちんと中まで火を通す必要があるが、あまり火を入れすぎるとワタが出てしまうので注意する。

蛍烏賊アイスと皮蛋　豆乳チーズ　8年熟成黒酢ゼリー（香醋蛍魷皮蛋 シャンツゥインヨウピーダン）
麻布長江 香福筵　田村

材料（4人分）
ホタルイカ（塩ゆでして目、口、軟骨をとり除く）… 8パイ
ホタルイカアイス（作りやすい量）
　┌ ホタルイカ（塩ゆでして目、口、軟骨をとり除く）… 270g
　├ 牛乳 … 300cc
　├ 塩 … 1g
　└ 生クリーム … 30g
8年熟成黒酢ゼリー（作りやすい量）※大さじ8を使用する。
　┌ 清湯（チンタン）（中国料理の澄んだスープ）… 350cc
　├ みりん … 50g
　├ 薄口醤油 … 45g
　├ 板ゼラチン … 7g（水に浸けておく）
　└ 8年熟成黒酢 … 大さじ1½
皮蛋（ピータン。1.5cm角程度の乱切り）… 1個分
豆乳チーズ（不二製油社製「大豆舞珠」）… 適量
エディブルフラワー … 適量

1　ホタルイカアイス：①ホタルイカ、牛乳、塩を鍋に入れて沸騰させ、生クリームを加える。②パコジェットのビーカーに、①を入れる。③②を24時間冷凍庫で冷やし固めた後、パコジェットにかけてアイスクリームにする。

2　8年熟成黒酢ゼリー：①清湯、みりん、薄口醤油を鍋に合わせて沸騰させる。戻した板ゼラチンを加えて溶かし、冷蔵庫で冷やし固める。②固まったら、黒酢を加える。

3　器1つにつき、皮蛋1/4個分、**2**の黒酢ゼリー大さじ1、豆乳チーズ適量を盛る。

4　**3**の上に**1**のアイスを適量盛り、ホタルイカを2ハイ添える。

5　再び黒酢ゼリー大さじ1をかけて、エディブルフラワーを添える。

ほたるいかとうるいのぬた

賛否両論　笠原

材料（4人分）
ホタルイカ（塩ゆでして目、口、軟骨をとり除く）…16パイ
うるい…1把
塩…少量
濃口醬油…大さじ1
A ┌ 玉味噌（白）…50g
　├ 千鳥酢…大さじ1
　└ 溶きガラシ…小さじ1
花穂紫蘇…少量

1　うるいは3cm長さに切り、塩ゆでして、おか上げする。水気を絞り、濃口醬油をまぶして、再び絞る。

2　Aを混ぜ合わせ、ホタルイカと**1**を入れてさっと和え、器に盛る。花穂紫蘇を散らす。

スパゲッティ　生ホタルイカ、フキノトウ、フレッシュトマトのソース

ピコローレ・ヨコハマ　佐藤

材料（1人分）
スパゲッティ（乾燥）…60g
ホタルイカ（生）…30g
フキノトウ…20g
トマト…1個（60g）
塩…適量
オリーブ油…適量
ニンニク（みじん切り）…小さじ1/5
赤唐辛子（粗みじん切り）…ひとつまみ

1　生のホタルイカは目、口、軟骨をとり除く。フキノトウは塩を加えた湯でゆでて、冷水にとり、絞って水気をとり、みじん切りにする。トマトは皮を湯むきして、1cm角に切る。

2　フライパンにオリーブ油とニンニク、赤唐辛子を入れて火にかける。ニンニクが色づいてきたら、**1**のホタルイカを入れてソテーする。トマトを加え、水分が飛ぶまで煮る。

3　スパゲッティは、塩を加えた湯でタイミングよくゆではじめる。

4　**2**に**1**のフキノトウとゆでたスパゲッティを加えて混ぜる。ソースが乳化したら皿に盛り付け、オリーブ油をまわしかける。

ほたるいかと新ごぼうの炊き込みご飯

新ゴボウの香りと食感、
ホタルイカの旨みの組み合わせがおいしい。

ほたるいかと花山椒のご飯

ホタルイカに、からすみと花山椒を加えた贅沢なご飯。
炊き上がりに鍋肌にだしをまわしかけて
蓋をすることにより、ご飯が適度に蒸され、
お焦げがほどよい硬さになる。

ホタルイカ

アロス・ネグロ（イカ墨のパエリア）
定番のパエリア。
肝ごと使うホタルイカの風味が濃厚。

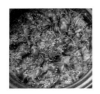

ほたるいかと新ごぼうの炊き込みご飯
賛否両論　笠原

材料(作りやすい量)
米 … 3合
ホタルイカ(塩ゆでして目、口、軟骨をとり除く) … 20パイ
新ゴボウ … 80g
A ┌ 昆布だし … 450cc
　├ 薄口醤油 … 30cc
　├ 濃口醤油 … 15cc
　└ 酒 … 45cc
白ゴマ … 少量
木の芽 … 少量

1　米はといで、ザルに上げておく。

2　ホタルイカの半量は、粗く刻んでおく。

3　ゴボウはささがきにし、さっと水で洗う。

4　土鍋に**1**の米、**3**、**2**の刻んだホタルイカ、Aを入れて炊く。

5　最後の蒸らしのときに、残りのホタルイカを上に散らす。

6　仕上げに白ゴマと木の芽を散らす。

ほたるいかと花山椒のご飯
Hiroya　福嶌

材料(作りやすい量)
米 … 210cc
アサリのだし(p.83参照) … 210cc + 適量
フキ(ゆでて皮をむき、アサリのだしに浸けておく) … 適量
ホタルイカ(生) … 適量
からすみ(自家製) … 適量
花山椒 … 適量
生姜(みじん切り) … 適量
オリーブ油 … 適量
だし … 適量

※鍋は鉄鍋、または土鍋を使用する。

1　米はしっかり洗って吸水させた後、水気を切る。鉄鍋(または土鍋)に入れ、アサリのだし210ccを加えてご飯を炊く。

2　ご飯を炊いている間に、フキのお浸しを、ご飯となじむように細かく切り、オリーブ油をひいて高温に熱したフライパンに入れてさっと炒め、生姜を加える。

3　生のホタルイカは、目、口、軟骨をとる。少量のオリーブ油をひいて高温に熱したフライパンに入れて炒める(ご飯の余熱で火が入るので、ここでは完全に火を通さなくてもよい)。

4　**1**のご飯が炊き上がったら、鍋肌にだしを適量まわしかけて蓋をし、軽く蒸す(厚みのある鉄鍋、または土鍋での作り方。他の鍋で作る場合は水分の調整が必要である)。

5　**4**のご飯の上に**2**のフキ、**3**のホタルイカ、花山椒、薄切りにしたからすみをのせる。食べるときに全体を混ぜ合わせる。

アロス・ネグロ（イカ墨のパエリア）
アルドアック　酒井

材料（2人分）
ホタルイカ（塩ゆでして目、口、軟骨をとり除く）… 10パイ
米（洗わずに）… 80g
トマトソース（下記参照）… 10g
イカスミソース（p.199参照）… 10g
魚のスープ（p.214参照）… 750cc
オリーブ油 … 10cc
塩 … 4g

すべての材料を合わせてパエリア鍋に入れ、強火にかける。沸いたら中火にして13分煮て、弱火で更に5分煮る。仕上げに蓋をして、3分蒸らす。

※アイオリソース（p.199参照）を添えて供する。

トマトソース（作りやすい量）

トマトホール（缶詰）… 大1缶（2550g）
玉ネギ（みじん切り）… 400g
ニンニク（みじん切り）… 1粒分
オリーブ油 … 250cc

鍋にオリーブ油とニンニクを入れて熱する。香りが出たら玉ネギを加えて炒め、透明になったらトマトホールを加えて、ソース状になるまで煮詰める（30分ほど）。

（アオリイカ）

**あおりいかと
ホワイトアスパラガスのムース**
アスパラの甘みと微かな苦みを、
イカの自然な甘みに合わせ、
どちらとも相性のよい柑橘の香りを
レモンのゼストで加えた。

あおりいかの一皿
イカは胴、ミミ、足、それぞれの特徴を活かして調理し、
味や食感の違いが楽しめるようにしている。

アオリイカ

あおりいか酒盗　石焼き

酒盗の味をからめたイカと野菜を、
焼いた石にのせて焼きながら
食べていただく楽しい趣向。

あおりいか、きゅうり、キウイ　サラダ仕立て

ねっとりとしたアオリイカに、爽やかなキュウリ、
甘みと酸味を加えるキウイ。
バランスのいい組み合わせ。

あおりいか素麺

肉厚のアオリイカで作った、
食べ応えのあるイカ素麺。

あおりいかとホワイトアスパラガスのムース

シンシア　石井

材料(2人分)
アオリイカ(掃除して皮をむいた胴の身)…適量
ホワイトアスパラガス(むいた皮を入れた湯でゆでる)…2本
ホワイトアスパラガスのムース(作りやすい量)
┌ ホワイトアスパラガス…400g
│ 塩…適量
└ エスプーマコールド…アスパラのピュレの量の8%
菜の花…適量
オリーブ油、塩…各少量
ハーブオイル
┌ セルフィーユ、イタリアンパセリ、ディル…各適量
│ グレープシード油…ハーブの倍量
│ ＊すべてをミキサーに合わせて15分ほど攪拌し、クッキングペーパー
└ 　で漉す。
菊の花びら、イタリアンパセリの芽、ナスタチウム
　　…各少量
レモンの皮…少量
黒オリーブのパウダー(※)…少量
※黒オリーブのパウダー：種抜き黒オリーブを、ロボクープで攪拌して細かくし、100℃のオーブンで乾燥させる。

1　<u>ホワイトアスパラガスのムース</u>：①ホワイトアスパラガスの皮をむく。②アスパラガスが浸るくらいの塩水を沸かし、①の皮を入れて少し煮出してから、アスパラガスを入れてゆでる。③15分ほどゆでてくたくたになったら、アスパラガスをとり出してミキサーに入れ、ゆで汁を少量(ミキサーがまわせるように)加えながら、攪拌する。④③のピュレの8%量のエスプーマコールドを加えて混ぜ、エスプーマのサイフォンに入れておく。

2　菜の花は塩ゆでし、盛り付ける分はとりおき、残りはミキサーに入れ、最小限のゆで汁を加えて攪拌し、ピュレにする。塩で味を調えて漉し、冷やしておく。

3　アオリイカは細かい格子状の切り目を入れ、オリーブ油をひいたフライパンで、軽く表面をソテーする。1cm幅ほどに切る。

4　皿の中央に**2**のピュレを敷き、ゆでたアスパラガスと**3**のイカ(1人分3切れ)を盛り付け、塩ゆでした菜の花を添える。ハーブオイルを少量かけ、菊の花びらとイタリアンパセリの芽を散らす。両側に**1**のムースを絞り、ナスタチウムを飾る。レモンの皮をマイクロプレーンで削って散らし、黒オリーブのパウダーを添える。

あおりいかの一皿

Hiroya　福嶌

材料
アオリイカ(※)…適量
A ┌ 塩、醤油、酒、みりん、生姜(すりおろし)…各適量
オリーブ油…少量
キャベツの蒸し焼き
┌ キャベツ、オリーブ油、ニンニク、ローリエ、塩
└ 　…各適量
シシトウ(炭火焼きにしたもの)…少量
ペコロス(オリーブ油をまぶし、オーブンで火を入れ、半分に
　　切ったもの)…適量
キャベツのフリット(キャベツを食べやすい大きさにちぎり、
　　素揚げしたもの)…適量
ワケギのソース(作りやすい量)
┌ ワケギ(青い部分)…1把分
│ ニンニク(皮付きのニンニクにオリーブ油をまぶして200℃の
│ 　オーブンで20分ほど火を入れ、皮をむいたもの)…1房分
│ ピーナッツ…50g
│ オリーブ油…200cc
│ 水…150cc
└ ＊すべての材料を合わせてミキサーにかけ、裏漉しする。
塩…適量
※イカは活けのまま一度冷凍し、自然解凍したもの。

1　<u>キャベツの蒸し焼き</u>を作る。フライパンにオリーブ油とつぶしたニンニクを入れて熱し、香りを移したら、ローリエと適宜に切ったキャベツを入れ、軽く塩をして混ぜ、蓋をして蒸し焼きにす

る。食感が残る程度に火が入ったら、底を氷にあてたボウルにとり出しておく。

2 アオリイカはさばいて胴、ミミ、足、ワタに分ける。胴とミミは皮をむく。足は食べやすい長さに切る。ワタは小さく切る。

3 **2**の足とワタは、Aにしばらく漬けて塩辛にする。胴とミミは、両面に細かい切り目（身の厚みの中央よりやや深く）を入れておく。

4 **3**の胴とミミに軽くオリーブ油をまぶし、高温に熱したフライパンに入れ、さっと表面を焼いてとり出す。

5 **3**の足の塩辛もフライパンで軽く炒め、**1**のキャベツの蒸し焼きを加える。

6 皿にワケギのソースを適量敷き、その上に、食べやすく切った**4**の胴とミミを盛り付け、シシトウとペコロスをあしらう。**5**を添えてキャベツのフリットをのせ、塩を添える。

※イカは身の厚みの中央あたりがもっとも甘いので、そこまでの深い切り目を入れ、舌にあたる甘い部分の面積を増やすとよい。また、両面に切り込みを入れることにより、食感もよくなる。

あおりいか酒盗　石焼き
賛否両論　笠原

材料（4人分）
アオリイカ（胴）…1/2パイ	A ┌ カツオの酒盗（甘口）…100g └ 酒…100cc
ペコロス…2個	
ピーマン…1個	スダチ（半分に切る）…1個分

1 Aを鍋に入れて火にかけ、弱火で5分ほど煮て、冷ましておく。

2 アオリイカは掃除して皮をむき、一口大に切る。

3 ペコロスは5mm厚さの輪切りにし、ピーマンは2cm角に切る。

4 **2**、**3**を**1**で和える。器に盛り、スダチを添える。

5 直火で熱々に焼いた石を、**4**に添える。石の上でイカや野菜を焼きながら食べる。

あおりいか、きゅうり、キウイ　サラダ仕立て
賛否両論　笠原

材料（4人分）
アオリイカ（胴）…1/2パイ	A ┌ 太白ゴマ油…大さじ3 ├ 酢…大さじ2 ├ 塩…少量 └ 砂糖…少量
キュウリ…1本	
キウイ…1個	
アボカド…1/2個	黒コショウ…少量

1 キュウリは少量をよりキュウリにし、残りをすりおろす。

2 **1**のすりおろしたキュウリの水気を切り、Aと混ぜ合わせる。

3 キウイとアボカドは皮をむき、一口大に切る。

4 アオリイカは掃除して皮をむき、表面に細かい切り目を入れ、一口大に切る。

5 **3**、**4**を**2**で和えて器に盛り、よりキュウリを散らし、黒コショウをふる。

あおりいか素麺
賛否両論　笠原

材料（4人分）
アオリイカ（胴）…1/2パイ	A ┌ だし…400cc ├ 薄口醤油…50cc └ みりん…50cc
生姜（すりおろし）…10g	
芽ネギ…適量	
ウズラの卵（生）…2個	＊合わせてひと煮立ちさせ、冷ましておく。

1 アオリイカは掃除して皮をむき、糸造りにする（素麺状に）。

2 器に**1**、おろし生姜、芽ネギ、殻を半分とったウズラの卵を盛り、Aを添える。

(コウイカ〈スミイカ〉・カミナリイカ〈モンゴウイカ〉)

すみいかとホワイトアスパラガス　シェーブルチーズ

イカとシェーブルチーズは、
予想どおりによく合った。

コウイカのプランチャ

ニンニクや唐辛子の風味を加えた、
シンプルな鉄板焼き。

コウイカ・カミナリイカ

和風セウタ

スペイン料理の魚介のトマトソース煮込みをアレンジ。
チリソースのかわりに一味唐辛子を合わせた。

セピア色のスミイカ

コウイカ（スミイカ）はイタリア語でセピア。
ソースはジャガイモでとろみをつけ、
アンチョビとイカの皮でセピア色に。

すみいかとホワイトアスパラガス シェーブルチーズ

Hiroya　福嶌

材料
スミイカ（コウイカ。胴）… 適量
ホワイトアスパラガス … 適量
塩、オリーブ油 … 各適量
イカスミのソース
┌ イカスミ … 適量
│ スミイカの足 … 適量
│ ニンニク（半割にする）… 1粒分
│ 玉ネギ（粗みじん切り）… 適量
│ セロリ（粗みじん切り）… 適量
│ 白ワイン … 適量
│ トマトホール（缶詰）… 適量
└ オリーブ油、塩、コショウ … 各適量
┌ シェーブルチーズ（サントモール）… 適量
│ 生クリーム … 適量
A│ シブレット（みじん切り）… 少量
└ 塩、コショウ … 各少量
シブレット … 少量

1　イカスミのソース：オリーブ油をひいたフライパンにスミイカの足、ニンニク、玉ネギ、セロリを入れて炒める。炒まったら、イカスミを入れ、少し下にこびりつくようになるまで更に炒める。白ワインを加え、こびりついたところをこそげとるようにする。軽くつぶしておいたトマトホールを加え、白ワイン、適量の水を加えて2時間ほど煮る。ミキサーにかけ、裏漉す。塩、コショウで味を調える。

2　Aのシェーブルチーズと生クリームを混ぜ合わせてほどよい硬さにし、シブレットを混ぜ、塩、コショウで味を調える。

3　イカの胴は掃除して皮をむき、両面に細かい切り目（身の厚みの中央よりやや深く）を入れ、塩とオリーブ油を少量からめて、高温に熱したフライパンで表面を焼く（中は半生でよい）。食べやすい大きさに切る。

4　アスパラガスは縦四つ割にし、5cm長さに切る。オリーブ油で炒める。

5　器に**1**のソースをひき、**3**と**4**を合わせて盛り付け、シブレットをのせる。**2**をクネルにとって添える。

コウイカのプランチャ

アルドアック　酒井

材料（作りやすい量）
コウイカ … 1パイ
オリーブ油 … 15cc
ニンニク（薄切り）… 1粒分
ギンディージャ（青唐辛子の酢漬け。p.255参照。小口切り）
　… 1本分
イタリアンパセリ（みじん切り）… 少量
塩 … 適量
アイオリソース（p.199参照）… 適量

1　コウイカは胴と足に分け、掃除する。胴は皮をむき、表面に2、3本切り目を入れておく。

2　**1**の胴と足に軽く塩をふり、オリーブ油（分量外）をひいた鉄板で焼く。

3　オリーブ油15ccとニンニクを鍋に入れて火にかける。香りが出たら、ギンディージャとイタリアンパセリを加える。

4　**2**のイカを器に盛り、**3**のソースをかけ、アイオリソース添え、イタリアンパセリ（分量外）を飾る。

和風セウタ
うぶか　加藤

材料（4人分）
車エビ … 8本
マダコ（足）… 1本
コウイカ（胴）… 1パイ
生姜 … 1カケ
赤唐辛子 … 1本
米油 … 50g
日本酒 … 50cc
トマトピュレ … 200g
塩、コショウ … 各少量
一味唐辛子 … 少量

1 車エビは頭をはずし、殻をむいて身をとり出す（頭と殻はとりおく）。

2 タコの足は下処理をし、食べやすい大きさのぶつ切りにする。イカは下処理をして胴の皮をむき、斜めに細かい切り目を入れて、食べやすい大きさに切る。

3 鍋に米油、生姜、赤唐辛子を入れて火にかける。香りが出たら、**1**のエビの頭と殻を入れて炒める。頭はつぶしながらエビミソを出す。

4 **3**に**2**のタコとイカ、**1**のエビの身を入れ、日本酒とトマトピュレを加えて軽く煮る。塩、コショウで味を調え、一味唐辛子で辛さを調整する。エビの殻は最後にとり除く。

5 一人分の小鍋に移し、熱々を提供する。

セピア色のスミイカ
ピコローレ・ヨコハマ　佐藤

材料（2人分）
コウイカ（新イカ※）の足、ロウト（※）、エンペラ
　… 2ハイ分
ニンニク（みじん切り）… 1/2粒分
赤唐辛子 … 少量
アンチョビフィレ … 3本
ジャガイモ（皮をむいて1cm角に切る）… 2個分
白ワイン … 100cc
オリーブ油 … 適量
塩 … 適量

※イカはまだ小さい新イカを使用している。胴は他の料理に使い、ここでは残った部分を使用しているが、もちろん胴を使用してもよい。
※ロウト（漏斗）は、イカの頭部についている筋肉でできた管状の器官。

1 コウイカの足、ロウト、エンペラ（皮はむかない）は塩もみをして、水でよく洗う。

2 鍋にオリーブ油、ニンニク、赤唐辛子、アンチョビを入れて、火にかける。全体的に色づいたら**1**を加える。

3 水分を飛ばすようによく炒め、白ワインを加える。アルコールが飛ぶまで更によく炒める。

4 **3**にひたひたの水を加えて沸かす。アクをとり、ジャガイモを加え、イカがやわらかくなるまで煮る。

5 **4**からイカをとり出し、鍋の中のソースとジャガイモを、すべてミキサーにかける。

6 皿にイカを盛り、**5**のソースを注ぎ、オリーブ油をたっぷりとかける。

イカスミのスフォルマート
コウイカとラデッキョのグリル添え

イカスミソースを加えて作る、真っ黒なスフォルマートに、
白いイカと、赤いラデッキョのグリルを添えて。

コウイカと刻み野菜のホットサラダ

マジョルカ島でよく作られる料理。軽く炒め、
火を止めてからトマトとヴィネガーを加えて合わせる。

コウイカ・カミナリイカ

コウイカのピカピカ

マジョルカ島の料理。この場合の「ピカ」は、
「細かく刻む」という意味。
イカ入りのラタトゥーユといった感じで、
パンにのせて食べてもおいしい。

コウイカとミートボールの煮込み

これもスペインではおなじみの、
海の幸と山の幸の組み合わせ。
特に地中海側にその傾向が強く、この料理も、
バレンシアやカタローニャなどでよく作られる。

えび・かに・いか・たこ料理バリエーション

イカスミのスフォルマート　コウイカとラデッキョのグリル添え
ピコローレ・ヨコハマ　佐藤

材料

スフォルマート（作りやすい量）
- A
  - ホタテ貝柱 … 220g
  - 白身魚のすり身 … 40g
  - モエビ（ベニガラエビ。身。p.74参照） … 40g
- B
  - 卵白 … 60g
  - 全卵 … 1/2個（28g）
- イカスミソース（右記参照） … 50g
- 生クリーム … 220g
- ピスタチオ（ローストして粗めに刻む） … 30g
- コウイカ（胴を掃除して皮をむき、3mm角に切る） … 40g

コウイカ（胴を掃除して皮をむく） … 適量
ラデッキョ・プレコーチェ … 適量
イカスミソース（右記参照） … 適量
ゴマとワカメのパウダー（黒ゴマと乾燥ワカメ同量を合わせてミルでひく） … 少量
オリーブ油、塩 … 各適量

1 スフォルマート：Aをロボクープに入れてまわす。

2 1にBを少しずつ入れてまわし、イカスミソースを加える。生クリームを少しずつ加えてまわす。

3 2をボウルに移し、ピスタチオとイカを混ぜる。

4 3をアルミカップやシリコン製のカップ型に流し、湯をはったバットに並べ、130℃のオーブンで25分蒸し焼きにする。

5 コウイカは、表面に格子状に切り目を入れ、オリーブ油と塩をまぶしてグリルする。ラデッキョは、オリーブ油をかけてグリルし、塩をする。

6 皿にイカスミソースをひき、4のスフォルマートをのせ、5を添える。ゴマとワカメのパウダーをふる。

イカスミソース（作りやすい量）
- コウイカのスミとワタ … 2ハイ分
- ニンニク（みじん切り） … 1/2粒分
- 赤唐辛子（輪切り） … 1/2本分
- アンチョビ（みじん切り） … 小さじ1
- 白ワイン … 100cc
- トマトソース … 300g
- オリーブ油、塩 … 各適量

1 鍋にオリーブ油とニンニクを入れて弱火にかけ、香りが立ったら赤唐辛子、アンチョビを入れる。イカのスミとワタ、白ワインを加えて煮る。

2 アルコール分が飛んだら、水400cc、トマトソースを加えて50分ほど煮る。半量程度に煮詰まったら、ミキサーにかけて、裏漉す。

コウイカと刻み野菜のホットサラダ
アルドアック　酒井

材料（2～3人分）
- コウイカ … 1/2パイ
- 玉ネギ … 50g
- ピーマン … 1個
- トマト … 100g
- ニンニク（みじん切り） … 1/2粒分
- オリーブ油 … 5cc
- 塩、コショウ … 各適量
- 白ワインヴィネガー … 適量

1 コウイカは、足をとって内臓を掃除する（足は他の料理に使用する）。胴の皮をむき、2cm角に切る。玉ネギ、ピーマン、トマトも2cm角に切る。

2 鍋にオリーブ油とニンニクを入れて火にかける。香りが出たら、1のコウイカ、玉ネギ、ピーマンを加えてさっと炒め、塩、コショウをして火を止める。

3 2にトマトと白ワインヴィネガーを加えて和える。

コウイカのピカピカ
アルドアック　酒井

材料（3〜4人分）
コウイカ（掃除して皮をむいた胴の身を、2cm角ほどに切る）
　…1パイ分
ニンニク（みじん切り）…1粒分
玉ネギ（みじん切り）…300g
パプリカ（みじん切り）…1個分
ナス（皮をむいて小角切り）…2本分
トマト（皮を湯むきしてざく切り）…200g
ローリエ…1枚
白ワイン…100cc
オリーブ油…10cc
パプリカパウダー…5g
塩…適量

1　鍋にオリーブ油をひき、ニンニクと玉ネギを炒める。しんなりしたらコウイカを加えて炒める。

2　1にパプリカとナスを加えて炒める。トマト、ローリエ、白ワイン、パプリカパウダー、塩を加え、蓋をして弱火で1時間煮込む（水分がなくなってきたら、途中で水分を足す）。

コウイカとミートボールの煮込み
アルドアック　酒井

材料（4人分）
コウイカ（掃除して皮をむいた胴の身を、一口大に切る）
　…1パイ分
ミートボール
A ┌ 豚挽き肉…300g
　├ ニンニク（みじん切り）…1粒分
　├ 玉ネギ（みじん切り）…100g
　├ 卵（溶く）…1個
　├ パン粉…20g
　├ 塩…4g
　└ パセリ（みじん切り）…適量
小麦粉…適量
揚げ油…適量
トマトソース（作りやすい量）
┌ トマト（皮を湯むきし、種ごとざく切りにする）…400g
├ ニンニク（みじん切り）…1粒分
B ├ 玉ネギ（みじん切り）…150g
├ ニンジン（みじん切り）…40g
├ アーモンド（スライス）…50g
├ ローリエ…1枚
├ パプリカパウダー…10g
├ 塩…適量
└ オリーブ油…20cc
白ワイン…50cc
イタリアンパセリ（粗みじん切り）…少量

1　ミートボール：Aの材料を練り合わせ、ゴルフボール大に丸める。小麦粉をはたき、油で揚げる。

2　トマトソース：鍋にオリーブ油をひいて、Bを入れて炒める。しんなりしたらトマトとローリエを加える。ソース状になるまで煮込んだら、パプリカパウダー、塩を加える。ローリエをとり除いて、ミキサーにかける。

3　鍋にオリーブ油（分量外）をひいてコウイカを軽く炒め、2のトマトソース適量と白ワイン、1のミートボールを加えて10分ほど煮込む。

4　器に盛り、イタリアンパセリを散らす。

紋甲烏賊　真珠仕立て
トウモロコシの炒め（玉米墨珠）
_{ユイミィモージュ}

イカのすり身をザーレンの穴から湯に落としてゆで、
真珠のような白い粒状にし、
黄色いトウモロコシの粒と合わせて美しい炒め物に。

コウイカ・カミナリイカ

紋甲烏賊　香り揚げ
（干炸墨鱼）
<small>ガンジャーモーユイ</small>

イカに斜めの切り込みを入れて揚げることで、きれいに丸まる。スパイス塩を最後にふりかけ、香りよく。

紋甲烏賊　四川ピクルス炒め
（泡菜凤尾墨条）
<small>パオツァイフォンウェイモーティオ</small>

中国の漬け物泡菜を、漬け汁とともに味つけに使う。

紋甲烏賊 真珠仕立て
トウモロコシの炒め（玉米墨珠 ユィミィモージュ）

麻布長江 香福筵　田村

材料（4人分）
イカ真珠
A ┌ モンゴウイカ（カミナリイカ）… 2ハイ
　├ 塩 … 小さじ1/6
　├ 酒 … 大さじ1
　├ 無糖練乳 … 50g
　├ 卵白 … 1/2個分
　├ コショウ … 少量
　└ 片栗粉 … 大さじ2/3
トウモロコシ … 2本
揚げ油 … 適量
塩、サラダ油 … 各少量
B ┌ 長ネギ（みじん切り）… 大さじ3
　└ 葱油（ネギの香りを移した香味油）… 大さじ2
C ┌ 塩 … 小さじ1/2
　├ 酒 … 大さじ2
　├ 酒醸（チューニャン）（※）… 大さじ1
　├ 清湯（中国料理の澄んだスープ）… 大さじ5
　├ 水溶き片栗粉 … 小さじ2
　└ ＊合わせておく。
ピンクペッパー … 適量

※酒醸：もち米と麹を発酵させて作る、中国の天然調味料。

1　イカ真珠を作る。モンゴウイカは足と内臓をとり除く。胴の皮をむき、水洗いをしてしっかりと水気をふきとる（胴の身のみ使用する）。

2　フードプロセッサーに**1**のイカの身、Aの調味料をすべて入れてまわし、すり身状にする（写真1）。

3　鍋に湯を沸かす。**2**をザーレンにのせて、沸騰している湯の上にかかげ、玉じゃくしの背でこするようにしてすり身を下の湯の中に落とす（写真2～4）。1分ほどゆでたらとり出す。

4　トウモロコシは皮をむき、ヒゲをとり（とりおく）、ナイフを使って軸から実を切りとり、粒にする。ヒゲは低温の油でパリッと揚げておく。

5　鍋に湯を沸かし、塩、サラダ油を少量入れ、**3**のイカ真珠と**4**のトウモロコシの実を入れてゆで、とり出す。

6　**5**の鍋を洗い、Bを入れて弱火で炒め、香りを出す。**5**を戻し入れ、Cの合わせ調味料を全体に流し込んで、強火で炒める。

7　器に盛り、**4**の揚げたトウモロコシのヒゲとピンクペッパーを添える。

紋甲烏賊　香り揚げ（干炸墨鱼）

麻布長江　香福筵　田村

材料（2人分）
モンゴウイカ（カミナリイカ）… 1パイ
漬けだれ
　├ 醤油 … 大さじ1/2
　├ オイスターソース … 大さじ1/2
　└ 紹興酒 … 大さじ1/2
揚げ油 … 適量
スパイス塩（塩、五香粉、黒コショウ、カレー粉、乾燥パセリを混ぜ合わせたもの）… 適量

1 モンゴウイカは足と内臓をとり除く。胴の皮をむき、水洗いをしてしっかりと水気をふきとる（胴の身のみ使用する）。

2 **1**の身の表面に、厚みの2/3までの深さに、斜めの切り目を等間隔に入れる。

3 漬けだれの材料をすべて混ぜ合わせ、**2**のイカを10分漬ける。

4 **3**のイカを、200℃の油で香ばしく揚げる（切り目を入れているため、きれいに丸まる）。

5 **4**の油をしっかりとふきとり、薄切りにする。

6 器に盛り付けて、スパイス塩をふる。

紋甲烏賊　四川ピクルス炒め（泡菜凤尾墨条）

麻布長江　香福筵　田村

材料（2人分）
モンゴウイカ（カミナリイカ）… 1パイ
泡菜（中国四川省の漬物。5mm角に切る）… 30g
サラダ油 … 少量
A
　├ 塩 … 1g
　├ 砂糖 … 1g
　├ 泡菜の汁 … 30g
　└ 水溶き片栗粉 … 小さじ1
　＊合わせておく。

1 モンゴウイカは足と内臓をとり除く。胴の皮をむき、水洗いをしてしっかりと水気をふきとる（胴の身のみ使用する）。

2 **1**のイカを、縦に二等分に切る。内側を上にして縦長に置き、縦に5mm間隔で、厚みの2/3までの深さに、斜めの切り目を入れる。

3 イカを横長に置きかえ、**2**の切り目に対して直角になるように、3mm幅で切り目を入れる。1刃めと2刃めは切り離さないように入れ、3刃めで切り離す。

4 **3**のイカを、80℃の湯でさっとゆでる。水気をふきとる。

5 鍋にサラダ油を少量ひいて**4**のイカと泡菜を入れ、Aの合わせ調味料を入れてさっと炒める。

(イカワタ・イカ卵〈包卵腺〉)

イカワタのバーニャカウダ
スミイカ添え

コウイカ(スミイカ)のワタの旨みが溶け込んだソースに、
イカの身や野菜をつけながら食べていただく。

烏賊卵宮廷スープ　レモンと胡椒
(酸辣燴烏魚蛋)
<small>スワンラーフオイウーユイダン</small>

伝統的な宮廷料理を、現代風にアレンジ。
酸味はレモンの泡で、
コショウはレモンオイルと合わせて、
パウダーにして添えた。

たこ（マダコ）

**タコのサラミとジャガイモのサラダ
フレッシュトマトと菜の花のソース**

やわらかく蒸したタコを真空パックにして作る、人気の前菜。
ゼラチン質の多い、活けダコを使用する。

イカワタのバーニャカウダ スミイカ添え

ピコローレ・ヨコハマ 佐藤

材料

イカワタのバーニャカウダソース（作りやすい量）
- A
  - ニンニク … 3粒
  - オリーブ油 … 200cc
  - アンチョビフィレ … 2本
  - コウイカのワタ … 2ハイ分

コウイカ（胴の身を掃除して薄皮をむき、斜めに飾り包丁を入れる）… 適量
塩 … 適量
- A
  - 食用タンポポ、ラデッキョ・プレコーチェ、野生のセリ … 各適量

オリーブ油 … 適量

1 イカワタのバーニャカウダソースを作る。ニンニクをみじん切りにして鍋に入れ、オリーブ油、アンチョビを加えて弱火で炒める。コウイカのワタを加え、5分ほど煮る。ミキサーにかける。

2 コウイカの身は、塩を加えた湯で半生にゆでて、氷水にとる。水気をふきとり、3mm幅に切る。

3 2のイカとAを器の周囲に盛り、中央に温めた1のソースを入れ、オリーブ油をまわしかける。

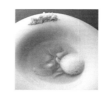

烏賊卵宮廷スープ レモンと胡椒
（酸辣烩乌鱼蛋 スワンラーフォイウーユィダン）

麻布長江 香福筵 田村

材料（1皿分）

塩漬けイカの卵（中国製。薄くはがして塩漬けにしたもの※）… 15g
清湯 チンタン（中国料理の澄んだスープ）… 200cc
塩 … 少量
水溶き片栗粉 … 小さじ1

レモン泡（作りやすい量）
- レモン果汁 … 75cc
- ぬるま湯 … 200cc
- 大豆レシチン … 4g

＊すべての材料を合わせ、ハンドブレンダーで泡立てる。

コショウパウダー（作りやすい量）
- レモンオイル（※）… 25g
- マルトセック … 15g
- コショウ … 2つまみ

＊レモンオイルにマルトセック、コショウを加え、泡立て器でよく混ぜてパウダー状にする。

※イカの卵：正確には卵ではなく「包卵腺」という器官で、イカが卵を外に産み出すときに包む粘液を分泌するところ。日本では香川県、愛媛県、岡山県などで「イカチチ」の名で売られている。生のイカチチを使用する場合は、ゆでると薄い層になるので、これを1枚ずつはがして使用する。

※レモンオイル：レモンの皮と太白ゴマ油を真空用袋に入れて真空にし、3日間ほどおく。油にレモンの香りが移ったら、皮をとり除く。

1 塩漬けイカの卵を、流水で塩抜きする。

2 清湯を鍋で温め、1と少量の塩を加える。イカの旨みが出てきたら、水溶き片栗粉でとろみをつける。

3 2を器に注ぐ。器の縁に大さじ1のコショウパウダーを添え、スープの上に大さじ2のレモン泡を浮かせる。

※食べ方：まず、スープをそのまま飲む。次にレモン泡を混ぜて酸味のあるスープにして飲む。最後にコショウパウダーを加えて混ぜて飲む。最初は淡い繊細な味のスープが、最後には酸辣味に変化する。

タコのサラミとジャガイモのサラダ フレッシュトマトと菜の花のソース

ビコローレ・ヨコハマ　佐藤

材料(1人分)
タコのサラミ(作りやすい量)
　マダコ(活)…1パイ(2kg)
　塩…適量
ジャガイモ…1個
塩…適量
A　塩、白コショウ、白ワインヴィネガー、
　　オリーブ油…各適量
レモン果汁…適量
オリーブ油…適量
セミドライトマト(※)…少量
黒オリーブ…1/2個
緑オリーブ…1/2個
フレッシュトマトのソース(右記参照)…適量
菜の花のソース(右記参照)…適量

※セミドライトマト:プチトマトを半分に切って塩、グラニュー糖をまぶし、90℃のオーブンで乾燥させる。

1 タコのサラミを作る。タコは掃除し、塩もみしてぬめりをとり、水で洗う。麺棒でたたいてから、蒸し器でやわらかくなるまで蒸す。ぶつ切りにして真空用袋に入れ、真空パックにして円筒形に成形し、冷蔵庫で一晩おく。

2 ジャガイモは皮をむき、1cm角に切り、塩を加えた湯でゆでる。やわらかくなったら水気を切ってボウルに移し、温かいうちにAを加え、フォークでつぶすようにしながら味つける。

3 セルクル型を皿の中央におき、2のジャガイモを5mm厚さほどに平らに入れる。セルクル型をはずし、ジャガイモの上数ヵ所に、フレッシュトマトのソースをのせる。

4 1のタコのサラミ(写真1)を3mm厚さに切り、3のジャガイモの上にのせる。上にレモンを絞り、オリーブ油をかけ、セミドライトマトと半割にしたオリーブをのせる。まわりにフレッシュトマトのソースと菜の花のソースを散らす。

フレッシュトマトのソース(作りやすい量)

1 トマト3個は皮を湯むきして、種をとり除き、塩をして1時間ほどおいて、水分を切る。

2 ミキサーに1のトマトとセロリ30g、白ワインヴィネガー50ccを入れてまわす。適量のオリーブ油を少しずつ加えながらまわし、乳化させる。

菜の花のソース(作りやすい量)

菜の花1束とイタリアンパセリ5本を、塩ゆでして冷水にとり、適量の水を加えてミキサーにかける。適量のオリーブ油を少しずつ加えながらまわし、乳化させる。

タコのプランチャ
タコの煮汁を煮詰め、オリーブ油と合わせてソースに。
塩分はタコの塩気のみ。

タコのガリシア風
ゆでたタコとジャガイモを合わせた、
ガリシア地方の人気タパス。

マダコ

タコとズッキーニのグリル ズッキーニのピュレとドライトマト添え

タコはカリッとした焼き目がつくまで焼くとおいしい。
ズッキーニのグリルには、酸味をきかせたドライトマトを合わせ、
ズッキーニのピュレで全体を包み込む。

タコとトロサ豆のスープ

タコのゆで汁で豆を煮込んでスープに。
青唐辛子の酢漬け(ギンディージャ)やセロリで清涼感を添える。

マダコのオーブン焼き

タコを丸ごと使うオーブン焼き。
南部の地中海側(ムルシア地方)で見かける郷土料理。
バルのカウンターに置かれ、注文のたびに切り分けてくれる。

えび・かに・いか・たこ料理バリエーション

タコのプランチャ
アルドアック　酒井

材料(1人分)
マダコの足(下処理をしてゆでたもの。p.285参照)…1本
A ┌ 里イモ(皮をむき、一口大に切ったもの)…15g
　├ ピキージョピーマン(※)…1/2個
　└ スティックフェンネル…1本
オリーブ油…適量
ソース
　┌ タコのゆで汁(1パイのタコを、p.285のようにゆでたあとの汁全
　│ 量)を、200ccまで煮詰めたもの(タコのもつ塩分により、塩
　│ 気は調整する)…10cc
　└ オリーブ油…5cc
緑オリーブ…2個
アイオリソース(p.199参照)…適量

※ピキージョピーマン：スペイン産赤ピーマン。炭火焼き水煮瓶詰または缶詰。

1 タコの足とAの野菜を、オリーブ油をひいた鉄板で焼く。
2 ソース：煮詰めたタコのゆで汁に、オリーブ油を加え、加熱しながら混ぜて乳化させる。
3 皿に**2**のソースを敷いて、**1**のタコと野菜を盛り付け、オリーブとアイオリソースを添える。

タコのガリシア風
アルドアック　酒井

材料(作りやすい量)
マダコの足(下処理をしてゆでたもの。p.285参照)…2本
ジャガイモ(ゆでたもの。タコのゆで汁でゆでるとおいしい)
　…1/2個(60g)
A ┌ E.V.オリーブ油…適量
　└ 塩、パプリカパウダー…各適量

タコの足をぶつ切りにし、一口大に切ったジャガイモとともに器に盛る。Aをかける。

タコとズッキーニのグリル
ズッキーニのピュレと
ドライトマト添え
ピコローレ・ヨコハマ　佐藤

材料(8人分)
マダコ(足)…8本
ズッキーニ…2本
塩、コショウ、オリーブ油…各適量
ズッキーニのピュレ
A ┌ ズッキーニ(薄切り)…2本分
　├ 玉ネギ(薄切り)…1/2個分
　└ ニンニク(薄切り)…1/2粒分
イタリアンパセリ(葉を摘む)…5g
オリーブ油…適量
B ┌ セミドライトマト(※みじん切り)…10g
　├ 白ワインヴィネガー…10g
　├ オリーブ油…20g
　└ 塩…適量
　＊混ぜ合わせる。

※セミドライトマト：プチトマトを半分に切って塩、グラニュー糖をまぶし、90℃のオーブンで乾燥させる。

1 ズッキーニのピュレ：オリーブ油をひいた鍋にAの野菜を入れてソテーし、水をひたひたに加えて蓋をし、蒸し煮する。火が入ったら、イタリアンパセリと合わせてミキサーにかける。
2 タコの足は、塩もみしてぬめりをとり、水洗いする。蒸した後、オリーブ油をまぶしてグリルパンで焼き目がつくまで焼く。
3 ズッキーニは5mm厚さの輪切りにしてグリルし、塩、コショウ、オリーブ油をまぶして冷ましておく。
4 皿に温めた**1**のピュレを敷いて**2**のタコを盛り、オリーブ油をかける。**3**のズッキーニを添えて、Bをのせる。

タコとトロサ豆のスープ

アルドアック　酒井

材料（1人分）
マダコの足（下処理をしてゆでたもの。p.285参照）… 1/2本
セロリ（5mm角切り）… 適量
ギンディージャ（※小口切り）… 1本
パクチー … 適量
オリーブ油 … 少量
トロサ豆のスープ（20人分）
┌ タコのゆで汁（1パイのタコを、p.285のようにゆでたあとの汁。
│　　玉ネギは入れたまま）… 1.8ℓ
│ トロサ豆（※乾燥）… 500g
│ パプリカパウダー … 10g
└ オリーブ油 … 100cc

※ギンディージャ：スペインのバスク地方・ナバラ産の青唐辛子の酢漬け（写真1）。塩豚で作るスープなど こはかならず使われる。
※トロサ豆：バスク地方トロサ特産の豆（写真2）。チョリソーや塩豚と合わせてスープにすることが多い。

1　トロサ豆のスープ：トロサ豆は一晩水に浸けて戻しておく。すべての材料を合わせて豆がやわらかくなるまで弱火で煮込む。すべてミキサーにかけて、漉す。

2　オリーブ油を少量ひいた鉄板で、タコの足を焼く。一口大に切る。

3　器に**1**のスープを注ぎ、**2**のタコを入れる。セロリ、ギンディージャ、パクチーの葉を散らし、パプリカパウダー（分量外）をふる。

マダコのオーブン焼き

アルドアック　酒井

材料（作りやすい量）
マダコ（下処理をしたもの。※）… 1パイ
ジャガイモ（皮をむいて5mm厚さに切る）… 1.5kg
玉ネギ（半分に切り、横1cm厚さに切る）… 500g
ローリエ … 2枚
ビール … 500cc
ブランデー … 100cc
オリーブ油 … 30cc
パプリカパウダー … 少量
バルサミコソース（バルサミコ酢を煮詰めたもの）… 少量
パクチー … 少量

※マダコの下処理：生のまま内臓をとり除いて冷凍し、使う前日に冷蔵庫に移して自然解凍し、流水にあててこすりながらぬめりをとる。

1　大きめのバットにジャガイモと玉ネギを敷き並べる。ローリエと丸ごとのタコをのせ、ビール、ブランデー、オリーブ油をかけて（写真1）、200℃のオーブンで1時間火を入れる（写真2）。

2　**1**からタコとローリエをとり出し、残りはミキサーにかけてペースト状にする。

3　器に**2**のペーストを敷く。**2**のタコの足を切りとり、食べやすい大きさに切って盛り、パプリカパウダー、オリーブ油（分量外）をかける。バルサミコソースとパクチーを添える。

たこのサラダ

軽く炒めて、ニンニクやレモンの風味を
軽くまとわせたタコを、
いろいろな味や食感の野菜と合わせて食べる、
楽しいサラダ。

たことオリーブトースト　地中海風

黒オリーブのペーストを挟んでプレスしたトーストに、
ナスとトマトのペースト、あぶったタコ、
チョリソーをのせてフィンガーフードに。

マダコ

タコの炙り　干しダコのスープ
干しダコと野菜を合わせてじっくり煮て、
タコの旨みが凝縮されたおいしいスープに。

たこのベニエのたこ焼き??
タコの唐揚げのイメージで、
タコにベニエ生地をまとわせて揚げた。
ビールを加えて作る生地には苦みも少し残り、
よりおつまみむきに。

たこのサラダ

Hiroya　福嶌

材料
マダコ(※足) … 適量
野菜
- ペコロス、キャベツ、長ネギ、ナス、シシトウ、カブ、トマト、エンダイブ、チコリ、セリ … 各適量

シメジ … 適量
ニンニク … 適量
ローリエ … 適量
オリーブ油 … 適量
揚げ油 … 適量
アサリのだし(p.83参照) … 適量
パプリカパウダー、塩 … 各適量
レモン果汁 … 適量
ニンニクのピュレ(※) … 適量

A
- 玉ネギのピュレ(※) … 適量
- シェリーヴィネガー … 適量
- 塩 … 適量
- E.V.オリーブ油 … 適量

タプナード(※) … 適量
イクラ(※) … 適量

※タコは活けのものを丸ごと冷凍し、自然解凍する。この作業を3回ほど繰り返すと、タコの筋繊維が壊れ、やわらかくなる。
※ニンニクのピュレ:皮付きのニンニクにオリーブ油をまぶして、200℃のオーブンで20分ほど火を入れた後皮をむき、ミキサーにかけ、オリーブ油と塩で味を調えたもの。
※玉ネギのピュレ:玉ネギを、皮付きのまま丸ごとオーブンでローストし、皮をむいてミキサーにかけ、ピュレにしたもの。
※タプナード:黒オリーブ(種抜き)、パセリ、オリーブ油を合わせてミキサーでまわす。
※イクラ:スジコをボウルに入れ、沸騰した湯をたっぷり注ぎ、箸でかき混ぜた後、水にさらして汚れをとる。

[野菜・シメジ]

1　皮付きのペコロスにオリーブ油をまぶし、200℃のオーブンでローストして火を入れる。皮をむき、縦半分に切る。

2　キャベツの蒸し焼きを作る。フライパンにオリーブ油とつぶしたニンニクを入れて熱して香りを移し、ローリエと適宜に切ったキャベツを入れ、軽く塩をして混ぜ、蓋をして蒸し焼きにする。食感が残る程度に火が入ったら、底を氷にあてたボウルにとり出しておく。

3　別のキャベツを食べやすい大きさにちぎり、素揚げする。

4　長ネギは、アルミホイルで包み、オーブンで火を入れる(水分が抜けて、平らになる)。

5　ナスは焼きナスにする。ナスを網にのせて炭火で焼き、ラップフィルムで包んでしばらくおいて香りを移した後、皮をむき、一口大に切る。シシトウは炭火焼きにする。

6　カブとトマトは一口大のくし形に切る。エンダイブ、チコリ、セリは食べやすい大きさに切る。

7　アサリのだしを鍋に沸かし、石づきを切り落としたシメジを入れて、すぐに火を止める。

[タコ]

8　フライパンにオリーブ油とパプリカパウダーを入れて火にかける。香りが立ったら、一口大に切って軽く塩をしたタコの足を入れ、レモン果汁とニンニクのピュレを加える。

[盛り付け]

9　1〜6の野菜と7のシメジを、Aで和える。

10　皿にタプナードを敷き、8のタコと9を合わせて盛り付け、イクラを散らす。

たことオリーブトースト　地中海風

シンシア　石井

材料(作りやすい量)
マダコ(ゆでたもの) … 適量
ナスとトマトのペースト
- ナス … 8本
- トマト … 2個
- 揚げ油 … 適量
- オリーブ油、塩、白コショウ … 各少量

オリーブトースト
A
- 黒オリーブ(種抜き) … 100g
- オリーブ油 … 30g
- 食パン(6枚切り) … 4枚
- E.V.オリーブ油 … 適量

チョリソー(薄切り) … 適量
マイクロセルフィーユ … 少量
塩 … 適量

1 ナスとトマトのペースト：ナスは揚げて、皮をむいた後、包丁で軽くたたく。

2 トマトは皮を湯むきして、種をとり、ざく切りにする。オリーブ油を少量ひいた鍋に入れて火にかけ、水分を少し飛ばす。**1**のナスを加え、弱火で20分ほどコトコト煮て、ペーストにする。塩、コショウで味を調える。

3 オリーブトースト：Aを合わせてロボクープで撹拌し、ペーストにしておく。

4 食パンはミミを切り落とし、2枚の片面に**3**のペーストを塗り、それぞれにペーストを塗っていないパンを重ねて挟む。上からE.V.オリーブ油を全体にかける。

5 **4**を鉄板にのせ、上にも鉄板をのせてプレスし、200℃のコンベクションオーブンで7分焼く。とり出して裏返し、再び鉄板をのせて7分焼く。

6 **5**を食べやすい大きさに切る。

7 ゆでダコは食べやすい大きさに切り、かみ切りやすいように格子状に切り目を入れておく。軽く塩をふり、バーナーであぶる。

8 **6**のオリーブトーストの上に**2**のペーストと、**7**のタコをのせ、チョリソーをのせ、マイクロセルフィーユを散らす。

タコの炙り　干しダコのスープ
アルドアック　酒井

材料（1人分）
マダコの足（下処理をしてゆでたもの。p.285参照）… 1/2本
マッシュルーム（薄切り）… 1個分
ディル … 適量
干しダコのスープ（作りやすい量）
- 干しダコ（バスク風。p.262参照。刻む）… 100g
- 鶏もも肉（塊）… 100g
- ニンニク（薄切り）… 1粒分
- 玉ネギ（薄切り）… 1個分（200g）
- セロリ（薄切り）… 20g
- トマト … 1個
- ニンジン（薄切り）… 50g
- ローリエ … 1枚
- 粒コショウ … 適量
- 白ワイン … 200cc
- 水 … 2ℓ

1 干しダコのスープ：鍋にすべての材料を入れて2時間煮込んで、漉す。

2 ゆでダコの足を食べやすい大きさに切り、炭火であぶる。

3 **2**のタコを器に入れ、**1**のスープを注ぐ。マッシュルームとディルを散らす。

たこのベニエのたこ焼き??
シンシア　石井

材料（6個分）
マダコ（ゆでて一口大に切ったもの）… 10g×6個
ベニエ生地
- ビール … 140cc
- 強力粉 … 50g
- 薄力粉 … 50g
- インスタントドライイースト … 3g

薄力粉、揚げ油 … 各適量
ソース
- ジュ・ド・ブフ … 10g
- 粉山椒（石臼挽きにしたもの）… 適量
*混ぜ合わせる。

ハーブ（セルフィーユ、イタリアンパセリ〈各みじん切り〉）
　… 少量

1 ベニエ生地：材料を混ぜ合わせ、少し温かい場所に30分ほど置いておく。

2 タコに薄力粉をまぶして、**1**の生地にくぐらせ、180℃の油で4〜5分揚げる。

3 **2**に楊枝を刺して器に盛り、ソースをかけ、ハーブをのせる。

バスク風　干しダコのスープ

バスク風の干しダコを、玉ネギやトマトと煮込んで作る、
タコの旨みたっぷりのスープ。
バスクのスマイア（Zumaia）で食べられている郷土料理で、
味を競うコンテストもある。

干しダコのセビーチェ

一夜干しにしたタコに、赤玉ネギやトマトを加え、
オリーブ油や柑橘の果汁を合わせる。
タコのほどよい歯応えが、心地よい。

真蛸 スパイス仕立て（香味章鱼）
やわらかく煮たタコに添えた、
スパイスをからめたおこげと野菜がいいアクセント。

たこ 大葉衣揚げ
やわらか煮にしたタコに、
ビール入りの衣と大葉をまぶし、
サクッと揚げた。

バスク風 干しダコのスープ
アルドアック　酒井

材料(作りやすい量)
干しダコ(バスク風※。写真1)…50g
ニンニク(みじん切り)…1粒分
玉ネギ(みじん切り)…1個分(200g)
パン(ちぎる)…30g
トマト(皮を湯むきし、種を除いてざく切り)…150g
白ワイン…100cc
オリーブ油…50cc
塩…適量
パプリカパウダー…適量

※バスク風干しダコ：マダコを冷凍せずに内臓を掃除し、ぬめりをとった後、ハンガーなどに広げてかけ、1週間ほどつるして乾燥させる。バスク地方では、タコがカラカラになるまでしっかり干す。

1　鍋にオリーブ油を入れ、ニンニクと玉ネギを入れて軽く色づくまで炒める。

2　**1**にパンと刻んだ干しダコを加えて炒める。トマトを加えて更に炒める。

3　**2**がソース状になったら白ワインを加え、アルコールが飛んだら水1ℓを加えて1時間ほど煮る。最後に塩とパプリカパウダーで味を調える。

干しダコのセビーチェ
アルドアック　酒井

材料(1人分)
干しダコ(バレンシア風※。写真1)…40g
赤玉ネギ(細切り)…20g
セロリ(薄切り)…10g
イタリアンパセリ…5g
ミニトマト(くし形切り)…2個分
ライム果汁…1/2個分
オリーブ油…50cc
塩、コショウ…各適量

※バレンシア風干しダコ：マダコを冷凍せずに内臓を掃除し、ぬめりをとった後、使いやすい大きさに切り、1日天日干しにする。バレンシア地方では、半生に仕上げる。

1　干しダコは軽くバーナーであぶり、スライスする。

2　**1**と他の材料をすべて合わせて器に盛る。

真蛸　スパイス仕立て（香味章魚）
麻布長江 香福筵　田村

材料（2人分）

マダコ煮（足。下記参照）… 2本
乾燥米（※細かくほぐす）… 8g
A ┌ 香菜の茎（みじん切り）… 5g
　├ ニンニクの新芽（みじん切り）… 5g
　├ ニンニク（みじん切り）… 5g
　└ 万能ネギ（みじん切り）… 10g
B ┌ 塩 … 少量
　└ 花椒（中国山椒）… 少量
一味唐辛子 … 適量
サラダ油 … 少量
揚げ油 … 適量

※乾燥米：米に水を加えて煮て、やわらかくなったらバットに薄くのばし、乾燥させたもの。

1　少量のサラダ油をひいたフライパンで、マダコ煮の足をソテーする（皮をやぶらないように注意する）。

2　細かくほぐした乾燥米を、200℃の油で色よく揚げておこげにする。

3　**2**の油をあけた鍋でAの野菜類を炒め、香りが出たらおこげを戻し入れ、Bで調味する。

4　器に**1**のタコの足を盛り、上に**3**を盛り付ける。まわりに一味唐辛子を散らす。

マダコ煮（作りやすい量）

マダコ … 1パイ　　　｜　塩 … 適量
大根おろし … 1/2本分　｜　醤油 … 少量
C 水5：酒1：醤油0.8：砂糖0.3の割合で合わせる。

1　マダコは内臓と墨袋をとり除く、ぬめりをとるために塩もみし、流水でしっかりと洗い落とす。

2　**1**を大根おろしで20分ほどもみ、流水で洗う。

3　沸騰湯に醤油を少量加え、**2**のタコを入れてさっとゆでる。

4　Cを鍋に合わせて**3**のタコを入れ、弱火で2時間半～3時間煮る。味が強くなってきたら水を足す。

5　火を止めて、そのまま冷ます。

たこ　大葉衣揚げ
賛否両論　笠原

材料（4人分）

マダコ（やわらか煮にしたもの。p.267参照）… 1/4パイ
大葉 … 20枚
金針菜 … 適量
薄力粉 … 適量
A ┌ ビール … 200cc
　└ 薄力粉 … 100g
揚げ油 … 適量
スダチ（半分に切る）… 1個分
塩 … 少量

1　やわらか煮にしたタコを一口大に切り、薄力粉をまぶす。

2　大葉はせん切りにして、さっと水で洗い、水気をふきとる。

3　Aを混ぜ合わせて衣を作る。

4　**1**を**3**にくぐらせて、**2**をまぶしつけ、170℃に熱した油に2～3分入れて揚げる。金針菜は素揚げする。

5　**4**を器に盛り、スダチと塩を添える。

番茶ゆでだこ　黄にら塩昆布
番茶で色よくゆでたタコを、
黄ニラと塩昆布の旨みと塩味で。

文銭だこ　梅とすいかすり流し
スイカに梅干しを加えて作るすり流しが、
タコによく合う。夏にぴったりな一品。

賛否両論風　芋たこ南瓜
やわらか煮にしたタコに、
カボチャのサラダと里イモのチップスを合わせた、
ちょっとおしゃれな「いも、たこ、なんきん」。

たこ焼き
レンコン餅の生地で、
タコのやわらか煮を包んで揚げた。
ソースに見えるのは、
煮詰めたやわらか煮の煮汁。

番茶ゆでだこ　黄にら塩昆布
<small>賛否両論　笠原</small>

材料（作りやすい量）
マダコ … 1パイ
黄ニラ … 1把
塩昆布 … 30g
太白ゴマ油 … 大さじ5
塩 … 適量
大根おろし … 200g
A ┌ 水 … 3ℓ
　├ 番茶（葉）… 100g
　└ 濃口醤油 … 大さじ3
わさび（すりおろし）… 少量

1　タコは内臓を掃除し、塩でよくもんでぬめりをとり、ボウルに入れて大根おろしをまぶし、20分ほどもむ。水でよく洗う。

2　鍋にAを合わせて沸かす。**1**のタコの頭を持ち、足先からゆっくり入れて、きれいに丸まるようにした後、全体を入れて中火で5分ゆでる。火を止めて蓋をし、10分おく（写真1～4）。

3　**2**のタコをザルに上げて冷ます（写真5、6）。

4　黄ニラは小口切りにし、塩昆布はみじん切りにする。合わせて太白ゴマ油で和える。

5　タコは一口大に切り、器に盛る。おろしわさび、塩、**4**を添える。

文銭だこ　梅とすいかすり流し
<small>賛否両論　笠原</small>

材料（4人分）
マダコ（足）… 1/4パイ分
スイカ（果肉）… 500g
梅干し（塩分8%）… 5個
太白ゴマ油 … 大さじ3
塩 … 適量
花穂紫蘇 … 少量
黒コショウ … 少量

1　スイカは種をとり除き、種をとった梅干しと太白ゴマ油を加えてミキサーにかける。

2　タコの足は塩でよくもんでぬめりをとり、水でよく洗って皮をはぐ。切り離さないように、端から細めの幅で切り込みを入れ、3、4刃めで切り落とす。さっと塩ゆでし、氷水に落とす。吸盤もゆでて火を通し、氷水に落とす。

3　器に**2**のタコを盛って、**1**を注ぐ。花穂紫蘇をのせ、黒コショウをふる。

賛否両論風　芋たこ南瓜

賛否両論　笠原

材料（4人分）
タコのやわらか煮
　マダコ（内臓を掃除したもの）… 1/4パイ
　塩 … 適量
A　水 … 1200cc
　酒 … 180cc
　濃口醤油 … 180cc
　みりん … 180cc
　黒砂糖 … 100g
カボチャ … 1/4個
B　白味噌 … 80g
　生クリーム … 大さじ3
　塩 … 少量
里イモ … 2個
インゲン … 4本
揚げ油 … 適量
塩 … 適量
黄柚子皮 … 少量

1 タコのやわらか煮を作る。タコを塩でよくもんでぬめりをとり、水でよく洗う。すりこぎでたたいてやわらかくし、沸いた湯で霜降りにする。

2 1のタコとAの地を鍋に合わせ、弱火で3時間ほど炊く。

3 カボチャは蒸して皮をとり、マッシャーでつぶしてBと混ぜ合わせる。

4 里イモは皮をむき、薄切りにして水にさらし、水気をふいて、170℃の油でカリッと揚げる。

5 インゲンは塩ゆでする。

6 器に3を盛り、2のタコと5のインゲンを、食べやすい大きさに切って添え、4の里イモチップをカボチャに刺すようにして添える。柚子皮をすりおろして散らす。

たこ焼き

賛否両論　笠原

材料（作りやすい量）
マダコ（足。やわらか煮にしたもの。左記参照）… 2本（煮汁も）
レンコン … 250g
A　卵 … 1個
　片栗粉 … 大さじ1
　塩 … 小さじ1/2
　砂糖 … 小さじ1/2
ゴマ油 … 大さじ1
上新粉 … 適量
揚げ油 … 適量
青海苔 … 適量
かつお節 … 適量

1 やわらか煮にしたタコの足を、一口大に切る。

2 やわらか煮の煮汁少量を、煮詰めてとろっとさせ、冷ましておく。

3 レンコンは皮をむいて、すりおろし、Aを加えて混ぜ合わせる。

4 フライパンにゴマ油をひいて3を入れ、中火にかけて、ヘラで練りながら火を入れる。餅の固さになったら火からおろし、冷ましておく。

5 4で1を1個ずつ包み、上新粉をまぶし、170℃の油に入れて、3〜4分揚げる。

6 5を器に盛って、2を塗り、青海苔、かつお節をかける。

マダコ

タコ肝、タコ卵、タコのブルスケッタ

タコは身とともに卵ものせ、
肝はソースにしてかける。
タコが卵や大きな肝をもっていたときに作る。

真蛸薄切り　甘醤油・辣油
（红油章鱼片）
<small>ホンヨウジャンユイピェン</small>

五香粉の香りをきかせた
甘醤油と辣油で食べるタコの冷製。
タコは半解凍の状態で切ると、
きれいな薄切りにできる。

（イイダコ）

いいだことホワイトアスパラガス ふきのとうのソース
春らしい素材を合わせ、「苦み」をテーマにした一皿。

いいだこと筍 オリーブのソース
火を入れたイイダコ、筍、ホワイトセロリを、シェリー酒ベースのマリネ液に漬けて味をのせる。

タコ肝、タコ卵、タコのブルスケッタ
ピコローレ・ヨコハマ 佐藤

材料
マダコの身（蒸したもの。※）… 適量
マダコの卵（蒸したもの。※）… 適量
塩、コショウ、白ワインヴィネガー、オリーブ油
… 各適量
タコの肝のソース（作りやすい量）
┌ マダコの肝（蒸したもの。※）… 180g
│ オリーブ油 … 30g
│ ┌ ニンニク（みじん切り）… 1/2粒分（4g）
│A アンチョビ（みじん切り）… 1本分（8g）
│ └ ケッパー（酢漬け。みじん切り）… 3g
│ 白ワイン … 20g
│ トマトホール（缶詰）… 80g
└ 塩 … 2g
パン（1cm厚さの斜め切り）… 適量
ニンニク … 適量
イタリアンパセリ（みじん切り）… 少量

※生のマダコを掃除し、胴から肝と卵（卵巣）をとり出しておく。内臓を掃除したあとのタコの身（胴と足）は、麺棒などでたたいてから塩もみしてぬめりをとり、肝と卵とともに蒸し器に入れて蒸しておく。

1 タコの肝のソース：フライパンにオリーブ油とAを入れて、軽く色づく程度に炒める。蒸したタコの肝を入れて更によく炒め、白ワインを加えてアルコールを飛ばし、トマトホールを加える。塩をして味を調え、ミキサーにかける。

2 蒸したタコの身と卵は1cm角程度に切り、塩、コショウ、白ワインヴィネガー、オリーブ油で和える。

3 パンの両面をグリルパンで焼き、ニンニクの断面をこすりつけ、**2**をのせて、**1**のソースをかける。イタリアンパセリを散らす。

真蛸薄切り 甘醤油・辣油
（紅油章魚片 ホンヨウジャンユイピェン）

麻布長江 香福筵 田村

材料（2人分）
マダコ煮（足。p.263参照）… 2本
┌ 甘醤油（※）… 大さじ3
A 辣油（ラーユ）… 大さじ2
└ 煎りゴマ … 適量
┌ 香菜 … 適量
B エディブルフラワー … 適量
└ ナスタチウム … 適量

※甘醤油：醤油1：ザラメ糖1の割合で合わせ、五香粉を適量加え、弱火で2/3量ほどになるまで煮詰める。でき上がったもの1に対して醤油0.8と、ニンニクのみじん切りを少量合わせる。

1 マダコ煮の足を冷凍する。

2 **1**を冷蔵庫に移し、ゆっくり解凍する。半解凍くらいになったら、縦に極薄切りにする。

3 **2**を器にランダムに盛る。Aをかけ、Bを散らす。

いいだことホワイトアスパラガス ふきのとうのソース
Hiroya 福嶌

材料（1人分）
イイダコ … 1パイ
ホワイトアスパラガス … 2本
塩、酒、オリーブ油 … 各適量

フキノトウのタルタルソース
- A
  - アイオリソース（p.66参照）… 適量
  - ゆで卵（半熟を軽くつぶす）… 適量
  - エシャロット（みじん切り）… 適量
  - パセリ（みじん切り）… 適量
  - パルミジャーノ・レッジャーノ・チーズ（すりおろし）… 適量
  - フキノトウのフリット（※）… 適量
- レモン果汁、塩 … 各適量

赤いジャガイモ（ノーザンルビー）、紫のジャガイモ（シャドークイーン）… 各適量

揚げ油 … 適量

フキノトウのフリット（※）… 適量

※フキノトウのフリット：フキノトウを細かく刻んで、180℃ほどの油で素揚げし、キッチンペーパーでしっかり油を絞る。

1 イイダコは墨袋、目、口をとって掃除し、塩を加えた湯の中に浸けた後、水洗いする。ボウルに入れ、酒をふりかけてラップをし、58℃で5〜6時間蒸しておく。

2 ホワイトアスパラガスは、オリーブ油を少量ひいたフライパンで、蓋をしながら、焦げ目がつくまでゆっくり焼く。塩をする。

3 フキノトウのタルタルソース：Aを混ぜ合わせ、レモン果汁と塩で味を調える。

4 赤いジャガイモと紫のジャガイモは、皮をむいて縦に薄切りにし、油で揚げてチップスにする。

5 器に**3**のタルタル、食べやすい大きさに切った**1**のイイダコ、**2**のアスパラガスを盛り付け、フキノトウのフリットを散らし、**4**のチップスを添える。

いいだこと筍　オリーブのソース

Hiroya　福嶌

材料（1人分）

イイダコ … 1パイ	ニンニク（つぶす）… 少量
タケノコ … 1/2本	パセリ（みじん切り）… 少量
ホワイトセロリ … 適量	塩、オリーブ油 … 各適量
新玉ネギ … 適量	

- A
  - シェリー酒 … 適量
  - 生姜（すりおろし）… 少量
  - ニンニク（すりおろし）… 少量
- シェリーヴィネガー … 適量

オリーブのソース
- B
  - 黒オリーブ … 適量
  - 長ネギのソース（p.284参照）… 適量
  - マヨネーズ … 適量
  - パセリのソース（ローストしたニンニク、ピーナッツ、パセリ、オリーブ油を合わせてミキサーにかけ、裏漉す）… 適量
- 塩、レモン果汁 … 各少量

＊Bを混ぜ合わせて、塩とレモン果汁で味を調える。

ドライトマト（自家製※）… 1個

木の芽 … 少量

※ドライトマト：ミニトマトの皮を湯むきし、塩、オリーブ油、ニンニクをからめ、80℃のオーブンでゆっくりコンフィにして、水分を抜く。

1 イイダコは墨袋、目、口をとって掃除し、軽く塩もみしてぬめりをとる。胴と足に切り分ける。

2 フライパンにオリーブ油とニンニクを入れて熱し、香りが出たらパセリを入れ、軽く塩をした**1**のイイダコを入れ、やわらかく火を入れる。足はとり出し、胴はそのままオーブンに入れて火を通す。

3 タケノコは、皮付きのままアルミホイルで包んでオーブンで火を入れた後、皮をむき、食べやすい大きさに切る。ホワイトセロリはさっとゆがく。

4 Aを混ぜ合わせ、塩とシェリーヴィネガーで味を調える。ここに**2**のイイダコの胴と足、**3**のタケノコとホワイトセロリを漬けておく（一晩ぐらい漬けると味がなじむ）。

5 新玉ネギは一口大に切り、塩とオリーブ油をからめ、オーブンに入れて食感が残る程度に火を入れ、シェリーヴィネガーでマリネする（※）。

6 **4**のイイダコと野菜を、適量の漬け汁とともに器に盛る。**5**の玉ネギとオリーブのソース、ドライトマトを添え、木の芽をのせる。

※新玉ネギのマリネ：10分ぐらいで味は入るが、あらかじめ作っておいてもよい。作りたてとねかせたものでは味や食感が変わるので、好みの漬け加減のものを使うとよい。

イイダコと白インゲン豆のトマト煮込み
イイダコとトマトの旨みを吸い込んだ、
インゲン豆とソースもおいしい。

イイダコとジャガイモのトマト煮
トマトの旨みたっぷりの、シンプルな煮込み。
イイダコはもちろん、
ジャガイモのおいしさが格別。

飯蛸、黄にら、金柑和え物
（冷拌金荅短蛸）

甘酸っぱいキンカンが、イイダコによく合う。イイダコは、
足と胴を分けて、別々に火を入れている。

いいだこ旨煮　菜の花　辛子ジュレ

むちっとしたイイダコを、
辛子風味のジュレでさっぱりと。

いいだこスモーク　いちご　クレソン

軽く燻製にしたイイダコとイチゴの、
おもしろい組み合わせ。

イイダコと白インゲン豆のトマト煮込み
ピコローレ・ヨコハマ　佐藤

材料(10人分)
イイダコ … 1.5kg
白インゲン豆(乾燥) … 100g
ニンニク(みじん切り) … 1粒分
赤唐辛子 … 1/2本
塩 … 適量
白ワイン … 300cc
トマトホール(缶詰。裏漉しておく) … 2kg
オリーブ油 … 適量

トマトのクロッカンテ(作りやすい量)
パン粉 … 40g
トマトピュレ … 50g
水 … 80g
塩 … 少量
アガー … 適量
＊すべての材料を混ぜ合わせて薄くのばし、85℃のオーブンで乾燥させる。

1 白インゲン豆は、水に一晩浸けて戻す。イイダコは墨袋、目、口をとり除き、塩もみをしてぬめりをとる。

2 鍋にオリーブ油とニンニク、赤唐辛子を入れて熱する。ニンニクが色づいたら**1**のイイダコを入れて炒める。白ワインを加え、アルコールを飛ばす。

3 **2**にトマトホールと**1**の白インゲン豆を加え、やわらかくなるまで弱火で煮る。塩で味を調える。

4 **3**を器に盛り、オリーブ油をまわしかけ、トマトのクロッカンテを添える。

イイダコとジャガイモのトマト煮
アルドアック　酒井

材料(4人分)
イイダコ(墨袋、目、口をとって掃除する) … 10パイ
ニンニク(みじん切り) … 1粒分
玉ネギ(みじん切り) … 150g
ジャガイモ(皮をむいて一口大に切ったもの) … 300g
赤ピーマン(生。みじん切り) … 2個分
トマト(皮を湯むきし、種ごとざく切りにしたもの) … 400g
ローリエ … 1枚
白ワイン … 200cc
パプリカパウダー … 10g
塩 … 適量
オリーブ油 … 10cc
イタリアンパセリ … 少量

1 鍋にオリーブ油をひき、ニンニクと玉ネギを炒める。香りが出たらイイダコ、ジャガイモ、赤ピーマンを加えて炒める。

2 **1**にトマトとローリエを加えて煮る。ソース状になったら白ワイン、パプリカパウダー、塩を加えて30分煮込む。

3 器に盛り、イタリアンパセリを散らす。

飯蛸、黄にら、金柑和え物
(冷拌金桔短蛸)
ロンバンジンジュドゥァンシャオ
麻布長江 香福筵　田村

材料(2～3人分)
イイダコ煮(p.275参照) … 2ハイ(漬け汁も)
黄ニラ … 15g
キンカン … 1個
三温糖 … 5g
酢 … 10g

1 イイダコ煮は、胴、足とも食べやすい大きさに切る。黄ニラは3cm長さに切り、さっとゆでて冷やす。キンカンは、3mm幅の輪切りにする。

2 ボウルに**1**とイイダコ煮の漬け汁適量、三温糖、酢を入れて、やさしく和える。

3 **2**を器に盛り付ける。

イイダコ煮（作りやすい量）

イイダコ … 5ハイ
塩 … 適量
A ┌ 清湯（チンタン）（中国料理の澄んだスープ）… 1ℓ
  │ 酒 … 50cc
  └ 薄口醤油 … 100cc
マスタード … 大さじ1/2

1 イイダコに塩をふってよくもみ、流水にあててぬめりを落とす。足と胴を切り離す。

2 胴の内部にある墨袋を割らないようにとり除き、目もとり除く。胴の開いている側を楊枝でとめる。足の真ん中にある口はとり除く。

3 Aを鍋に合わせて沸騰させ、冷やした後、マスタードを加えてよく混ぜる。

4 別鍋で湯を沸かし、**2**の胴を15秒ほど入れてゆで、氷水で冷やす。足も20秒ほど入れてゆで、氷水に落として冷やす。足は**3**に浸けておく。

5 **4**の胴は真空用袋に入れて真空にし、75℃で40分加熱する。そのまま氷水に落として冷やした後、袋からとり出して**3**に漬けておく（3時間ほど）。

いいだこ旨煮　菜の花　辛子ジュレ
賛否両論　笠原

材料（4人分）
イイダコ … 4ハイ
菜の花 … 1把
塩 … 適量
A ┌ 水 … 1200cc
  │ 酒 … 180cc
  │ 濃口醤油 … 180cc
  │ みりん … 180cc
  └ 黒砂糖 … 100g
B ┌ だし … 200cc
  │ 薄口醤油 … 15cc
  └ みりん … 15cc

辛子ジュレ
C ┌ だし … 270cc
  │ 薄口醤油 … 20cc
  └ みりん … 20cc
ゼラチン … 4.5g
練りガラシ … 小さじ2
桜の花（塩漬けを、水に浸けて塩抜きしたもの） … 少量

1 イイダコは墨袋、目、口をとって掃除し、塩でもんでぬめりをとり、足と胴に分ける。

2 鍋にAを入れて沸かし、**1**の胴の部分を入れて中火で10分ほど炊く。そのままおいておく。**1**の足は同じ地でさっと煮てとり出す。地が冷めたら、胴と足を戻して浸けておく。

3 菜の花は固めに塩ゆでし、Bの地に浸けておく。

4 辛子ジュレ：Cをひと煮立ちさせ、ゼラチンを溶かし、鍋底を氷水にあてて、冷やし固める。練りガラシを加えて混ぜ合わせる。

5 **2**と**3**を食べやすく切って、器に盛り、**4**をかけて、桜の花を散らす。

いいだこスモーク　いちご　クレソン
賛否両論　笠原

材料（4人分）
イイダコ … 4ハイ
イチゴ … 4個
クレソン … 1把
塩 … 適量
A ┌ 太白ゴマ油 … 大さじ3
  │ 薄口醤油 … 大さじ1
  │ レモン果汁 … 大さじ1
  └ ＊合わせる。
黒コショウ … 少量
・燻製用桜チップ … 適量

1 イイダコは墨袋、目、口をとって掃除し、塩でもんでぬめりをとり、足と胴に分ける。胴は10分ほど塩ゆでして火を入れる。足は塩をふる。

2 **1**の胴と足を、桜のチップで5分ほど燻す。

3 イチゴはヘタをとり、4等分のくし形に切り分ける。クレソンは葉を摘む。

4 **2**、**3**を器に盛り、Aをまわしかけ、黒コショウをふる。

（水ダコ）

水だこ、白菜辛子漬け
白菜に水ダコが加わることで、食べ飽きない食感に。
からし風味が後を引く。

水蛸吸盤、クラゲ　胡麻ソース
（麻醬吸盤海蜇头）
_{マァジャンシーパン ハイジョットウ}

独特の食感を楽しむ料理。ゴマのソースがよく合う。

水だこ 五色造り
水ダコのお造りを、
5種類の味で食べていただく趣向。

水蛸 青豆板醤和え（青豆瓣拌章鱼）
ソラ豆に青唐辛子や国産の実山椒などを合わせて作る、
自家製の青豆板醤の、
清涼感のあるピリッとした風味がおいしい。

水だこ、白菜辛子漬け
賛否両論　笠原

材料(4人分)
水ダコ(足)…200g
白菜…1/6個
A ┌ 砂糖…大さじ4
　├ 粉ガラシ…大さじ1
　├ 粗塩…大さじ1
　├ 酢…大さじ1½
　└ みりん…大さじ1
万能ネギ(小口切り)…適量

1　白菜の葉はざく切りに、茎は5cm長さの拍子木切りにする。
2　水ダコは皮をむいて薄切りにし、さっとゆでて氷水に落とす。吸盤はゆでて、火を入れる。どちらも水気を切る。
3　1、2をボウルに入れ、Aを加えてもみ込み、冷蔵庫で3時間以上ねかせる。
4　3を器に盛り、万能ネギを散らす。

水蛸吸盤、クラゲ　胡麻ソース
（麻酱吸盘海蜇头）
麻布長江 香福筵　田村

材料(2人分)
クラゲ(キャノンボール)…60g(戻したもの)
水ダコの吸盤…60g
キュウリ…20g
塩…少量
ゴマソース(作りやすい量)
　┌ 醤油…大さじ3
　├ 砂糖…大さじ1/2
　├ 酢…大さじ1
　├ ゴマ油…大さじ1/2
　├ 長ネギ(みじん切り)…大さじ2
　├ 生姜(みじん切り)…大さじ1
　└ 芝麻醤(ジーマージャン)…大さじ3

1　水ダコの吸盤は、沸騰湯に15秒ほど入れてゆで、氷水に落として冷やす。キュウリは、対角線が1cm×2cmの菱形に切り、少量の塩でもんでおく。10分ほどおき、水気をふきとる。
2　ゴマソースの材料を混ぜ合わせる。
3　器に**1**の吸盤、クラゲ(大きければ切る)、キュウリを盛り、**2**のゴマソースを大さじ2杯かける。

水だこ 五色造り

賛否両論 笠原

材料（作りやすい量）
水ダコ（足）… 1本
塩 … 適量
A ┌ わさび（すりおろし）… 大さじ1
　└ 塩 … 小さじ1/2
B ┌ 練りガラシ … 大さじ1
　│ 白味噌 … 小さじ1
　│ 酢 … 小さじ1
　│ 薄口醤油 … 小さじ1
　└ 砂糖 … 小さじ1
C ┌ 梅肉（赤）… 大さじ1
　└ ハチミツ … 小さじ1
D ┌ 黒すりゴマ … 大さじ1
　│ 濃口醤油 … 大さじ1
　└ 柚子コショウ … 少量
E ┌ 太白ゴマ油 … 大さじ1
　└ 塩 … 少量
らっきょう（甘酢漬け）… 30g
スダチ（半分に切る）… 1個分
キュウリ（よりキュウリ）… 適量
紅タデ … 適量

1 A〜Dは、それぞれ混ぜ合わせる。らっきょうはみじん切りにし、Eで和える。
2 水ダコは皮をむき、薄造りにする。
3 2を5ヵ所に分けて器に盛り、それぞれに**1**をのせる。スダチを添え、よりキュウリ、紅タデをあしらう。

水蛸 青豆板醤和え
（青豆瓣拌章魚）

麻布長江 香福筵 田村

材料（4〜5人分）
水ダコ（足）… 1本
青豆板醤（下記参照）… 適量
塩 … 適量
花山椒 … 適量

1 水ダコに塩をまぶしてぬめりをとるようにもみ、流水で洗う。皮と吸盤をとり除く。
2 1の水気をふきとり、バーナーで表面をあぶる。薄切りにする。
3 2を青豆板醤で和える。器に盛り、花山椒を散らす。

青豆板醤（作りやすい量）

ソラ豆（むき実）… 500g
酒醸（※）… 100g
塩 … 30g
国産実山椒 … 80g
生青唐辛子 … 150g

※酒醸：もち米と麹を発酵させて作る、中国の天然調味料。

1 ソラ豆をフードプロセッサーで細かく砕き、酒醸、塩を混ぜ合わせ、常温で2〜3日おいて発酵させる。
2 国産実山椒と生青唐辛子をフードプロセッサーで細かく砕き、**1**と合わせて更に2日ほどおいて、発酵させる。

水だこ 油霜　たたきオクラ
熱した油にさっと通す、油霜。
ほどよい食感と油気が加わり、
生とはまた違ったおいしさに。

水だこと足赤海老　赤ワインソース
赤ワインに合う魚介料理をお客様にリクエストされ、
赤ワインと相性のよいタコに、エビを加えて作った。
塩漬け豚が、全体のまとめ役。

水ダコのカルパッチョ ガスパチョ・ベルデ

キュウリやキウイを使って作る、
フレッシュな緑色のガスパチョを、
水ダコと合わせた。

リングイネ　水ダコ、オリーブ、ケッパーのトマトソース

水ダコを粗めのミンチにしてラグーを作り、パスタに。

水だこ油霜　たたきオクラ
賛否両論　笠原

材料（4人分）
水ダコ（足）…1本
オクラ…8本
塩…少量
揚げ油…適量
A ┌ だし…500cc
　├ 薄口醤油…40cc
　├ みりん…40cc
　└ 酢…40cc
B ┌ だし…50cc
　└ 塩…少量
花穂紫蘇…少量

1 水ダコは皮をむき、鹿の子に包丁目を入れて、180℃の油でさっと素揚げする。
2 Aをひと煮立ちさせて冷ました地に、**1**を半日以上浸ける。
3 オクラは塩ずりしてゆがき、氷水に落とす。水気をとり、半分に切って、種を除く。包丁でたたき、Bを加えて混ぜ合わせる。
4 **2**を一口大に切り、バーナーでさっとあぶる。
5 **4**を器に盛って**3**をかけ、花穂紫蘇をのせる。

水だこと足赤海老　赤ワインソース
Hiroya　福嶌

材料（1人分）
水ダコ（足）…適量
アシアカエビ（クマエビ）…2本
オリーブ油、日本酒…各適量
赤ワイン（煮詰めておいたもの）…適量
ジュ・ド・ヴィアンド（p.94参照）…少量
エビのだし（※煮詰めたもの）…少量
エシャロット（みじん切り）…少量
ニンニク（つぶす）…少量
茎ブロッコリー…1本
ペコロス（オリーブ油をまぶし、オーブンで火を入れたもの。半分に切る）…1個分
エビのだし（※）…少量
塩豚（p.174参照。薄切り）…少量
キャベツの素揚げ…適量

※エビのだし：エビの頭をオリーブ油をひいた鍋でしっかり焼き、ブランデーでフランベし、水を加えて煮出して、漉す。

1 水ダコは、湯に浸けた後水で洗う。吸盤の中は特に注意してよく洗う。日本酒と水を合わせた中で軽く炊き、とり出す。
2 ソースを作る。**1**の煮汁を煮詰め、赤ワインと合わせ、ジュ・ド・ヴィアンド、エビのだしを少量加える。エシャロットはオリーブ油で軽く炒めておく。
3 アカアシエビは頭をはずし、殻をむいて背ワタをとり、オリーブ油を少量まぶす。強火で熱したフライパンに入れて表面をさっと焼き（香ばしさを出すため）、オーブンに入れて火を通す。ミソの入った頭の部分は殻をむき、バーナーであぶる。
4 フライパンを熱し、少量のオリーブ油とつぶしたニンニク、茎ブロッコリー、ペコロスを入れてさっと炒め、エビのだしを少量加えて蓋をし、蒸し焼きにする。
5 器に**2**のソースとエシャロットを入れ、食べやすい大きさに切った**1**の水ダコ、**3**、**4**を盛り付ける。塩豚とキャベツの素揚げを添える。

水ダコのカルパッチョ ガスパチョ・ベルデ

ビコローレ・ヨコハマ　佐藤

材料（作りやすい量）
水ダコ（足）…1本
塩、コショウ、レモン果汁…各適量
ガスパチョ・ヴェルデ
A ┌ キュウリ…2本
　├ 玉ネギ…1/2個
　└ キウイ…2個
B ┌ エストラゴン…1枝
　├ セルフィーユ…1枝
　├ オリーブ油…100cc
　├ レモン果汁…1/2個分
　└ 塩、白コショウ…各適量
　塩…適量
ディルの花、マイクロトマト、オリーブ油…各適量

1　水ダコは塩もみしてぬめりをとり、皮をとる。身は一口大に切り、隠し包丁を入れ、塩、コショウ、レモン果汁をふる。吸盤は1つずつはずしておく。

2　ガスパチョ・ヴェルデを作る。Aはすべて2cm角に切り、塩をふって30分マリネする。汁ごとミキサーに入れ、Bを入れてまわす。よく冷やしておく。

3　皿に**2**を流し、**1**の足の身と吸盤を並べ、ディルの花をのせて、マイクロトマトを散らし、オリーブ油をまわしかける。

リングイネ　水ダコ、オリーブ、ケッパーのトマトソース

ビコローレ・ヨコハマ　佐藤

材料（作りやすい量）
リングイネ（乾燥）…60g（1人分）
水ダコ（足）…200g
A ┌ 玉ネギ…1/2個
　├ ニンジン…1/2個
　├ セロリ…1本
　└ ニンニク…1/2粒
赤唐辛子（粗みじん切り）…1本分
白ワイン…100cc
トマトホール（缶詰）…500g
黒オリーブ（種を抜いたもの）…適量
ケッパー（酢漬け）…適量
イタリアンパセリ（粗みじん切り）…少量
オリーブ油…適量
塩…適量

1　水ダコは、やわらかくなるまで蒸して2cm角に切り、ロボクープでまわして粗めのミンチにする。

2　Aはすべてみじん切りにし、唐辛子とともに、オリーブ油をひいた鍋に入れ、弱火で色づかないように炒める。

3　**2**に**1**を加えて炒める。白ワインを加え、アルコールが飛んだらトマトホール、オリーブ、ケッパーを加え、30分ほど弱火で煮る。

4　**3**を1人分フライパンに入れ、塩を加えた湯でゆでたリングイネを入れて、ソースと和える。

5　皿に盛り、イタリアンパセリを散らし、オリーブ油をまわしかける。

補足レシピ

p.55他 〔佐藤〕

ビスク（作りやすい量）

A ┌ ニンニク（縦半分に切って芯をとる）… 1粒
  │ 玉ネギ（薄切り）… 1個分
  │ ニンジン（薄切り）… 1/2本分
  │ セロリ（薄切り）… 2本分
  │ ローリエ … 1枚
  │ タイム … 1枝
  └ ローズマリー … 1枝

オリーブ油 … 100cc
エビの殻と頭 … 1kg
無塩バター … 100g
ブランデー … 80cc
トマトホール（缶詰）… 1250g

1 鍋にオリーブ油とAを入れ、弱火で香りが出るまで炒める。

2 エビの殻と頭を180℃のオーブンでカリカリになるまで焼く。

3 2を1の鍋に入れ、バターを加えてつぶすように炒める。ブランデーをふり、アルコールを飛ばす。

4 3にトマトホールを入れ、水をひたひたに加えて30分ほど煮る。

5 4をミキサーにかけ、最初に粗目のシノワで漉す。次に目の細かいシノワで漉す。漉しきれずに残った殻もとりおく（p.83のエビ風味米粉のクロッカンテに使用している）。

p.59他 〔加藤〕

実山椒のタルタル（作りやすい量）

実山椒 … 200g

A ┌ 水 … 100cc
  │ 日本酒 … 100cc
  │ 醤油 … 100cc
  └ 砂糖 … 50g

卵黄 … 1個
米油 … 200cc
米酢 … 10cc
塩、白コショウ … 各適量
溶きガラシ … 2g

1 実山椒を掃除してよく洗い、塩を加えた湯でさっとゆがき、ボウルにかけたザルに入れて流水に1時間あて、アクを抜く。水気をよく切って鍋に移し、Aを加えて15分煮る。

2 ボウルに卵黄を入れ、米油を少しずつ加えながら泡立て器で混ぜ、米酢、塩、白コショウ、溶きガラシを加えて混ぜる。

3 1の実山椒10gを細かく刻み、2に加えて混ぜる。

p.66他 〔福嶋〕

長ネギのソース（作りやすい量）

長ネギ（ざく切り）… 3本分
鶏のだし（※）… 約300cc
オリーブ油 … 少量

※鶏のだし：鶏のガラは血合いと脂を掃除し、水から入れて、常にガラが浸かるぐらいの水分を保ち2時間ほど煮出す。途中でアクをひく（あえて野菜は加えていない）。

オリーブ油をひいたフライパンで、長ネギをゆっくり炒める（蓋をしながら）。くたくたになったら鶏のだしを加えて少し煮る。ミキサーにかけた後裏漉す。

p.254他 〔酒井〕

タコの下処理

マダコ … 1パイ（1kg）	玉ネギ … 1個
水 … 2ℓ	ローリエ … 1枚

1 タコは、生のまま内臓をとり除いて冷凍する。

2 使う前日に冷蔵庫に移して自然解凍し、流水にあててこすりながらぬめりをとる。

3 鍋に分量の水と、皮をむいた玉ネギとローリエを入れて、沸かす。

4 タコの頭を持ち、**3**の湯に足のみを入れ、足先が丸まったらまっすぐに引き上げる。これを3度繰り返した後、全体を湯に入れる（写真1～6）。

5 落とし蓋をし、弱火で20分ゆでる（写真7、8）。

6 火を止めてそのまま10分おいた後、ザルに上げ、水気を切る（写真9）。

※一度冷凍することにより、筋肉繊維が切れて、ゆでたときこやわらかくなる。また、塩でもむと固くなってしまうため、流水でもむ。
※かみ切れるやわらかさの中に、かみ締める弾力も残す火入れ。
※ゆで上がったタコは冷蔵保存し、使うときにゆで汁の中で温める。
※ゆで汁はスープにしたり、煮詰めてソースにもする。

食中毒について

魚介類につく寄生虫には、食べても健康に影響のないものもいるが、中には食中毒を引き起こすものもある。本書中の素材の中で、特に注意が必要なものを予防法とともにまとめた。

寄生虫対策

ホタルイカ：旋尾線虫が寄生している可能性がある。内臓ごと生食する場合は、−30℃で4日間以上凍結する。加熱する場合は沸騰湯に投入後30秒以上保持、もしくは中心温度で60℃以上の加熱を行なうこと。

イカ：注意すべき寄生虫はアニサキスだが、充分な加熱調理と冷凍で防止できる。加熱は70℃以上なら瞬時で、または60℃なら1分で死滅する。また、−20℃で24時間以上の冷凍で感染性が失われる。

サワガニやモクズガニなどの淡水性のカニ：肺吸虫の幼生が寄生している可能性が高い。
充分に加熱して食べることが重要で、また、調理に使用した包丁やまな板は、そのまま生野菜などの調理に用いない。また、生きたカニをたたきつぶすなどの調理をする場合は、飛び散ったカニが他に付着しないよう注意が必要である。

参考HP
http://www.maff.go.jp/j/syouan/tikusui/gyokai/g_kenko/busitu/pdf/hotaru_ika.pdf
https://www.mhlw.go.jp/stf/seisakunitsuite/bunya/0000042953.html
nrifs.fra.affrc.go.jp

参考文献
・「甲殻類学」（朝倉彰編著／東海大学出版会）
・「原色日本大型甲殻類図鑑(I)、(II)」（三宅貞祥著／保育社）
・「イカ・タコガイドブック」
　（土屋光太郎、山本典暎、阿部秀樹著／株式会社ティビーエスブリタニカ）
・「イカの心を探る」（池田譲著／NHK出版）
・「Marchè　料理食材大図鑑」（大阪あべの辻調理師専門学校監修／講談社）

参考HP

- asahi.com
- bosobakucho.jp
- feis.fra.affrc.go.jp
- fish-jfrca.jp
- foodslink.jp
- gogen-allguide.com
- hiroshima-u.ac.jp
- hotaruika-toyama.com
- hro.or.jp
- ifarc.metro.tokyo.jp
- inh.co.jp
- inshokujuku.jp
- japan-word.com
- jfa.maff.go.jp／sakaiminato
- ifarc.tokyo.jp
- jsnfri.fra.affrc.go.jp
- kanejo.jp
- kani-information.com
- kotobank.jp
- kurumaebi.link
- maruha-nichiro.co.jp
- maruha-shinko.co.jp
- nissui.co.jp
- nria.fra.affrc.go.jp
- pref.hokkaido.lg.jp
- pref.ibaraki.jp
- pref.kyoto.jp
- pref.nagasaki.jp
- pred.tottori.lg.jp
- pref.wakayama.lg.jp
- pref.yamaguchi.lg.jp
- region‑case.com
- seafood-reference.com
- shibetsutown.jp
- shizenjin.net
- shokulove.jp
- tokyo-zoo.net
- tsurihyakka.yamaria.com
- uoichi.co.jp
- weblio.jp
- wikipedia
- zen-ika.com
- zukan-bouz.com

料理人紹介

加藤邦彦
(かとう くにひこ)

1977年宮城県生まれ。元来エビ・カニ好きで『かに道楽』に入社。甲殻類の基本的な扱い方や料理を学ぶ。その後京都の料亭で3年半の修業を積んで和食の基礎を学んだ後、ニュージーランドに渡り、日本料理店で3年間腕を磨く。帰国後、東京・新宿(現在は銀座に移転)の中国料理店『レンゲ』で2年半中国料理の技法を学び、2012年に、甲殻類専門の日本料理店『うぶか』を開店。さまざまなエビやカニを使った、甲殻類づくしのコース料理を提供する。国産の素材にこだわり、和食をベースに他ジャンルの技法もとり入れながら、それぞれの甲殻類の持ち味を最大限に引き出す。

うぶか
東京都新宿区荒木町
2番地14 アイエスビル2 1階
tel：03-3356-7270

笠原 将弘
(かさはら まさひろ)

1972年東京生まれ。高校を卒業後、『正月屋吉兆』で9年間修業。その後、実家の焼き鳥の名声店『とり将』を継ぎ、4年半営業する。父親の代からの30周年を機にいったん『とり将』を閉店。2004年に現在の店舗『賛否両論』を開店する。リーズナブルな価格で、味に定評のある和食を深夜まで提供。ちなみに、店での"マスター"という呼称は、父親の愛称を受け継いだもの。2013年に『賛否両論名古屋』を、2014年広尾に『賛否両論メンズ館(現在『賛否両論はなれ』)』を開店。店で料理の腕をふるう傍ら、テレビ、雑誌にも引っ張りだこで多忙な毎日を過ごしている。著書に「笠原将弘の味づくり虎の巻」、「笠原将弘の和サラダ100」「笠原将弘の子ども定食」、共著に「使える豚肉レシピ」(すべて柴田書店刊)他多数がある。

日本料理 賛否両論
[さんぴりょうろん]
東京都渋谷区恵比寿
2-14-4
tel：03-3440-5572
http://www.sanpi-ryoron.com

石井真介
(いしい しんすけ)

1976年東京都生まれ。『オテル・ドゥ・ミクニ』(東京・四谷)、『ラ・ブランシュ』(東京・南青山)を経て渡仏。アルザス地方『ル・クロディール』、アキテーヌ地方『ロジェ・ド・ローベルガード』など地方の星付きレストランで働き2004年帰国。『フィッシュバンク東京』(東京・汐留)でスーシェフを務め、2008年『バカール』の開業と同時にシェフに就任。2016年4月に独立し、『Sincère (シンシア)』を開店。正統派フランス料理の技法をベースにしながらも、驚きや楽しさにあふれた皿を提供する。食べることは、他の命をいただくこと。それを忘れないようにとの思いから、ときに素材の原形を再現するような盛り付けを、意識的にとり入れる。

Sincère [シンシア]
東京都渋谷区千駄ヶ谷
3-7-13
原宿東急アパートメント B1
tel：03-6804-2006

福嶌 博志
(ふくしま ひろし)

1980年和歌山県生まれ。大学卒業後、イタリア料理店で2年半働き、渡欧。ベルギーを経て、フランスで2年半の修業を積む。その後イタリアを経て帰国。『日本料理 龍吟』に弟子入りし、和食の技法や考え方を学ぶ。その後モダン・スパニッシュの『スリオラ』を経て、2013年に独立。東京・南青山に『Hiroya』をオープン。フランス料理を機軸としつつ、さまざまなジャンルの技法が融合した、カテゴリーを越えた料理を提供する。そこにあるのは"自分が食べておいしいものを"というシンプルな考え。

Hiroya [ヒロヤ]
東京都港区南青山
3-5-3-101
tel：03-6459-2305

佐藤 護
（さとう まもる）

1967年東京都生まれ。東京・青山の『ローマ・サバティーニ』で伝統的なローマ料理を習得し、1997年に渡伊。約4年半の間に北から南までイタリア各地の14軒のレストランで研鑽を積む。2001年に帰国後、『オ プレフェネェラ』（神奈川・横浜）、『リストランテ カシーナ・カナミッラ』（東京・中目黒）でシェフを務め、2013年に独立、［トラットリア・ビコローレ・ヨコハマ］神奈川・横浜）をオープン。伝統的な技法を大切にした料理を提供し、多くのファンに愛されている。

トラットリア・ビコローレ・ヨコハマ
神奈川県横浜市西区平沼1-40-17
モンテベルデ横浜 101
tel：045-312-0553

酒井 涼
（さかい りょう）

1981年埼玉県生まれ。2002年から8年間、『サン・イシドロ』（東京・渋谷。現在は参宮橋に移転）でシェフを務め、オーナーのおおつきちひろ氏よりスペイン各地の料理を学ぶ。その後、『バルマコ』（東京・牛込神楽坂）の立ち上げに携わり、1年間店を手伝う。2012年に独立して『Ardoak（アルドアック）』を開店。8席のカウンターレストランで、スペイン料理をコースで提供する。ディナーのコースは、伝統的なスペインの郷土料理を、3ヵ月ごとに地方を変えて構成する「TRADICIONAL」と、郷土料理をベースにしつつ、日本の季節の食材を使い少し軽やかに仕立てる「Degustacion」の2本立て。

Ardoak［アルドアック］
東京都渋谷区上原1-1-20
JPビル2F
tel：03-3465-1620

田村 亮介
（たむら りょうすけ）

1977年東京生まれ。高校卒業後、調理師専門学校に進学。卒業後、中国料理の道に入る。広東名菜『翠香園』、『華湘』で修業を積み、2000年、『麻布長江』に入社する。2005年かねてから念願だった台湾に渡り、四川料理店、精進料理店で本場の中国料理を肌で学び、研鑽を積む。2006年に帰国し、『麻布長江 香福筵』料理長に就任。2009年に同店のオーナーシェフとなる。共著に「最新 鶏料理」、「使えるたまごレシピ」（柴田書店刊）がある。

麻布長江 香福筵
東京都港区西麻布
1-13-14
tel：03-3796-7835

プロのための
えび・かに・いか・たこ料理
えび・かに・いか・たこ図鑑とプロの基本技術
和・洋・中の料理バリエーション233

初版印刷	2018年10月15日
初版発行	2018年10月30日

編者©　柴田書店

発行者　丸山兼一
発行所　株式会社 柴田書店
　　　　東京都文京区湯島3−26−9 イヤサカビル　〒113-8477
　　　　電話　営業部　03-5816-8282（注文・問合せ）
　　　　　　　書籍編集部　03-5816-8260
　　　　URL　http://www.shibatashoten.co.jp

印刷・製本　図書印刷株式会社

本書掲載内容の無断掲載・複写（コピー）・引用・データ配信等の行為は固く禁じます。
乱丁・落丁本はお取替えいたします。

ISBN978-4-388-06297-3
Printed in Japan
©Shibatashoten 2018